Marcel Boldorf

Deutsche Wirtschaft und Politik vom Kaiserreich bis ins 21. Jahrhundert

GESCHICHTE KOMPAKT

Marcel Boldorf wurde 1996 an der Universität Mannheim promoviert und 2003 am selben Ort habilitiert. Nach Stationen in Bochum, Saarbrücken, München, an der Humboldt-Universität, Frankfurt (Oder) und Köln hat er aktuell eine Professur für Deutsche Geschichte und Kultur an der Universität Lyon 2 Lumière in Frankreich inne.

Herausgegeben von
Kai Brodersen, Martin Kintzinger,
Uwe Puschner, Volker Reinhardt

Herausgeber für den Bereich *19./20. Jahrhundert*:
Uwe Puschner

Berater für den Bereich *19./20. Jahrhundert*:
Walter Demel, Merith Niehuss, Paul Nolte

GESCHICHTE KOMPAKT

Marcel Boldorf

Deutsche Wirtschaft und Politik vom Kaiserreich bis ins 21. Jahrhundert

WBG
Wissen *verbindet*

Abbildungsnachweis:

Bundesarchiv: S. 27, 48, 81, 83, 99, 129, 133;
Bundesarchiv/Bundesregierung: S. 107, 114;
akg.images: S. 143

Die Deutsche Nationalbibliothek verzeichnet diese Publikation in der Deutschen Nationalbibliografie; detaillierte bibliografische Daten sind im Internet über http://dnb.de abrufbar.

Die Herausgabe dieses Werkes wurde durch
die Vereinsmitglieder der WBG ermöglicht.
Redaktion: Dirk Michel, Mannheim
Satz: Lichtsatz Michael Glaese GmbH, Hemsbach
Einbandabbildung: 1965: Bundeskanzler Ludwig Erhard besichtigt
Schachtanlage des Steinkohlebergbaus. Foto: ©akg-images.
Einbandgestaltung: schreiberVIS, Bickenbach
Gedruckt auf säurefreiem und alterungsbeständigem Papier
Printed in Germany

Besuchen Sie uns im Internet: www.wbg-wissenverbindet.de

ISBN 978-3-534-26072-0

Elektronisch sind folgende Ausgaben erhältlich:
eBook (PDF): 978-3-534-73772-7
eBook (epub): 978-3-534-73773-4

Inhaltsverzeichnis

Geschichte kompakt

In der Geschichte,
wie auch sonst,
dürfen Ursachen nicht
postuliert werden,
man muss sie suchen.
(Marc Bloch)

Das Interesse an Geschichte wächst in der Gesellschaft unserer Zeit. Historische Themen in Literatur, Ausstellungen und Filmen finden breiten Zuspruch. Immer mehr junge Menschen entschließen sich zu einem Studium der Geschichte und auch für Erfahrene bietet die Begegnung mit der Geschichte stets vielfältige, neue Anreize. Die Fülle dessen, was wir über die Vergangenheit wissen, wächst allerdings ebenfalls: Neue Entdeckungen kommen hinzu, veränderte Fragestellungen führen zu neuen Interpretationen bereits bekannter Sachverhalte. Geschichte wird heute nicht mehr nur als Ereignisfolge verstanden, Herrschaft und Politik stehen nicht mehr allein im Mittelpunkt, und die Konzentration auf eine Nationalgeschichte ist zugunsten offenerer, vergleichender Perspektiven überwunden.

Interessierte, Lehrende und Lernende fragen deshalb nach verlässlicher Information, die komplexe und komplizierte Inhalte konzentriert, übersichtlich konzipiert und gut lesbar darstellt. Die Bände der Reihe „Geschichte kompakt“ bieten solche Information. Sie stellen Ereignisse und Zusammenhänge der historischen Epochen der Antike, des Mittelalters, der Neuzeit und der Globalgeschichte verständlich und auf dem Kenntnisstand der heutigen Forschung vor. Hauptthemen des universitären Studiums wie der schulischen Oberstufen und zentrale Themenfelder der Wissenschaft zur deutschen und europäischen Geschichte werden in Einzelbänden erschlossen. Beigefügte Erläuterungen, Register sowie Literatur- und Quellenangaben zum Weiterlesen ergänzen den Text. Die Lektüre eines Bandes erlaubt, sich mit dem behandelten Gegenstand umfassend vertraut zu machen. „Geschichte kompakt“ ist daher ebenso für eine erste Begegnung mit dem Thema wie für eine Prüfungsvorbereitung geeignet, als Arbeitsgrundlage für Lehrende und Studierende ebenso wie als anregende Lektüre für historisch Interessierte.

Die Autorinnen und Autoren sind in Forschung und Lehre erfahrene Wissenschaftlerinnen und Wissenschaftler. Jeder Band ist, trotz der allen gemeinsamen Absicht, ein abgeschlossenes, eigenständiges Werk. Die Reihe „Geschichte kompakt“ soll durch ihre Einzelbände insgesamt den heutigen Wissensstand zur deutschen und europäischen Geschichte repräsentieren. Sie ist in der thematischen Akzentuierung wie in der Anzahl der Bände nicht festgelegt und wird künftig um weitere Themen der aktuellen historischen Arbeit erweitert werden.

Kai Brodersen
Martin Kintzinger
Uwe Puschner
Volker Reinhardt

Vorwort

Das spannungsreiche Wechselverhältnis von Wirtschaft und Politik kann aus zwei Perspektiven angenähert werden: „Die Politik deformiert die Wirtschaft“ und „Die Wirtschaft treibt die Politik“. Beide Aphorismen hatten in Deutschland seit dem Kaiserreich Gültigkeit, wenn auch der erste Satz eine längere Periode starker Staatseingriffe und Regulierungen charakterisiert, während der zweite eher für das ausgehende 20. Jahrhundert steht. Dass die Wirtschaft die Politik treibt, ist eine jüngere Erfahrung, die heute insbesondere mit der auf den Finanzmärkten ausgelösten Wirtschaftskrise um das Jahr 2008 in Verbindung gebracht wird. Aber auch die Rekonstruktionsperiode nach dem Zweiten Weltkrieg mit ihrem Ausbau der Sozialstaatlichkeit kann mit dem Denkansatz, dass die Politik von der Wirtschaft getragen wird, erklärt werden. Politische Regulierungen, die zur Deformation der Wirtschaft führten, stehen dagegen vor allem mit den deutschen Diktaturen des 20. Jahrhunderts in Zusammenhang. Aber selbst unter marktwirtschaftlichen Bedingungen und relativ wirtschaftsliberalen Regierungen setzten sich Deregulierungen nur zögerlich durch, denn sie erforderten nicht nur ein politisches Umdenken, sondern hatten ein Anwachsen des allgemeinen Wohlstandes zur Voraussetzung.

Zwei Phasen relativ liberaler Wirtschaftsordnungen bilden den Rahmen für den Zeitabschnitt, den dieses Buch behandelt. Die weitreichende Liberalität in der Mitte des 19. Jahrhunderts war vom Vorbild des britischen Freihandels inspiriert. Der Staat enthielt sich der Wirtschaftsregulierung, oft war vom *laisser faire* die Rede. Eine gewisse Entsprechung fand diese Art des Wirtschaftsliberalismus im ausgehenden 20. Jahrhundert und wurde nun vielfach als Neoliberalismus bezeichnet. Mit der verstärkten Rezeption der Lehren der Chicagoer Schule wuchs ab den 1970er Jahren der Glaube an die Effizienz freier Märkte und die Skepsis gegenüber Staatseingriffen in die Wirtschaft nahm zu. Beispiele für den darauf folgenden Rückzug des Staates aus der Wirtschaft sind die Privatisierung ehemals staatlicher Wirtschaftsdomänen wie der Post, der Bahn oder der öffentlichen Versorgungsleistungen.

Zwischen den beiden liberalen bzw. nach Liberalisierung strebenden Perioden liegt unser Hauptbetrachtungszeitraum, der durch einen massiven staatlichen Interventionismus, kulminierend in den Kriegswirtschaftsordnungen, geprägt war. Die folgende Darstellung lässt die Wirtschaftsordnungen des ausgehenden 19. und des 20. Jahrhunderts sowie ihre politische Einbettung chronologisch Revue passieren. Im deutschen Kaiserreich entstand der Wille zu ordnungspolitischen Eingriffen in die Wirtschaft. Diese Tendenz verstärkte sich schlagartig mit dem Eintritt in den Ersten Weltkrieg. Dabei setzte der schrittweise Übergang in eine gelenkte Kriegswirtschaft Prozesse in Gang, die teilweise längerfristige Wirkungen entfalteten. Die Schuldenfinanzierung des Ersten Weltkriegs kulminierte in der Inflationskrise des Jahres 1923. Ein System der Bewirtschaftung wurde für Rohstoffe und andere wirtschaftliche Inputfaktoren errichtet; spätestens mit dem Hilfsdienstgesetz von 1916 unterlag der Arbeitsmarkt einer umfassenden staatlichen Lenkung. In der Demobilisierungsphase hoben die demokratischen Regierungen zwar manche Regulierung auf, doch verblieb die Wirtschaft aufgrund der geschaffenen Zwänge, zu denen sich neue wie die Reparationsbelastung gesellten, in einem engen Korsett. Hinzu kamen starke außenwirtschaftliche Einflüsse, die eine erfolgreiche Rekonstruktion behinderten: Weltweit ergriffen viele Staaten protektionistische Maßnahmen, die bis in die 1930er Jahre zu einer Bilateralisierung der Wirtschaftsbeziehungen führten. Die 1929 beginnende Weltwirtschaftskrise lässt sich als Kulminationspunkt einer Entwicklung deuten, in der die wirtschaftlichen Zwänge die politischen Handlungsspielräume immer mehr einengten. In der vorgestellten Lesart war die Krise jedoch vielmehr ein Produkt politisch zu vertretender Regulierungen, die mit einem Konjunktureinbruch zusammentrafen. Auch Letzterer kann als Ergebnis des politisch gewollten Protektionismus gedeutet werden. Mithin trieb nicht die Wirtschaftskrise der späten zwanziger Jahre die Politik, sondern es waren umgekehrt politische Entscheidungen, die als Ursache der Krise auszumachen sind.

In den 1930er Jahren setzte sich die Regulierungspolitik im internationalen wie im deutschen Kontext fort; ihr wichtigstes Kennzeichen blieb die Abkehr von einem multilateralen Handelssystem. In seiner spezifischen Zuspitzung stellte das NS-Regime die Weichen auf ein autarkes Wirtschaftssystem, das binnen weniger Jahre in eine umfassendere Kriegswirtschaft überführt wurde, als sie der Erste Weltkrieg gekannt hatte. Unter NS-Hegemonie fand nicht nur eine Deformation der Wirtschaft im Deutschen Reich statt, sondern große Teile Europas wurden in die erzwungene Umgestaltung einbezogen. Die Kriegsführung des NS-Machtapparates beruhte erneut auf Schuldenfinanzierung, zu der eine Vielzahl europäischer Länder über Besatzungskosten und ungleiche Handelsbedingungen zwangsweise Beiträge leisteten.

Die Zeit nach dem Zweiten Weltkrieg ist als Periode der schrittweise erfolgenden Deregulierung zu beschreiben, zumindest wenn man die westdeutsche Entwicklung betrachtet. Der Startpunkt war die befreiende Wirkung der Währungs- und Wirtschaftsreform des Jahres 1948. Dabei darf aber nicht vergessen werden, dass in der Rekonstruktionsphase erst allmählich alle Wirtschaftsbeschränkungen, z. B. auf dem Kapital- oder Wohnungsmarkt, aufgehoben wurden. Das wirtschaftliche Wachstum, das historisch beispiellos war, eröffnete der Politik erhebliche Spielräume, insbesondere im Hinblick auf die Umverteilung des Volkseinkommens z. B. durch die Sozialversicherung. Erstmals seit Jahrzehnten stieg der materielle Lebensstandard, nachdem die Reallöhne 1950 noch kaum über dem Niveau von 1913 lagen.

Prinzipiell waren viele Elemente, die man mit dem Wirtschaftsaufschwung der Bundesrepublik verbindet, auch für Ostdeutschland gültig, wenn auch in abgeschwächter Form und nur im ersten Nachkriegsjahrzehnt. Keinesfalls galt dies aber für die wirtschaftliche Liberalisierung, denn mit der Errichtung der Planwirtschaft wurde schon in der SBZ ein System eingerichtet, das die im frühen 20. Jahrhundert angewandten Regulierungen bei Weitem übertraf. Zunächst erwies es sich zwar für die Generierung von extensivem Wachstum als dienlich, scheiterte aber beim Übergang zu intensivem Wachstum. Die im Vergleich zur Bundesrepublik stark gebremste Wohlstandsentwicklung ließ die treibende Kraft der Wirtschaft immer mehr verebben. Gegen Ende der staatlichen Existenz der DDR mussten zur Sicherung des Konsums immer höhere Subventionssummen aufgewandt werden, was zulasten der Investitionen ging und die dem Plansystem immanente Wachstumsschwäche perpetuierte.

Die überdurchschnittlichen Wachstumsraten der Bundesrepublik hielten bis in die 1970er Jahre an, als externe Schocks für eine Abschwächung des Wachstums sorgten, was sogleich als Krisenphänomen gedeutet wurde. Mit dem Übergang zum Monetarismus fand eine weltweite Deregulierung und Liberalisierung der Märkte statt, die nun auch Bereiche betraf, die sich vorher geschützt unter staatlicher Obhut befanden. Die wirtschaftliche Liberalisierung entzog der Politik Handlungsmöglichkeiten, zumal die günstigen Effekte überdurchschnittlicher Wachstumsraten zunehmend entfielen. Die für das Jahrhundert kennzeichnende Entwicklung kehrte sich um: Die Wirtschaft, insbesondere die Finanzwirtschaft, trieb die Staatspolitik, die ihrerseits beträchtliche Mittel aufzubringen hatte, um das fragile kapitalistische Wirtschaftssystem zu stützen. Hauptkennzeichen dessen war die ab Mitte der 1970er Jahre entstehende Massenarbeitslosigkeit, die das staatliche Engagement dauerhaft herausforderte.

Grundsätzlich funktioniert die Wirtschaft auch ohne Politik, obwohl die Politiker oft das Gegenteil glaubhaft machen wollen. Wirtschaftspolitische Entscheidungen, die begrenzt gedacht waren, wirkten sich manchmal anders auf die Wirtschaft aus, als es die Akteure beabsichtigten. Allerdings scheint wirtschaftliche Entwicklung per se zu wachsender Staatspräsenz in der Wirtschaft und größerer politischer Einflussnahme zu führen. Das nach dem deutschen Ökonomen Adolph Wagner (1835–1917) benannte Gesetz der wachsenden Staatstätigkeit beruht auf seiner Beobachtung, dass der Anteil der Staatsausgaben am Sozialprodukt mit fortschreitender Entwicklung ansteigt. Die der industriellen Gesellschaft eigene Komplexität forderte staatliches Handeln in vielfältiger Weise heraus. Zudem bewirkte die Entwicklung der Volkswirtschaften zu Dienstleistungsgesellschaften, dass der Staat immer mehr Leistungen verbrauchte und somit zu einem großen Teil selbst für die Entstehung des Sozialprodukts sorgte. Auch diese theoretischen Überlegungen zum säkularen Anstieg der Staatstätigkeit fließen in die folgende Darstellung zur Expansion der Wirtschaftspolitik ein.

I. Von der liberalen Ära zum ordnungspolitischen Umbruch des Ersten Weltkriegs

Überblick

Noch Mitte des 19. Jahrhunderts existierte eine freie Marktwirtschaft, die ihre liberalen Grundzüge nach Gründung des Kaiserreichs immer mehr verlor. Mit der Popularisierung der Idee des Staatssozialismus rückten bis zur Jahrhundertwende wirtschaftspolitische Eingriffe immer häufiger auf die politische Agenda. Das Entstehen einer engen Verbindung von Staat und Wirtschaft, die die deutsche Geschichte des 20. Jahrhunderts prägte, war nicht allein das Resultat der Kriegsanforderungen, sondern ist in längere Kontinuitätslinien einzubetten. Im Konkreten waren die ordnungspolitischen Umbrüche durch den Ersten Weltkrieg allerdings fundamental, zumal sie für die staatlichen Regulierungen der nachfolgenden Jahrzehnte als Modell dienten.

Zeittafel	
Mai 1873	Gründerkrach
21. Oktober 1878	Gesetz gegen die gemeingefährlichen Bestrebungen der Sozialdemokratie
1879	Schutzzölle auf agrarische und industrielle Importgüter
1883, 1884, 1889	Gesetze zur staatlichen Kranken-, Unfall- und Altersversicherung
19. Dezember 1887	Gründung der Deutschen Kolonialgesellschaft
1893	Rheinisch-Westfälisches Kohlesyndikat und Bund der Landwirte
29. Februar 1904	Kartell des Deutschen Stahlwerksverbands
Dezember 1905	Denkschrift des Grafen von Schlieffen (Schlieffen-Plan)
1. August 1914	Kriegseintritt des Deutschen Reichs
4. August 1914	Bewilligung der ersten Kriegsanleihe durch den Reichstag
13. August 1914	Einrichtung der Kriegsrohstoffabteilung im preußischen Kriegsministerium
Januar 1915	Rationierung durch Lebensmittelkarten für Brot und Mehl
22. Mai 1916	Errichtung des Kriegsernährungsamtes
Sept.–Dez. 1916	Umbau der preußischen Kriegslenkungsbehörden
5. Dezember 1916	Gesetz über den Vaterländischen Hilfsdienst
Februar 1917	Einsatz von Reichskommissaren in den kriegswichtigen Sektoren
April 1917	Kohlesteuergesetz

1. Das Kaiserreich auf dem Weg zum Interventionsstaat

Mit der Reichsgründung 1871 setzte ein kurzzeitiger Aufschwung ein, der den Trend des seit zwei Jahrzehnten anhaltenden Wachstums fortzusetzen schien. Daran geknüpfte überoptimistische Erwartungen führten zu vermehrten industriellen Investitionen sowie Spekulationen an der Börse. Die Euphorie endete wenig später durch eine Krise, für die eine Kombination von finanziellen Faktoren und Überinvestitionen verantwortlich zeichnete. Die bis zum Ende der 1870er Jahre anhaltende Gründerkrise wurde von den Zeitgenossen dramatischer wahrgenommen, als sie in einer rückblickenden quantitativen Betrachtung erscheint. Aus dem Verständnis des 20. Jahrhunderts betrachtet, handelte es sich lediglich um eine „Stockungsspanne", der schon ab Mitte der 1890er Jahre ein erneuter Aufschwung folgte.

Gründerkrise

Immerhin unterbrach die Gründerkrise aber den ersten industriellen Konjunkturzyklus jäh. Sie präsentierte sich vorrangig als Krise der neuen Industrien und ihrer Vergesellschaftungsformen. Der Börsenwert der deutschen Aktiengesellschaften halbierte sich zwischen 1872 und 1873. Zahlreiche Betriebe gingen in Konkurs, was sich als Abbau der spekulativ aufgebauten Überkapazitäten interpretieren lässt. Die neue Gesellschaftsform der Aktienbank war in besonderer Weise betroffen: Von den gut 100 Aktienbanken, die im Gründerboom gegründet worden waren, gingen binnen kurzer Zeit mehr als zwei Drittel bankrott. Solche Krisenerscheinungen schienen auf das Ende der Blüte der industriell-gewerblichen Entwicklung zu deuten. Bei fallenden Preisen blickten die Politiker mit Besorgnis auf die Intensivierung des Wettbewerbs auf den internationalen und den nationalen Märkten. Zeitgenössische Berichte thematisierten vermehrt das Problem der Arbeitslosigkeit in der Industriegesellschaft. Mit Skepsis verfolgte die Reichsregierung unter Kanzler Otto von Bismarck (1815–1898) das Emporkommen der sozialdemokratischen Opposition.

Wirtschaftspolitische Wende

Die Wahrnehmung gewandelter politischer und wirtschaftlicher Verhältnisse zog zwischen 1876 und 1884 eine Trendwende der deutschen Wirtschaftspolitik nach sich. Der Politikwechsel hatte langfristig wirksame Kennzeichen, die unter anderem in der zollpolitischen Wende des Jahres 1879 gründen. Noch zum Zeitpunkt der Reichsgründung hatte sich der neue deutsche Nationalstaat durch niedrige Importzölle ausgezeichnet, die an die preußische Freihandelspolitik anknüpften. Während des Gründerbooms erfolgte sogar eine unilaterale Öffnung des deutschen Marktes, d.h., im Vertrauen auf die Wettbewerbsfähigkeit der eigenen Wirtschaft senkte die Reichsregierung die Zölle unter das in Handelsverträgen festgelegte Niveau, ohne mit Gegenleistungen von den Vertragspartnern zu rechnen. Damit standen Landwirtschaft und Schwerindustrie der internationalen Konkurrenz auf dem inländischen

Markt ungeschützt gegenüber. Angesichts gleichzeitig sinkender Transportkosten führte diese Marktöffnung zu bedeutenden Getreideimporten aus Übersee, insbesondere aus den USA. Trotz des wachsenden Einsatzes von Kunstdünger konnte die deutsche Landwirtschaft den neuen Wettbewerbern nicht die Stirn bieten. Gegen die wachsende Konkurrenz formierte sich eine starke Opposition der nichtkapitalistischen Kräfte in der Gesellschaft des Kaiserreichs, die vom Adel und den ostelbischen Großagrariern dominiert war.

Zollpolitik

Im Zuge der zollpolitischen Wende von 1879 erließ die Reichsregierung agrarische Schutzzölle, die insbesondere die Getreideimporte betrafen, aber auch die bereits abgeschafften Viehzölle wurden wieder eingeführt. Die Großagrarier begriffen derartige auf dem **Neomerkantilismus** fußende Maßnahmen als Schutz ihrer ökonomischen Basis. Die Rolle der agrarischen Schutzzölle darf nicht unterschätzt werden, denn selbst am Vorabend des Ersten Weltkriegs waren noch knapp 40 Prozent der Bevölkerung im Agrarsektor beschäftigt, d.h., er umfasste fast genauso viele Erwerbstätige wie der gewerbliche Sektor.

Stichwort

Neomerkantilismus

Die merkantilistische Zoll- und Gewerbepolitik des 18. Jahrhunderts wollte den Absatz der heimischen Produzenten auf dem inländischen Markt vor auswärtiger Konkurrenz schützen. Im 19. Jahrhundert beurteilten die Nationalökonomen dieses Ordnungskonzept negativ, obwohl der absolutistische Staat durchaus rationale Erwägungen verfolgt hatte: Das Streben nach einer positiven Handels- bzw. Zahlungsbilanz war der Inbegriff des merkantilistischen Denkens. Die Herstellung veredelter Produkte im eigenen Land verhinderte, dass Geld, d.h. Edelmetall in Form von Silber oder Gold, in andere Länder abfloss. Die Veredelung der Rohstoffe im eigenen Land war wirtschaftsfördernd, denn dies schuf Arbeit und ließ neues gewerbliches Know-how entstehen. Zollschutz konnte zur Förderung der jungen Gewerbezweige dienlich sein.

Der Neomerkantilismus, den die zollpolitische Wende von 1879 einleitete, wich in relevanten Punkten vom Modell des 18. Jahrhunderts ab. Das deutsche Kaiserreich wies zu keinem Zeitpunkt eine aktive Handelsbilanz auf. Fortwährende Importüberschüsse führten zu einer defizitären Handelsbilanz, die allerdings durch die Dienstleistungsbilanz und die Nettoerträge aus dem Auslandsvermögen ausgeglichen wurde. Klassische Ziele der merkantilistischen Politik wurden nicht mehr verfolgt, denn Instrumente wie die explizite Exportförderungs- oder die Importsubstitutionspolitik fehlten. Unterdessen bereitete der Neomerkantilismus die Grundlage für das Entstehen der interventionistischen Wirtschaftspolitik, d.h. den Willen zur administrativen Einflussnahme auf den Wirtschaftsprozess.

Auch industrielle Lobbyisten forderten Zölle, darunter Vertreter bedeutender Branchen wie der Textil- und Schwerindustrie. Die Industriellen sprachen aber selten mit einer Stimme, zum Beispiel waren die Webereien an billigen Garnimporten aus England interessiert, während die Spinnereien auf den Schutz des inländischen Marktes drängten. Die heimischen Eisenproduzenten pochten auf Schutzzölle, während die weiterverarbeitenden Zweige der Schwerindustrie für billige Roheisenimporte eintraten. Aufstrebende neue Branchen wie der Maschinenbau, die Chemie- und die Elektroindustrie nahmen weltweit eine Führungsposition ein und hatten deshalb kein Interesse an Zöllen. Trotz dieses heterogenen Gefüges setzten sich – anders als in den Jahrzehnten zuvor – die Befürworter höherer Zölle durch. Die Regierung Bismarck führte in einer Reihe von Branchen Industriezölle ein, die vor allem die Basisprodukte wie Garne oder Roheisen betrafen. Deutschland stand mit seiner zollpolitischen Wende keineswegs allein, denn auch andere Länder, z. B. Frankreich 1881, gingen zu protektionistischen Zolltarifen über. Allein Großbritannien hielt die Fahne des Freihandels weiterhin hoch. In dieser Phase, die zudem durch den Beginn des imperialistischen Wettlaufs („*scrumble for Africa*") geprägt war, ging die Welt, die sich für kurze Zeit auf dem Weg in einen globalen Freihandel befunden hatte, langfristig zu einer Abschottung der industriellen Großmächte voneinander über. Durch den Weltkrieg steigerte sich die antiliberale Handelspolitik zu einem internationalen Protektionismus, der in der Zwischenkriegszeit anhielt und erst mit der Liberalisierung nach dem Zweiten Weltkrieg endete.

Innovationsdichte

Für Länder wie Deutschland, dessen Industrien sich an der Spitze des technischen Fortschritts bewegten, hemmten die hohen Zölle mancher Branchen die Ausfuhrgeschäfte nicht nachhaltig, wie man an der Mitte der 1890er Jahre einsetzenden Aufschwungphase erkennen kann. Sie beruhte nicht zuletzt auf einer starken Position im Exportgeschäft und erklärte sich durch große Produktivitätsfortschritte in den führenden Industriezweigen der Elektrotechnik, der Chemie und des Maschinenbaus. Nicht nur in Deutschland, sondern auch international war die Zeitspanne bis zum Ersten Weltkrieg durch eine bemerkenswerte Innovationsdichte gekennzeichnet. Der russische Ökonom Nikolai Kondratjew (1892–1938) deutete die internationale Hochkonjunktur als erste industriell geprägte „lange Welle" und betrachtete als ihre Grundlage die hohen Investitionen in neue Techniken.

Staatliche Intervention

Innenpolitisch verfolgte Bismarck mit der wirtschaftspolitischen Wende um 1879 das Ziel, die auch als Schutzzollparteien bezeichneten Konservativen für seinen Regierungskurs einzunehmen. Damit einher ging die Zurückdrängung der liberalen und freihändlerisch gesinnten Parteien. Die Erhebung von Agrar- und Industriezöllen hatte einen weiteren wichtigen Effekt, nämlich die Erhöhung der Reichseinnahmen, zumal die Regierung Gesetze zur Besteuerung importierter Genussmittel wie Tabak, Tee und Kaffee folgen ließ. Mit der Erhöhung der Staatseinnahmen vergrößerten sich die interventionspolitischen Spielräume. Die Staatsausgaben erreichten einen Anteil von 15 Prozent des Sozialprodukts, sodass der öffentliche Sektor zu einem nennenswerten

Faktor im Wirtschaftskreislauf wurde. Bismarck erlaubte diese Entwicklung, sich einem zeitgenössisch als **Staatssozialismus** bezeichneten Gesellschaftsmodell zuzuwenden.

Stichwort

Staatssozialismus

Da der Marxismus nur wenig konkrete ordnungspolitische Vorstellungen bot, war der Staatssozialismus im Kaiserreich die eigentliche ordnungspolitische Alternativvorstellung zur Marktwirtschaft. Hans-Ulrich Wehler zufolge war er eine „paternalistische Reformbereitschaft einiger aufgeschlossener Konservativer". Als Begründer der Denkrichtung galt der Nationalökonom Adolph Wagner; weitere namhafte Vertreter der auch als „Kathedersozialisten" bezeichneten Gelehrten waren Werner Sombart (1863–1941) und Lujo Brentano (1844–1931). Wagner erweiterte den Eigentumsbegriff dadurch, dass er neben dem vorherrschenden privaten auch für staatliches bzw. öffentliches Eigentum eintrat. Die letzteren Formen ermöglichten die Gestaltung von Zugriffsrechten des Staates, sei es durch Verstaatlichung, Kommunalisierung oder Monopolisierung, sodass sich die privat erzielten Gewinne minderten. Als Mittel des Staatssozialismus empfahl Wagner eine gesellschaftspolitisch orientierte Fiskalpolitik, d.h. der Staat sollte Steuern erheben und Ausgaben tätigen, die einem sozialen Zweck genügten und damit zur Einkommensumverteilung beitrugen. Ein Beispiel war Bismarcks Vorschlag zur Finanzierung des Staatsbeitrags zur Sozialversicherung aus indirekten Steuern, die durch Errichtung eines staatlichen Tabakmonopols einzunehmen waren.

Das Konzept des Staatssozialismus stand, wie man es von der Begrifflichkeit vermuten könnte, der konservativen Wende keineswegs entgegen. Ein beredtes Beispiel dafür war das Verbot der sozialistischen Organisationen im Jahr 1878. Unter dem Vorwand der Verhinderung „gemeingefährlicher Bestrebungen" billigte die konservative Reichstagsmehrheit ein Gesetz, das jenseits der allgemein gültigen Rechtsnormen auf die Zerschlagung und polizeiliche Verfolgung der sozialdemokratischen Arbeiterbewegung zielte. Im Gegenzug zur politischen Unterdrückung leitete die Regierung Schritte zum Ausbau der staatlichen Verteilungspolitik ein, für die dank der Erhöhung der Staatseinnahmen größere Spielräume existierten. Das Kernstück des von Bismarck vorangetriebenen patriarchalischen Politikkurses war das System der Sozialversicherung, das im Sinne einer obrigkeitlichen Gewährung installiert wurde. Die zwischen 1883 und 1889 erlassenen Gesetze zur Errichtung der staatlich organisierten Pflichtversicherung deckten die drei grundlegenden Risiken der lohnabhängigen Erwerbsbevölkerung ab: Krankheit, Unfall sowie Alter und Invalidität. Überhaupt stiegen die Aufwendungen von Reich, Einzelstaaten und Kommunen für Bildung und Soziales. Trotz der aktiven Einflussnahme auf die Verteilung des Nationaleinkommens lässt sich im Kaiserreich noch keine zielgerichtete staatliche Wirtschaftspolitik ausmachen. Es existierten weder Konzepte noch Instrumente für eine Struktur-, Wachstums- oder Konjunkturpolitik.

Staatsloyale Bürokratie

Schließlich hatte die konservative Neuorientierung der bismarckschen Politik noch eine Auswirkung auf die Bürokratie, die gleichfalls langfristig wirksam war. Mit der Abkehr vom Liberalismus erfolgte eine systematische Auswechslung der freihändlerisch und liberal orientierten Staatsbeamten. Die unter Preußens Innenminister Robert von Puttkamer (1828-1900) in den 1880er Jahren unter strenger Anwendung der Sozialistengesetze betriebene Säuberung der Verwaltungen erhöhte die Einflussmöglichkeiten der staatstragenden korporativen Gruppen, insbesondere der preußischen Junker und der Großindustriellen. Diese Kräfte entwickelten sich zur Säule des Obrigkeitsstaates, weil sie Bismarcks Politikwechsel loyal unterstützten.

Wirtschaft und Kolonialismus

Dem Drang nach außen mittels des Erwerbs von Kolonien stand das deutsche Kaiserreich zunächst zögerlich gegenüber, wurde dann aber ab 1884/85 umso intensiver davon erfasst. Das Konzept des **Sozialimperialismus** unternahm den Versuch, die Deutung der innenpolitischen und wirtschaftlichen Situation des Kaiserreiches mit dem Wandel seiner Außenpolitik in Verbindung zu bringen.

Stichwort

Sozialimperialismus

Die These des Sozialimperialismus besagt, dass die Reichsregierung den aus der ungelösten Arbeiterfrage resultierenden innenpolitischen Druck durch außenpolitische Erfolge zu kompensieren suchte. Nach Hans-Ulrich Wehler handelte es sich um die „Strategie herrschender Eliten, […] die Dynamik der Wirtschaft und der sozialen und politischen Emanzipationskämpfe in die äußere Expansion zu leiten, von den inneren Mängeln des sozialökonomischen und politischen Systems abzulenken und durch reale Erfolge seiner Expansion […] zu kompensieren". Als Argumente für die Annahme, dass expansive Außenpolitik zu wirtschaftlicher Prosperität führe, wurden die Schaffung neuer Absatzmärkte in den Kolonien und eine dortige Ansiedlung der überschüssigen Bevölkerung genannt. Die deutschen Siedlungskolonien seien zu fördern, um die Auswanderung nach Amerika einzudämmen. Der verschwindend geringen wirtschaftlichen Bedeutung der Kolonien standen nach Max Weber (1864–1920) lediglich die „Beutegewinne" einzelner Kolonialgesellschaften gegenüber, die von Lobbyisten wie dem Alldeutschen Verband oder dem Deutschen Flottenverein unterstützt wurden.

Wirtschaftliche Kolonialdebatte

Parallel zur konservativen Wende setzte im Kaiserreich eine Debatte um die Notwendigkeit territorialer Expansion ein, in der wirtschaftliche Argumente nicht unbedeutend waren. Eine große öffentliche Aufmerksamkeit erzielten Äußerungen wie diejenige des Journalisten und promovierten Theologen Friedrich Fabri (1824-1891), der als rheinischer Missionsinspektor mit der Ausbildung nach Übersee entsandter Missionare betraut war. Er trat vehement für deutsche Kolonialambitionen ein und betonte bei seinem Appell auch wirtschaftliche Argumente.

Quelle

Friedrich Fabri: Bedarf Deutschland der Kolonien?

Aus: Fabri, Friedrich: Bedarf Deutschland der Colonien? Eine politisch-ökonomische Betrachtung, Gotha 1879, S. 1, 46 u. 110.

Es dürfte nachgerade an der Zeit sein, die Frage „Bedarf Deutschland der Colonien?" zur öffentlichen Verhandlung zu bringen. Schon einmal, unter dem ersten Freudenrausch über das neu gebildete Deutsche Reich, im Jahre 1871/1872, durchflogen unsere Presse flüchtige Rufe nach Colonien. [...] Sowohl die Reichsregierung, wie die öffentliche Meinung verhielten sich damals ablehnend, so dass der schwache Anlauf rasch wieder verflogen war. Heute liegen die Dinge wesentlich anders. [...] Die Gründe für diesen Stimmungswechsel sind unschwer zu erkennen. Vornämlich drei Gesichtspunkte dürften in fraglicher Richtung bestimmend wirken: unsere wirtschaftliche Lage, die Krisis unserer Zoll- und Handelspolitik, und unsere sich mächtig entwickelnde Kriegsmarine. [...] Wir bedürfen daher nicht nur einer gesunden Steuer- und Zollpolitik [...], der baldigen Wiedergewinnung reichlicher, lohnender Arbeit; wir bedürfen neuer, fester Absatz-Märkte. [...] Aber sollte die deutsche Nation, von Haus aus seetüchtig, gewerblich, wie merkantil befähigt, zur agriculturellen Colonisation vor anderen geschickt, und mit so reichlichen, verfügbaren Arbeitskräften ausgestattet wie kein anderes der modernen Cultur-Völker, nicht auch auf diesem neuen Wege sich erfolgreich Bahn brechen? Wir zweifeln daran um so weniger, je überzeugter wir sind, dass die Colonial-Frage heute bereits eine Lebens-Frage für die Entwicklung Deutschlands geworden ist.

Für Fabri war die kolonialpolitische Wende nicht nur Teil deutscher Großmachtpolitik, sondern verkörperte auch sein Verständnis einer aktiven Handelspolitik, die nicht mehr auf der Idee des Freihandels, sondern auf dem Schutzzollsystem basierte. Wirtschaftliche Argumente wie die Wiedergewinnung von Arbeit wurden mit der Forderung nach dem Erwerb von Kolonien für das Deutsche Reich verknüpft. Bei Anbruch des Zeitalters des Imperialismus verbanden führende Gruppen der deutschen Gesellschaft mit kolonialer Expansion die Hoffnung auf die Sicherung billiger Rohstoffquellen, die Schaffung von Absatzmärkten für industrielle Produkte und von Investitionsmärkten für den infrastrukturellen Ausbau, z.B. durch die Eisenbahn. Die öffentliche Meinung unterstützte den Erwerb von Kolonialbesitz bzw. die Sicherung von Einflusssphären in umstrittenen Gebieten wie China.

Finanzierung des Kolonialbesitzes

Ganz anders sah die Realisierung solch weitreichender außenwirtschaftlicher Hoffnungen aus. Der Konflikt um die wirtschaftliche Rolle der Kolonien entbrannte vor allem um die vorgezogene Reichstagswahl vom Januar 1907, der „Hottentottenwahl", die notwendig wurde, weil das Parlament einen Nachtragshaushalt von 29 Millionen Mark zur weiteren Finanzierung des südwestafrikanischen Kolonialkrieges gegen die Nama ablehnte. Die Ablehnung der

Kriegsfinanzierung begründeten die SPD sowie der Zentrumsabgeordnete Matthias Erzberger (1875-1921), der ein halbes Jahr zuvor eine vernichtende „Kolonial-Bilanz" vorgelegt hatte, mit den hohen Verwaltungskosten und dem geringen wirtschaftlichen Nutzen der Kolonien. Dagegen stemmten sich andere politische Gruppen, wie auf einem 1907 verteilten Flugblatt des Berliner Wahlausschusses der liberalen Parteien zu lesen ist: „Wenn die deutschen Kolonien gut ausgebaut und entwickelt werden, kann der deutsche Fabrikant an den Einkaufspreisen sparen und dafür seinen Arbeitern den Lohn erhöhen." Die dieser Aussage zugrunde liegende protektionistische Idee beruhte offensichtlich auf einer Kostensenkung für die Kolonialmacht, die mit Etablierung eines Exportmonopols an die inländischen Importeure weitergegeben werden sollte.

Prioritäten des Außenhandels

Die Vorstellungen vom außenwirtschaftlichen Nutzen der Kolonien entsprachen aber keineswegs der zeitgenössischen Realität. Zu Beginn des 20. Jahrhunderts war der intraindustrielle Handel von ungleich größerer Bedeutung als der Handel mit den Kolonialgebieten. Für Deutschland galt wie für die übrigen europäischen Mächte, dass der Afrikahandel völlig vernachlässigenswert war. Insbesondere für Exporte spielte der neu kolonialisierte Kontinent keine Rolle, denn zwischen 1880 und 1910 gingen nur 1,4 Prozent der deutschen Exporte in afrikanische Länder. Selbst unter den afrikanischen Handelspartnern nahmen nicht die eigenen Kolonien, sondern das britische Südafrika und die nordafrikanischen Länder des Maghreb die führenden Positionen ein. Auch die Bilanz der Siedlungswirtschaft war keineswegs zufriedenstellend. Nur wenige deutsche Siedler ließen sich von den widrigen Klimaverhältnissen Südwestafrikas anziehen, wo profitable Agrarwirtschaft nur in Betrieben mit einer Größe von mehr als 5.000 Hektar zu betreiben war. Die Kosten für die Errichtung und den Unterhalt der tropischen Plantagen in Ostafrika, Kamerun und Togo lagen meist über deren Ertrag, sodass Produkte wie Baumwolle, Kautschuk, Erdnüsse, Palmöl, Nutzholz sowie Kaffee und Kakao auf dem Weltmarkt billiger zu erwerben waren. Nur die von Max Weber als Beutegewinne bezeichneten Profite einzelner Unternehmer stachen aus der negativen Kolonialbilanz heraus: Die 1888 an das Bergamt der Deutschen Kolonialgesellschaft für Südwest-Afrika vergebenen Minenschürfrechte sicherten die exklusive Förderung von Kupfer und Bleierzen. Am Vorabend des Ersten Weltkriegs beliefen sich die jährlichen Exportwerte auf fünf bis acht Millionen Mark, die aber als Gewinne der Einzelgesellschaft verbucht wurden. Die deutschen Kolonien nahmen keineswegs die Rolle eines privilegierten Außenhandelspartners ein und boten auch kaum geeignete Siedlungsflächen oder Anlagemöglichkeiten für agrarische und infrastrukturelle Investitionen. Darüber hinaus erwies sich die Kontrolle der Territorien als kostspielig, wie der mit großer Härte geführte Kolonialkrieg gegen Nama und Herero (1904-1907) zeigte.

Korporatismus

Hinsichtlich der gesellschaftlichen Verfasstheit gewannen korporative Gruppierungen an Gewicht. Den aufstrebenden Gewerkschaften stellten sich mächtige Arbeitgeberverbände entgegen, die sich zudem zu Kartellen und Syndikaten zusammenschlossen. Der Hintergrund war, dass die Industriellen nach dem Schock der Gründerkrise trotz einer allgemein liberalen Haltung am Nutzen der reinen Wettbewerbswirtschaft zu zweifeln begannen. Durch Übereinkommen mit den Unternehmern der gleichen Branche wollte man schrankenlose Konkurrenz eindämmen und Regelungen herbeiführen, um die Produktion annähernd dem Bedarf anzupassen und eine Überproduktion zu verhindern. **Kartelle** wurden als „Kinder der Not" betrachtet, die mit der Zollpolitik des Reichs einen Schutz gegen die ausländische Konkurrenz böten.

Stichwort

Kartelle (Syndikate)

Der Begriff Syndikat bezeichnete ursprünglich einen regionalen, auf eine Branche bezogenen Zusammenschluss von Personen, auch in der Arbeiterbewegung. Er wurde auf eine besondere Form von Unternehmenskartellen übertragen, die sich an hoch entwickelten Formen des Kartells, vor allem den US-amerikanischen Trusts, orientierten. Als „Kartelle höherer Ordnung" basierten Syndikate auf Übereinkünften zwischen selbstständigen Unternehmen, die in der Regel auf vertraglicher Basis geschlossen wurden, um den Wettbewerb zu beschränken. Klassischerweise waren Preisabsprachen mit dem Ziel der monopolistischen Beherrschung des Marktes am bedeutendsten.
Zu den wichtigsten deutschen Industriekartellen zählte das von 1893 bis 1945 existierende Rheinisch-Westfälische Kohlesyndikat. Seine gemeinsame Vertriebsorganisation hatte die Rechtsform einer Aktiengesellschaft. Als Unternehmerzusammenschluss vereinigte es die Zechenbesitzer im Steinkohlebergbau des Ruhrgebiets. Ebenfalls von großer Bedeutung war der 1904 gegründete Deutsche Stahlwerksverband, der bei seiner Gründung 87,5 Prozent der deutschen Flussstahlproduktion umfasste. Der Zusammenschluss der Stahlindustriellen unterhielt eine zentrale Verkaufsgesellschaft mit Sitz im Düsseldorfer Stahlhof. Syndikate und Kartelle standen in herausragender Weise für die Vermachtung der deutschen Wirtschaft, weshalb die Alliierten nach 1945 auf ihr generelles Verbot drängten.

1887 gehörten acht der 100 größten deutschen Industrieunternehmen einem Syndikat an, 1907 waren es 71 Prozent. Das wirtschaftliche Gewicht dieser Organisationen stieg in dieser Periode, zum Beispiel wurden 1907 drei Viertel der Wertschöpfung des deutschen Bergbaus durch Kartelle erwirtschaftet. Gleichzeitig nahm die Anzahl der ursprünglich 19 Bergbaukartelle bis 1910 auf sechs ab. Kurz vor dem Ersten Weltkrieg zählte man in den unterschiedlichen deutschen Wirtschaftszweigen rund 700 Kartelle. Neben der industriellen Konzentration formierte sich auch eine agrarische Lobby, insbesondere der Bund der Landwirte, der sich seit seiner Gründung 1893 gegen den nachlassenden Protektionismus in der Ära des Reichskanzlers Leo von

Caprivi (1831–1899) richtete. Trotz einer breiten klein- und mittelbäuerlichen Basis stellten die als Junker bekannten ostelbischen Rittergutsbesitzer die Führungspersönlichkeiten in diesem wichtigsten agrarischen Interessenverband.

Unter dem Eindruck solcher Tendenzen zur Vermachtung formulierten selbst Liberale wie Friedrich Naumann (1860–1919) Konzepte für einen staatlichen Eingriff mittels Wirtschaftspolitik. Angesichts der vielen Interessengruppen, zu denen er auch Sozialisten und Bodenreformer zählte, würden der Staat und die Verbände zu wesentlichen Wirtschaftsfaktoren.

Quelle

Friedrich Naumann zum Wandel der Wirtschaftspolitik

Aus: Friedrich Naumann, Neudeutsche Wirtschaftspolitik, Berlin 1906, S. 27.

Der Einzelne ist seines Glückes Schmied! Man zerbrach die alten Verbände und Zünfte, um den einzelnen freizumachen, und verlangte vom Staat, dass er nichts anderes tue, als das Eigentum zu schützen und den einzelnen sich bewegen zu lassen. Mit viel echtem Idealismus wurde diese Kunde vom Sieg des Individualismus vernommen und weitergegeben. Und doch ist heute alles voll von Motiven anderer Art. Alle Teile des Volkes treten mit Forderungen an den Staat heran. Die Forderungen der Sozialisten und Bodenreformer, die auf öffentliche Regelung der Produktion, des Wohnungs- und Hypothekenwesens hinauslaufen, finden willige Hörer. Der Staat und die Verbände werden Wirtschaftsfaktoren, an deren Notwendigkeit man glaubt. So wirkte das Wachsen der Masse. [...] Das heißt aber mit anderen Worten: die Wirtschaftsleitung wird den Produzenten aus der Hand genommen und geht teils in die Verbände, teils an den Staat über. Die Zahl der wirtschaftlich leitenden Personen wird immer kleiner. Oft ist die Leitung nur noch Schein.

Da sich selbst Liberale für den Staat als Wirtschaftsakteur aussprachen, schien der Weg für die gesetzliche Implementierung des Staatsinterventionismus bereitet. Durch den Kriegsausbruch trat der Umbruch der wirtschaftspolitischen Rolle des Staates allerdings viel schneller und anders als erwartet ein.

2. Reorganisation durch Kriegswirtschaft

Mit der Notwendigkeit, die Wirtschaft auf die Anforderungen des Krieges umzustellen, sah sich die Staatspolitik einer völlig neuen Aufgabe gegenübergestellt. Insofern könnte man annehmen, dass 1914 die Stunde der Politik schlug und der Staat energisch in den Wirtschaftsprozess eingriff, um die Wirtschaft auf Kriegskurs zu bringen. Jedoch waren den regulierenden Eingriffen erhebliche Grenzen gesetzt, weil es an konzeptionellen Vorüberlegungen für eine Kriegswirtschaftsplanung weitgehend fehlte.

Mangelhafte Mobilisierung

Noch bei Kriegsausbruch rechneten weder die Oberste Heeresleitung (OHL) noch die Industriellen damit, dass eine besondere wirtschaftliche Mobilisierung notwendig sei. Nach Ansicht des Generals Alfred von Schlieffen (1833–1913), dessen Vorkriegsplanung den schnellen Sieg gegen Frankreich mittels eines Angriffs über Belgien vorsah, wäre ein langwieriger Krieg ohnehin nicht führbar, weil der moderne Staat auf den ungebrochenen Fortgang von Handel und Industrie angewiesen sei. Die Annahme, dass modernes Wirtschaften nicht mit dem Krieg zu vereinbaren sei, verstellte auch den Blick auf die mögliche Planung der kriegswirtschaftlichen Mobilmachung. Obgleich die Militärs durchaus Überlegungen zur Intensivierung der Rüstungsproduktion anstellten, wiegten sie sich in der Hoffnung, dass man sich auf die staatlichen Rüstungsfirmen verlassen könne und nur wenige größere private Rüstungsunternehmen wie z. B. Krupp einbeziehen müsse. Die Industriellen rechneten ihrerseits nicht mit einer umfassenden Rüstungsproduktion für die Zwecke des Heeres. Überhaupt kam ihnen der Krieg ungelegen, weil er den Außenhandel störte, an dem sie unter anderem durch das Flottenbauprogramm in lukrativer Weise partizipierten.

Prekäre Rohstofflage

Walther Rathenau (1867–1922), Präsident der Allgemeinen Elektrizitätsgesellschaft (AEG), und der leitende Beamte Wichard von Moellendorf (1881–1937) gehörten zu den wenigen, die die prekäre Rohstofflage realistisch einschätzten, denn Deutschland war 1913 auf den Import von rund 40 Prozent seiner Rohstoffe angewiesen. Mit Erfolg bemühten sie sich in den ersten beiden Kriegswochen um die Einrichtung einer Kriegsrohstoffabteilung im Preußischen Kriegsministerium. Damit wurde einer Landesbehörde die nationale Aufgabe der Rohstoffbewirtschaftung übertragen. Zur Durchführung der Lenkungsaufgaben bildeten sich sogenannte Kriegsrohstoffgesellschaften, die meist als Aktiengesellschaften organisiert waren. In ihren Aufsichtsräten saßen vor allem Ministerialbeamte, während ihre Vorstände aus den kriegswichtigen Großunternehmen stammten. Die Rohstofflenkung bildete den Ausgangspunkt für eine kriegswirtschaftliche Ordnungspolitik, die sich anfangs zögerlich entwickelte. Neben der Importaktivierung bzw. -substitution gehörte zu ihren Aufgaben die Erfüllung folgender Hauptanliegen: die Anregung der Rüstungsgüterproduktion, die im Verlauf des Kriegs immer stärker wachsen sollte, die Schließung der aufgrund der Mobilisierung entstehenden Lücken auf dem Arbeitsmarkt, die Finanzierung des wachsenden Staatsverbrauchs.

Stichwort

Burgfrieden und Kriegsfinanzierung

Der seit dem Mittelalter gängige Begriff, nach dem in einer vom Feind belagerten Burg keine Fehde ausgetragen werden darf, wurde nach Kriegsbeginn vom deutschen Kaiser Wilhelm II. (1859–1941) bildlich in den Sprachgebrauch übertragen: „Ich kenne keine Parteien mehr, ich kenne nur Deutsche." In der politischen Praxis meinte die Burgfriedenspolitik insbesondere die Einbeziehung der Sozialdemokratie in den nationalen Konsens. Wirtschaftlich bereitete der Burgfrieden den

Weg für die Kriegsfinanzierung, die von der staatlichen Warte aus ein vordringliches Problem war. Die Frage der Fortführung der Burgfriedenspolitik ging in die Diskussion um die Zustimmung zur Kriegsführung der kaiserlichen Regierung über. Kriegsgegner wie die Spartakusgruppe um Karl Liebknecht (1871–1919) versagten im Parlament ihre Zustimmung zu den Kriegsanleihen des Staates.

Wege der Kriegsfinanzierung

Die Einsicht in die Priorität der **Kriegsfinanzierung** setzte sich bei den politisch Handelnden und der Heeresleitung schnell durch, denn schon vor Kriegsbeginn verzeichnete man im Zuge der forcierten Aufrüstung eine Explosion der staatlichen Ausgaben. Die Kostensteigerung betraf nicht nur die Rüstung, sondern allgemein den Ausbau der Verwaltungstätigkeit. Dem Staat standen drei Finanzierungswege offen: a) durch Besteuerung, indem man den Bürgern die Kosten direkt aufbürdete. Da dieser Weg die Kaufkraft der Bevölkerung bei zu erwartender Güterverknappung verringerte, sahen ihn die zeitgenössischen Ökonomen als beste Lösung an. Allerdings waren die zu erwartenden Beträge gering, denn Reichssteuern wurden vor 1914 vor allem über den Verbrauch von Genussmitteln wie Kaffee, Alkohol oder Tabak eingenommen. Das Aufkommen ging wegen der Kriegsblockade extrem zurück. Dagegen war das Einkommensteuersystem nur wenig entwickelt und die Erhebung den Einzelstaaten vorbehalten. Die Kriegsregierungen wagten es nicht, eine Reichseinkommenssteuer einzuführen. Die im Dezember 1915 angekündigte Kriegsgewinnsteuer wurde erst ab Juni 1916 erhoben. Erst im April 1917 führte die Reichsregierung eine Verbrauchssteuer auf Kohlen ein, bezahlte den Großteil der Zeche aber selbst, weil das Reich der Hauptabnehmer von Industriewaren und Kriegsgerät war. b) Völlig unattraktiv war von staatlicher Warte aus der Zugriff auf die Goldreserven. Zwar musste auf den Zerfall des Goldstandards kaum mehr Rücksicht genommen werden, denn die Deckung der staatlichen Geldemission durch Edelmetallreserven war bereits vor dem Krieg ausgehöhlt worden. Der Verkauf des Goldes hätte den Staat aber unwiderruflich seiner letzten Reserven beraubt. c) Es blieb die Finanzierung über Anleihen. Anders als für die europäischen Kriegsgegner schieden Auslandsanleihen für das Reich aus: Im Gegenteil gewährte Deutschland sogar Kredite an Österreich. Die inländische Anleihepolitik begann in Deutschland schon vor dem Krieg, als die Reichsschuld zwischen 1900 und 1913 von 2,3 auf 5 Milliarden Mark anstieg. Die Kriegsanleihen wurden durch den Aufruf an die Besitzenden mobilisiert, dem Staat ihre Ersparnisse gegen Zertifikate zur Verfügung zu stellen. Diese befriedigten das Gewinninteresse der Sparer, denn der Staat versprach, die Summe nach Kriegsende mit Zinsen zurückzuzahlen. Darüber hinaus ließ sich der Ankauf von Staatsanleihen als patriotischer Akt verkaufen. Von Regierungsseite bestand die Zuversicht, nach gewonnenem Krieg dem Gegner die zurückzuzahlenden Summen aufzubürden.

Abb. 1 Das 1. bayerische schwere Reiter-Regiment marschiert am 4. August 1914 ins Feld.

Kriegsanleihen

Während des Ersten Weltkrieges wurden neun Anleihen aufgelegt, die die Regierung halbjährlich im Frühjahr und Herbst im Reichstag verabschieden ließ, erstmals im September 1914. Bei dieser Prozedur gerieten die Sozialdemokraten wegen ihrer Zustimmung zur Burgfriedenspolitik stark in Bedrängnis, weil sie der Kriegsführung dadurch immer wieder zustimmten. Die innere Zerreißprobe führte 1917 zur Spaltung und zur Bildung der Unabhängigen Sozialdemokratischen Partei Deutschlands (USPD). Die Kriegsfinanzierung stellte sich als Kristallisationspunkt dar, an dem sich Zustimmung und Ablehnung zur politischen Führung manifestierten. Der versprengten politischen Opposition stand eine breitere patriotische Front gegenüber. Der Staatssekretär im Reichsschatzamt Karl Helfferich (1872–1924), der als Verantwortlicher für die Finanzierungsweise anzusehen war, stellte eine Refinanzierung nach siegreichem Kriegsverlauf in Aussicht. Er war zutiefst davon überzeugt, dass den Feinden nach gewonnenem Krieg die Rechnung vorgelegt werden könne. Selbst noch 1917 drückten Experten wie der Münchner Ökonomieprofessor Edgar Jaffé (1866–1921) die Erwartung aus, dass England in Bälde zur Begleichung der Hälfte der deutschen Kriegsschuld herangezogen werden könne. Diese Logik entsprach derjenigen der Gegenseite, doch mit dem entscheidenden Unterschied, dass die siegreichen Alliierten sie im Versailler Vertrag mit der Auferlegung hoher Reparationen in die Realität umzusetzen vermochten.

Angesichts der falschen Einschätzung des Kriegsverlaufs und der zunehmenden Bedeutung der Privatindustrie für die Rüstung stellte sich für die Reichsregierung das Problem der Einbindung dieser Firmen in die staatliche Bürokratie. Allein für die Rohstoffverteilung war mit Einführung der Kriegsgesellschaften eine vorerst zufriedenstellende Lösung gefunden worden, von der allerdings die Großindustrie am meisten zu profitieren wusste. Rathenau nahm als Hauptinitiator der Rohstoffbewirtschaftung in der Frage der Unternehmensreglementierung eine wirtschaftsliberale Haltung ein. Er betrachtete es als „eine Selbstverständlichkeit, dass Handel und Industrie ein wohlerworbenes Recht auf Verdienen und möglichst freie Bewegung" hätten.

Als das Kriegsministerium angesichts der Munitionskrise vom November 1914 das industrielle Geschäftsgebaren einer Prüfung unterzog, musste es feststellen, dass die Privatwirtschaft von ihren Freiheiten ausgiebig Gebrauch machte. Zwar hielten die Industriellen patriotische Reden, bekundeten ihre vaterländische Gesinnung und forderten Annexionen, doch folgten sie in ihrer Unternehmensleitung strikt der immanenten Logik der Marktwirtschaft. Sie handelten zu ihrem Vorteil, der sich nicht unbedingt mit der kriegswirtschaftlichen Rationalität deckte. Die Industriekapitäne waren kaum geneigt, die Produktionskapazitäten ihrer Fabriken zu erweitern, um in ihrer Sichtweise unrentable Mengen zu produzieren. Trotz des Krieges dachten sie strategisch in langfristigen Perspektiven. Über die **Kriegsgesellschaften** versuchten sie, in vielen Sektoren eine Monopolstellung aufzubauen. Im Wettbewerb um Rüstungsaufträge waren sie nicht gewillt, alternativen Anbietern Marktanteile zu überlassen, auch wenn diese die Aufträge der militärischen Beschaffungsstellen ebenso gut erfüllen konnten.

Stichwort

Kriegsgesellschaften

Zur Durchführung der Rohstoffbewirtschaftung wurden die Rüstungsunternehmen nach Branchen zu Kriegsgesellschaften gruppiert, die bis Herbst 1916 der Kriegsrohstoffabteilung des preußischen Kriegsministeriums unterstanden, z.B. die Kriegschemikalien AG, Kriegsmetall AG, Kriegswollbedarf AG (September 1914), Kammwoll AG (Oktober 1914) oder die Kriegsleder AG (November 1914). Als Aktiengesellschaften waren sie private Unternehmen, die die öffentliche Aufgabe der Kontrolle der Rohstoffverbraucher übernahmen. Ihre Tätigkeit deckte sich mit derjenigen der Syndikate und sie fügten sich auch in deren Organisationsstrukturen ein. Alle großen Firmen einer Branche übernahmen Anteile an der jeweiligen Kriegsgesellschaft, weil sie ansonsten einen Ausschluss aus der Rohstoffbelieferung befürchteten. Kleinere und mittlere Unternehmen wurden an den Rand gedrängt und bezogen ihr Material häufig über Großunternehmen. Die Kriegsgesellschaften glichen Rohstoffangebot und -nachfrage zum amtlich festgelegten Preis aus, doch belieferten sie ihre Aktionäre häufig bevorzugt. Bei Kriegsende zählte man 200 Kriegsgesellschaften mit ca. 33.000 Beschäftigten.

Aufgrund der staatlichen und privatwirtschaftlichen Beteiligung wurde die Organisation der Kriegsgesellschaften als gemein- oder gemischtwirtschaftlich bezeichnet. Die zeitgenössischen Akteure verbanden damit kein neues ordnungspolitisches Modell, sondern sahen ihre Existenz auf die Zeit des Krieges beschränkt. Die Unternehmensform schuf eine Brücke zwischen kapitalistischer Privatwirtschaft und staatlichem Interventionismus. Die Industrie blieb skeptisch, weil sich ihre unternehmerischen Ziele auch über die Syndikate erreichen ließen, ohne dem Staat Zugriffsmöglichkeiten zu eröffnen. Obwohl die Kriegsgesellschaften nicht bewusst als Alternative zur privaten Wirtschaft gedacht waren, dienten sie in der Folge als Modell für die Diskussion einer korporativen Wirtschaftsverfassung.

Geschäftsgebaren der Industriellen

Im Sinne des Syndikatsgedankens nutzte beispielsweise die Eisen- und Stahlindustrie ihre Schlüsselstellung aus, um beim Staat hohe Preise zu fordern. Mittels der Monopolisierung des Rohstoffaufkaufs traten sie wie andere großindustrielle Unternehmen als Lieferanten für kleinere Firmen auf, unter Wahrung ihres Vorteils bei der Preisgestaltung. Die Bildung von Preissyndikaten zur Erzielung von Höchstpreisen war auch ein Teil der industriellen Exportpolitik. Zu Beginn des Kriegs wusste die Industrielobby bereits den Erlass von Ausfuhrbeschränkungen in neutrale Länder zu verhindern. Die Industriellen erklärten, dass ihre Syndikate dafür sorgten, dass die Produktion nicht in die Hand des Kriegsgegners falle. Diese Kontrolle erwies sich als Illusion, denn deutsches Eisen gelangte über die Neutralen nach Frankreich und Italien. In manchen Fällen zogen Stahlindustrielle über das Jahr 1916 hinweg den Außenhandel gegenüber dem Binnenabsatz vor, weil die Nachfrage der neutralen Länder wegen der Einstellung der britischen Lieferungen gestiegen war.

Die Effekte der Kartellbildung spitzten sich im Krieg zu. Die Bergbauunternehmen, die sich schon seit 1893 nicht mehr im Wettbewerb befanden, gingen in einem die gesamte Kohlenwirtschaft umfassenden Kartell auf. Zwar behielten sie rechtlich ihren Unternehmensstatus, gaben aber ihre wirtschaftliche Unabhängigkeit auf. Angesichts dieser Vermachtung konnten sie wie andere kriegswichtige Industriezweige ihre Forderungen beim Kriegsministerium ohne Zurückhaltung vorbringen. Gleichzeitig hing das Heer von den führenden Schwerindustriellen ab und schloss sich deshalb mit ihnen zu einer strategischen Clique zusammen. Entsprechend zögerlich ging die Regierung gegen die Interessen der Großindustriellen vor, wie vor allem die Frage der Einführung einer Kriegsgewinnsteuer zeigte. Erst im Juni 1916 kam es zu einer moderaten Besteuerung durch das Kriegssteuergesetz, das nach großem Zögern erlassen wurde.

Fehlende Lenkungsinstrumente

Wirtschaft und Politik rückten binnen kurzer Zeit in einer Weise zusammen, die ohne den Krieg kaum denkbar gewesen wäre. Sicherlich wog die Fehleinschätzung einer kurzen Kriegsdauer schwer, zumal sie mit der Überzeugung einherging, dass sich eine leistungsfähige Friedenswirtschaft rasch an die Erfordernisse des Krieges anzupassen wisse. Als die Einsicht in die Langfristigkeit des Wirtschaftskrieges vorhanden war, standen immer noch keine geeigneten Planungsinstrumente und Konzepte zur Verfügung. Eine gezielte

Wirtschaftspolitik im Sinne einer gesamtwirtschaftlichen Ordnungs- oder Steuerungspolitik war unbekannt. Insofern mussten viele Maßnahmen wie Improvisation wirken, wofür die geschätzten 1.200 gesetzlichen Einzelregelungen allein im Bereich der Bewirtschaftung ein beredtes Zeugnis lieferten. Aus der Bürokratisierung wirtschaftlicher Abläufe ergab sich auch ein Bewertungsproblem: Während das Militär Erfolge, auch wirtschaftlicher Natur, für sich reklamierte, standen die staatlichen Verwaltungen am Pranger, sobald sich Misserfolge einstellten. Zugleich erwies sich die ad hoc entstandene Verwaltungsorganisation als dysfunktional, weil den zivilen Behörden vielfach eine militärische Instanz übergeordnet worden war.

Reorganisation der OHL

1916 schlug nicht die Stunde der Politik, sondern diejenige des Militärs. Angesichts der wirtschaftlichen Verteilungs- und Machtkämpfe schwebte der OHL ebenso wie den führenden Industriellen die Installation eines wirtschaftlichen Generalstabs vor, dessen Befehle für eine straffe militärische Leitung der Kriegswirtschaft sorgen sollen. Die Gelegenheit für eine umfassende administrative Neuordnung ergab sich durch die Neuorganisation der OHL unter Leitung der Generäle Paul von Hindenburg (1847–1934) und Erich Ludendorff (1865–1937). Das Mitte September 1916 veröffentlichte Hindenburg-Programm sah eine Ausweitung der Militärpflicht, eine Einbeziehung der Frauen in die Dienstpflicht, die Umleitung von Arbeitern in kriegswichtige Industrien, die Schließung der Universitäten sowie die Koordination der Rüstungswirtschaft durch die Einrichtung eines obersten Kriegsamtes vor. Der letzte Punkt, der im Hinblick auf die Wirtschaftsordnungspolitik am bedeutendsten war, führte zu direkten Verhandlungen mit dem Reichskanzler Theobald von Bethmann Hollweg (1856–1921). Die konkret diskutierten Pläne nahmen auf die bestehenden Reichsstrukturen sowie die Mitspracherechte des Parlaments stärker Rücksicht und endeten mit der Kompromisslösung eines Umbaus des preußischen Kriegsministeriums. Zum 1.November 1916 nahm das Kriegsamt, dem neben der existierenden Kriegsrohstoffabteilung auch das kurz zuvor errichtete Waffen- und Munitionsbeschaffungsamt eingegliedert wurden, seine Arbeit auf. Daneben umfasste es noch Abteilungen für Einfuhr und Ausfuhr, für Volksernährung sowie ein Amt für Kleiderbeschaffung. Die Zielsetzung einer effizienteren Koordination begrüßten insbesondere die Vertreter der Industrie, die immer wieder die Ineffizienz der Beschaffungsstellen gerügt hatten. Die neue oberste Kriegsbehörde stand unter der Leitung des Generals Wilhelm Groener (1867–1939), der nicht nur den militärischen Zugriff sicherte, sondern auch als Garant für die Wahrung der industriellen Interessen galt. Trotz ihrer Sonderexistenz innerhalb des preußischen Kriegsministeriums konnte sie die Konfliktlagen mit anderen kriegswichtigen Instanzen, z.B. mit dem Reichsamt des Inneren oder mit den Kriegsministerien der Länder, nicht auflösen.

Quelle

Denkschrift der Reichsregierung über wirtschaftliche Maßnahmen aus Anlass des Krieges. Reichstagsdrucksache vom 5. März 1917

Aus: Geheimes Preußisches Staatsarchiv, 1. Hauptabteilung, Repositur 90A, Nr. 4651

Die Bewirtschaftung der Rohstoffe durch die Kriegsrohstoffabteilung (KRA) bedeutet einen durch die Kriegsereignisse erforderten Eingriff in die bestehende Wirtschaftsordnung und die auf ihr beruhende unbeschränkte Verfügungsfreiheit, für den es im deutschen Wirtschaftsleben ein Vorbild nicht gab. Der Umkreis der Aufgaben und der ihnen anzupassenden Organisation ließ sich daher zu Anfang nur teilweise übersehen und konnte erst im Laufe der Zeit aus den Anforderungen der Heeresverwaltung und der für sie arbeitenden staatlichen und privaten Betriebe und des Bedarfes der Friedensindustrie in vollem Umfange ermessen werden. Die Tätigkeit der Rohstoffabteilung läßt sich heute dahin umschreiben, dass ihre vornehmste Aufgabe – auf Grundlage der Verfügungsberechtigung über die für den Heeresbedarf unentbehrlichen Rohstoffe – auf deren Ansammlung und Verteilung beruht.
Die Ansammlung geschieht in der Absicht, eine Vergeudung der Rohstoffe zu verhindern, ihre Verwendung für Heereszwecke zu sichern, eine Übersicht über die zur Verfügung stehenden Mengen zu gewinnen, die vorhandenen Bestände zu vergrößern und zu strecken, kurz in vorsorglicher Weise den Rohstoffhaushalt zu regeln. [...] Die Verteilung der Rohstoffe ordnete sich dem Grundsatze unter, den Betrieben fortlaufend ihren Bedarf an Stoffen zur Herstellung von Kriegsgütern zuzuführen und Ungerechtigkeiten durch Bevorzugungen oder ungleichmäßige Verteilungen zu verhindern.
Eine weitere Aufgabe der KRA besteht in der Wertabschätzung der beschlagnahmten und requirierten Güter. [...] Endlich entstand die Notwendigkeit, Organisationen zu schaffen, um die Bestände aus Feindesland in die Heimat zu leiten, nach Verwendungsgebieten und örtlichem Bedarf zu sammeln, zu verteilen, abzuschätzen, zu buchen und abzurechnen. Es entwickelt sich hieraus eine Warenwirtschaft, die kaum zuvor in einer Hand gelegen hat, und die ohne Mithilfe der geschaffenen Handelsorganisationen nicht zu bewältigen gewesen wäre.

Überhitzung der Wirtschaft

Militärisch lag der Schwerpunkt des Hindenburg-Programms auf der Munitionsproduktion. Der verlustreiche Stellungskrieg an der Somme wies im Sommer 1916 eindrücklich auf diesen Hauptengpass hin. Ohne Rücksicht auf die Kosten sollte binnen eines halben Jahres der Bestand an Munition verdoppelt werden. Bei dieser Entscheidung der OHL spielte auch die Erkenntnis eine Rolle, dass die zahlenmäßige Überlegenheit der alliierten Armeen weiter wachsen würde und dies, obwohl der Kriegseintritt der USA noch nicht feststand. Auch qualitative Verbesserungen bildeten ein Ziel der Rüstungspolitik mit Blick auf die Steigerung der Effizienz der Armee durch „Maschinen“. Damit waren in Abgrenzung zur herkömmlichen Waffentechnik neuartige Waffen wie Maschinengewehre, Geschütze, Minenwerfer und Flugzeuge gemeint.

Ferner lancierte die OHL ein großes Programm zum Neubau von Industrieanlagen, ohne für eine bessere Nutzung bestehender Anlagen zu sorgen. Geplant und teilweise durchgeführt wurden Investitionen in neue Fabriken, neue Hochöfen, sogar in neue Rheinbrücken. Auf der Gegenseite schloss das Kriegsamt für die Rüstungsproduktion entbehrliche Betriebe und entzog ihnen dadurch die Arbeitskräfte, Rohstoffe und Maschinen. Im Dezember 1916 entstand zu diesem Zweck ein „Ständiger Ausschuss für die Zusammenlegung von Betrieben", der aber nur ein knappes Jahr existierte, weil seine Arbeit zu stark von Richtungskämpfen bestimmt war.

Mangel an Arbeitskräften

Weitere anhaltende Engpässe, die ebenfalls für Konflikte zwischen Industriellen und Kriegsministerium sorgten, traten auf dem Arbeitsmarkt auf. Bereits mit der massenhaften Mobilisierung im ersten Kriegsjahr waren den Unternehmen viele Arbeitskräfte entzogen worden. Je nach Industriebranche schrumpften die Belegschaften um ein Viertel oder gar ein Drittel, beispielsweise verlor der Ruhrbergbau 145.000 seiner 425.000 Bergleute. Die Industriellen warfen dem Ministerium auch vor, nur eine unzureichende Anzahl von Facharbeitern zurückgestellt zu haben, sodass sich der industrielle Facharbeiterstamm in nichts aufgelöst habe.

Mit dem Hindenburg-Programm verfolgten OHL und Industrielle das Leitbild einer Militarisierung der Arbeitsverhältnisse, um nach Möglichkeit die gesamte Zivilbevölkerung für den Arbeitsdienst zu mobilisieren. Zu diesem Zweck sei die Freizügigkeit einzuschränken, was zugleich für eine Milderung des Ärgernisses der Arbeitskräftefluktuation sorgen sollte. Gegen solch drastische Vorstellungen formierte sich Widerstand von ungewohnter Seite. Staatssekretär Helfferich gab teils aus einer wirtschaftsliberalen, teils aus einer sozialkonservativen Haltung zu bedenken, dass sich ein Heer befehligen lasse, nicht aber eine Volkswirtschaft. In der Tat erwies es sich als Fehleinschätzung, derartige Forderungen an die Arbeiter stellen zu können, ohne Zugeständnisse anzubieten. Nicht nur die Reichstagsmehrheit stellte sich gegen die Pläne, sondern auch die Reichsregierung forderte im Gegenzug Mitbestimmungsrechte für die Gewerkschaften ein. Im Ergebnis entstand ein Hilfsdienstgesetz mit starkem Kompromisscharakter.

Stichwort

Gesetz über den Vaterländischen Hilfsdienst

5. Dezember 1916. Gegeben im Großen Hauptquartier, gezeichnet von Kaiser Wilhelm II. und Reichskanzler von Bethmann Hollweg

Das Dienstleistungsgesetz führte eine allgemeine Arbeitspflicht ein, die euphemistisch als „vaterländischer Hilfsdienst" bezeichnet wird. Zwangsverpflichtet wurden alle arbeitsfähigen Männer zwischen 17 und 60 Jahren. Weitergehende Forderungen der OHL, insbesondere zum Zwangspflichteinsatz von Frauen, scheiterten an Widerständen aus dem Parlament. Die Regelungen des Gesetzes wurden auf Intervention der Gewerkschaften abgeschwächt, auf die die Regierung in der Kriegssituation Rücksicht nehmen musste.

Entgegen den Intentionen der im Sommer 1916 neu formierten OHL entfaltete das Gesetz eine bahnbrechende sozialpolitische Wirkung. Es stärkte die gewerk-

schaftliche Forderung nach Mitbestimmung, indem es in Betrieben mit mehr als 50 Beschäftigten obligatorische Arbeiterausschüsse einrichtete. Diese paritätisch besetzten Gremien sollten „das gute Einvernehmen innerhalb des Betriebes und zwischen der Arbeiterschaft und dem Arbeitgeber" fördern (§ 12). Sie ebneten als erstmalige gesetzliche Verankerung der Arbeitervertretungen den Weg zu den 1920 eingerichteten Betriebsräten. Ein Verfahren zur Schlichtung von Konflikten im Arbeitsleben wurde institutionalisiert.
Die weitgehenden Zugeständnisse trugen der Schlüsselrolle der Gewerkschaften für die Rüstungswirtschaft Rechnung. Der Historiker Wolfgang Mommsen bezeichnete die Anerkennung des gewerkschaftlichen Anspruchs auf Gleichberechtigung als ihren „Ausbruch aus dem Ghetto".

Das **Hilfsdienstgesetz** setzte einen Markstein für das Verhältnis von Politik, Wirtschaft und Militär. Unfreiwillig ergriff das kaiserliche Regime für die Arbeiterinteressen Partei und gab seine Einwilligung dazu, dass Gewerkschaftsvertreter Ämter bekleideten, die zur Ausführung von Gesetzen dienten. Wenn es der Reichstagsmehrheit derartige Zugeständnisse machte, zeigte sich, dass es kaum mehr in der Lage war, eine eigenständige Position gegenüber den divergierenden Forderungen der sozialen Gruppen zu behaupten. Im Gegenteil lieferte das Hilfsdienstgesetz den Beweis dafür, dass die Regierung einen herben Autoritätsverlust hinzunehmen hatte und zum Spielball organisierter Klasseninteressen wurde. Die nachfolgende Zunahme der Klassenspannungen lässt sich auf diese Weise erklären.

Deklassierung Mittelstand

Die Auswirkungen der lobbyistischen Interessenpolitik der Großindustrie zeigten sich an der Deklassierung des selbstständigen Mittelstandes. Kleinbetriebe, aber auch mittlere Unternehmen hingen zumeist von einem einzelnen Handwerksmeister oder Geschäftsleiter ab. Dessen Einberufung zum Kriegsdienst zog oft die Schließung oder Stilllegung des Geschäfts nach sich. Angesichts der Machtverhältnisse in den Kriegsgesellschaften waren kleinere und mittlere Unternehmen auch hinsichtlich der Rohstoffverteilung benachteiligt. Ihre Produktion war kriegswirtschaftlich weniger relevant, sodass ihre Absatzmöglichkeiten wegen der Verbrauchsbeschränkungen im Rationierungssystem zurückgingen. Auch die Lohnerhöhungen konnten von den industriellen Großbetrieben leichter verkraftet werden. Wegen des Mangels an Arbeitskräften und Rohstoffen sowie des fehlenden Absatzes standen nach zwei Jahren Krieg rund 250.000 kleingewerbliche Betriebe still. Die Praxis der Kriegswirtschaft führte tendenziell zu einem Verdrängungswettbewerb zulasten des gewerblichen Mittelstandes. Allerdings sind die langfristigen Effekte zeitgenössisch meist überzeichnet worden, denn viele kleinere Betriebe konnten die im Dezember 1916 verfügten Betriebsstilllegungen abwehren. Insgesamt lag der Rückgang der Handwerksbetriebe sogar im langfristigen Trend, denn ihre Anzahl nahm zwischen 1907 und 1919 lediglich um acht Prozent ab.

Weder das Hindenburg-Programm noch das Hilfsdienstgesetz konnten die weitreichenden Erwartungen erfüllen, die an sie gestellt wurden. Gemäß den Vorgaben der Hindenburg-Denkschrift konzentrierte sich die Eisen- und Stahlindustrie auf die Rüstungsproduktion. Deshalb fehlten Ausbau- und Ersatzteile für die Eisenbahn, zudem war der Bahnbetrieb durch die Steigerung des Transportvolumens überfordert. Dieser Zustand mündete in eine allgemeine Verkehrskrise, die ihrerseits auf den industriellen Produktionsbereich zurückwirkte. Schon ab Mitte Oktober 1916 kam es zu Betriebsunterbrechungen in Rüstungsfabriken wegen Kohlemangel, weil zu ihrer Zulieferung die Waggons fehlten.

Zwangsverpflichtungen zur Arbeit

Die Durchführung des ambitionierten Rüstungsprogramms machte eine Mobilisierung zusätzlicher Arbeitskräfte, darunter viele Frauen, nötig. Die OHL zog 125.000 Stahlarbeiter von der Front wegen der Einsicht zurück, dass Lücken in der Produktion zu schließen seien. Zusätzlich wurden Anfang 1916 begonnene Versuche intensiviert, mithilfe der Zwangsrekrutierung ausländischer Arbeitskräfte dem anhaltenden Problem Herr zu werden. Deutsche Industrielle drängten im Verein mit der OHL im Herbst 1916 erfolgreich darauf, die Lücken durch die weitere Zuführung belgischer Arbeiter zu schließen. Die Zwangsverpflichteten wurden überwiegend im rheinisch-westfälischen Industriegebiet eingesetzt. Trotz der Verschleppung von knapp 80.000 belgischen Arbeitskräften konnte das Ziel, der gesamten deutschen Wirtschaft massenhaft Arbeiter zuzuführen, nicht erreicht werden. Die Deportationen wurden im Februar 1917 auf starken ausländischen Druck, der auf die Völkerrechtswidrigkeit hinwies, eingeschränkt. Viele Arbeiter wurden zurückgeführt und die Zwangsarbeiterverpflichtung blieb dem kollektiven Gedächtnis als eindrückliches Szenario der Schrankenlosigkeit einer totalen Kriegsführung erhalten.

Die Anwerbung aus Belgien setzte sich indessen unter geringerer Zwangsanwendung fort, sodass bis Sommer 1918 nochmals 100.000 Arbeiter ins Deutsche Reich gelangten. Im Herbst 1916 radikalisierte sich auch die Zwangsarbeiterrekrutierung in Polen, die aus der traditionell üblichen Saisonarbeit hervorging. Die Arbeitsverpflichtung erfolgte meist im Agrarsektor, in dem rund eine halbe Million polnischer Beschäftigter gezählt wurde. Von den 2,5 Millionen Kriegsgefangenen wurden außerdem 1,6 Millionen zwangsweise eingesetzt, etwa zur Hälfte in der Landwirtschaft und zu einem Drittel im Industriesektor.

In dieser Situation trat im Dezember das Hilfsdienstgesetz in Kraft, das sich der inländischen Arbeitskräfteverpflichtung verschrieb. Jedoch brachte es kaum befriedigende Ergebnisse. Zwar ließen sich Umsetzungen in Richtung der kriegswichtigen Industrien erreichen, doch waren in der Breite viel zu wenig neue Arbeitskräfte zu mobilisieren. Insbesondere blieb der gravierende Mangel an ausgebildeten Arbeitern virulent, sodass sich das Ergebnis der Kampagne aus Sicht des Militärs als Misserfolg darbot. Der durch die Transportkrise im Winter 1916/17 zugespitzte Ernährungsmangel wirkte ebenfalls auf den Zustand der Arbeiterschaft zurück. Neben den Lieferungsproblemen erwies sich ihre Überforderung als entscheidender Engpass der deutschen Kriegswirtschaft.

Verschärfung der Wirtschaftskrise

Unter dem Eindruck der Transportkrise konnten die zu hoch gesteckten Ziele des von Hindenburg propagierten Produktionsprogramms nicht erfüllt werden. Das ambitionierte Ziel einer Verdopplung der Munition wurde knapp verfehlt, doch waren auch hier wirtschaftliche Interdependenzen zu beachten. Um das zusätzlich produzierte Pulver zu Infanterie- und Artilleriemunition verarbeiten zu können, war zugleich eine Monatsproduktion von 150.000 t Rohstahl sowie von Nichteisenmetallen wie Kupfer, Blei, Zink und Aluminium im vierstelligen Tonnenbereich erforderlich. Nur bei den letztgenannten Metallen gelang die notwendige Produktionssteigerung, während die Eisen- und Stahlproduktion in der Transportkrise Anfang 1917 jäh abfiel und sich erst im Laufe des Frühjahrs wieder erholte. Insgesamt konnte in diesem Sektor 1917 der Vorjahreswert leicht übertroffen werden. Dennoch erreichte der erzielte Produktionswert an Stahl und Eisen nur 83 Prozent der Vorkriegsproduktion von 1913.

Kohlemangel

An der Basis der Rohstoffversorgung entwickelte sich der Kohlemangel zum Dauerproblem des Wirtschaftskriegs. Zu keinem Zeitpunkt gelang es, die Produktion des Jahres 1913 wieder zu erreichen. Nach einem Einbruch im Jahr 1915 auf 78 Prozent der Vorkriegsförderung verzeichnete man 1917 immerhin wieder eine Steigerung auf 90 Prozent. Um dieses Ergebnis zu erzielen, war allerdings im Mai/Juni 1917 eine Freistellung von 50.000 Frontsoldaten für den Ruhrbergbau die Voraussetzung. Kohle wurde immer mehr rationiert und ihre Zuteilung auf Vorzugsbetriebe beschränkt, d.h. 5.000 Betriebe der Grundversorgung mit Energie, während 35.000 prioritäre Rüstungsbetriebe nur noch 60 bis 80 Prozent ihres angemeldeten Bedarfs erhielten.

Eine leichte Verbesserung der rüstungswirtschaftlichen Situation trat im Laufe des Jahres 1917 ein, weil die OHL einige Entscheidungen des Hindenburg-Programms korrigierte. Der Bau von Neuanlagen, in die viel Arbeitszeit und Material investiert worden war, wurde zurückgestellt und Investitionsprogramme wurden zugunsten der laufenden Produktion eingeschränkt. Dem stand nach wie vor das Interesse der Industrie entgegen, die zu errichtenden Kapazitäten eventuell für eine Friedenswirtschaft nutzen zu können. Demgegenüber zeichnete sich die Kriegswirtschaftsordnung allgemein dadurch aus, dass viele Investitionen in Bereiche flossen, für die unter Friedensbedingungen kein Bedarf abzusehen war. Insofern führten die kriegswirtschaftlichen Prioritäten zu einem Verlust an gesamtwirtschaftlichen Überlegungen. Die für Wirtschaftsfragen zuständigen Ressorts der Reichsregierung und des preußischen Staates waren kaum mehr an den Planungen beteiligt. Die Totalmobilisierung führte im Rüstungsbereich zumindest zum Erhalt der Produktionsleistungen.

Trotz der bedingungslosen Konzentration der Ressourcen auf die Rüstungswirtschaft war der Zusammenbruch angesichts der wirtschaftlichen Überlegenheit der Kriegsgegner, insbesondere nach dem Kriegseintritt der USA im April 1917, vorprogrammiert.

Fallende Agrarproduktion

Die deutsche Landwirtschaft erreichte um 1913 einen Selbstversorgungsgrad von 90 Prozent, der sich aber über die Agrarprodukte ungleich verteilte. Überschüsse gab es in der Zuckerrüben- sowie in der Kartoffel- und Roggenerzeugung. Basisprodukte wie Brotgetreide und Fleisch lagen im Durchschnitt der Selbstversorgungsquote, während bei Fetten und Eiern nur 60 Prozent des Verbrauchs im Inland produziert werden konnten. Das Halten der relativ hohen Selbstversorgungsquote der Vorkriegszeit erwies sich recht bald als Illusion. Schon im Herbst 1914 traten in Bezug auf die Ernährung die ersten Engpässe auf. Ab Winter 1915/16 verknappten und verteuerten sich die Lebensmittel allgemein und von einer Ernährungskrise konnte man ab Frühjahr 1916 sprechen. Von Kriegsbeginn bis zum Jahr 1917 fiel die agrarische Produktion um 42,8 Prozent.

Die Ursachen der Produktionskrise waren vielfältig. Die Anzahl der Arbeitskräfte ging durch die Einberufung vieler Bauern und Landarbeiter stark zurück, weil der Heeresdienst absoluten Vorrang hatte. Stattdessen wurden viele Frauen und Jugendliche in der Landarbeit eingesetzt und, wie erwähnt, auch knapp eine Million Kriegsgefangene. Diese Substitution der Arbeitskräfte führte zu einem Rückgang der Arbeitsproduktivität. Die menschliche Arbeitskraft wurde knapp, aber die Mobilisierung erstreckte sich auch auf Arbeitstiere, vor allem Pferde, die als Nutztiere an der Front gebraucht wurden. Die landwirtschaftliche Anbaufläche ging zurück, denn Ackerland lag brach, weil Arbeitskräfte zu seiner Bestellung fehlten. Vielfach wurde es nur als Weide genutzt. Auch Saatgut und Dünger wurden knapp. Zwar standen in Deutschland große Mengen an Kalidünger zur Verfügung, doch waren Stickstoff und Phosphor nicht ausreichend vorhanden. Insbesondere machte sich das Fehlen des chilenischen Salpeters bemerkbar, dessen Vorkriegsimport rund 770.000 t pro Jahr erreichte. Mangelnde Düngung hatte einen Rückgang der Bodenproduktivität zur Folge, d.h., die Hektarerträge fielen. Das Hindenburg-Programm erkannte zwar die Priorität des Agrarsektors an, konnte aber die wichtigsten Engpässe wie den Arbeitskräfte- und Zugtiermangel sowie die Düngerknappheit nicht beheben.

Legende der Aushungerung

Der Nahrungsmittelmangel wurde zeitgenössisch häufig als Wirkung der britischen Blockade dargestellt. Doch ist die Deutung, dass Deutschland von den Alliierten ausgehungert wurde, kaum haltbar. Zwar waren die Mittelmächte vom überseeischen Handel abgeschnitten, was sich vor allem in strategischen Bereichen wie der erwähnten Salpeterversorgung bemerkbar machte. Auch ging die Einbindung in die internationale Arbeitsteilung verloren. Bis zur Mitte des Kriegs existierte aber ein weitgehend funktionsfähiges Reexportsystem über die neutralen skandinavischen Länder sowie über die Niederlande und die Schweiz. Die Kompensation der Handelsausfälle über verbündete Länder war dagegen unbedeutend, weil Österreich und Ungarn als kriegführende Mächte selbst mit Versorgungsproblemen zu kämpfen hatten. Insgesamt blieben die Lieferungen aus ost- und südosteuropäischen Gebieten gering, wenn man von punktuellen Ausnahmen, zum Beispiel den Olivenöllieferungen aus der Türkei, absieht. Eine Milderung der Folgen der Blockade brachte auch die Unterwerfung Rumäniens, aus dem bedeutende Lieferungen an Getreide bezogen wurden. Gegen Kriegsende konnten nach dem Friedensschluss von Brest-Litowsk auch 400.000 t Getreide aus der Ukraine gepresst werden.

Als die deutschen Ressourcen gegen 1916/17 zur Neige gingen, ließ sich das insofern mit der Blockade in Verbindung bringen, als die Kompensation des Produktionsrückgangs über Importe nicht gelang. Die Ernährungskrise war aber weitaus mehr ein Ergebnis der Transportkrise sowie der allgemeinen Überforderung der deutschen Wirtschaft. Insofern ist die Erklärung zurückzuweisen, dass Deutschland den Krieg verlor, weil es ausgehungert wurde, wie sie in der Weimarer Republik im Zuge der Dolchstoßlegende vorgebracht wurde. Allgemein ist darauf hinzuweisen, dass der Vergleich mit einer belagerten Burg nicht stimmte, weil in einer großen Volkswirtschaft nur bestimmte Bereiche von dem Handelsembargo getroffen werden. Auch stand dem Rückgang der Einfuhren ein noch stärkerer Rückgang der Ausfuhren gegenüber, sodass größere Teile der Produktion, die ansonsten exportiert wurden, in den inländischen Verbrauch gingen. Dies galt für die Ernährung allerdings weniger, weil die Agrarexportleistung Deutschlands vor Kriegsausbruch kaum nennenswert war.

Die Ernährungskrise hatte auch bedeutende verteilungspolitische Implikationen. Als erste deutsche Großstadt führte Berlin bereits Anfang 1915 eine Brotkarte ein. Das System der Lebensmittelkarten wurde ausgedehnt und ab 1916 trat eine allgemeine Rationierung ein. Im Zuge dessen sank zum Beispiel die Fleischzuteilung für den Durchschnittsbürger, gemessen am Vorkriegsverbrauch, im Juli 1916 auf 31 Prozent, im Juli 1917 auf 21 Prozent. Zum Rückgrat der Ernährung wurden Kartoffeln, während die Mehlzuteilungen nur noch auf der Hälfte des Vorkriegsstandes lagen. Die Qualität der Lebensmittel verschlechterte sich fortwährend durch die Verwendung von Ersatzstoffen: Mischbrot wurde beispielsweise unter Zusatz von Kartoffelmehl gebacken.

Rationalisierung und Ersatzstoffe

Um die Nahrungsmittelknappheit zu bewirtschaften, wurde eine Zentraleinkaufsstelle als Monopolstelle für Importe eingerichtet. Da die Regulierungsanforderungen immer umfassender wurden, richtete die kaiserliche Regierung im Mai 1916 das Kriegsernährungsamt ein. Neben der Importregulierung war seine Aufgabe die Steigerung der inländischen Produktion. Von der Einsetzung von Reichskommissaren bis zur Errichtung der Reichsgetreidestelle wurde die Nahrungsmittelbewirtschaftung bürokratisch durchorganisiert. Durch diese Bürokratisierung rückte die Verantwortlichkeit der Politik für die Ernährungssituation in den Vordergrund. Infolge der Missernte im Herbst 1916 wurden Steckrüben (Kohlrüben), die sonst als Viehfutter dienten, zum Ersatz für Kartoffeln. Daneben trugen die Effekte der Transportkrise zum verbreiteten Hunger des sogenannten Steckrübenwinters 1916/17 bei, in dem die Verbraucher nochmals Kürzungen ihrer Rationen hinnehmen mussten. Die öffentliche Stimmung schlug im Verlauf der Krise gegen den vermeintlich Verantwortlichen um: Der Präsident des Kriegsernährungsamtes, der ostpreußische Oberpräsident Adolf von Batocki (1868–1944), wurde als Ernährungsdiktator bezeichnet.

Quelle

Flugblatt mit Anweisungen zum Kohlrübengebrauch, Oktober 1916

Aus: Deutsches Historisches Museum, Berlin, Do 69/5141

Kohlrübe statt Kartoffel.

Der geringere Ausfall der letzten Kartoffelernte nötigt dazu, Ersatzmittel heranzuziehen. Als solches eignet sich in hohem Grade die Kohlrübe. Sie ist zwar wasserreicher als die Kartoffel, hat aber den Vorteil, dass sie sich bequemer zubereiten läßt, weniger kostet, auch durch Frost nicht leidet und in großer Menge beschafft werden kann. Überall wo die Kartoffelversorgung Schwierigkeiten bietet, sollte man deshalb zur Kohlrübe greifen, und zwar ist die Verwendung im Herbst und Winter zu empfehlen, weil sie im Frühjahr mehr zum Verderben neigt.

Zubereitung: Die Kohlrübe wird durch Waschen und Putzen gereinigt und von der äußeren harten Schale befreit; hierauf wird sie in große Stücke geschnitten und gekocht oder gedämpft. Das Brühwasser wird abgegossen, weil in ihm hauptsächlich der Rübengeschmack enthalten ist. Die gekochten Kohlrüben werden nunmehr feiner geteilt, mit anderen Nahrungsmitteln vermischt und nochmals gekocht.

Verteilungskonflikte

Die Frage ist strittig, ob den auftretenden Verteilungskonflikten eine politische Einflussnahme zugrunde lag. Zu Beginn des Krieges war es durchaus das Ziel, die Produktion von Brotgetreide, Kartoffeln und Rüben zu fördern zuungunsten der Fleischproduktion, in der man zu Recht eine Vernichtung von Kalorieneinheiten sah. Dennoch verschob sich die Präferenz aufgrund des Kriegsverlaufs zum Fleisch, weil es sich wegen der längeren Haltbarkeit besser für die Versorgung Tausender von Frontsoldaten eignete. Die ohnehin bevorzugte Zuteilung der Lebensmittel an die Armee umfasste auch 500.000 kg Fleisch pro Monat. In diesem Sinne gestaltete sich schon zu Kriegsbeginn die Preispolitik. Während man zum Schutz der Verbraucher für den Getreidepreis eine Höchstgrenze setzte, blieb der Fleischpreis frei. Die dadurch verursachte Hochpreispolitik für Fleisch setzte politisch ungewollte Anreize für die Erzeuger: Die Bauern verfütterten ihr Getreide lieber an Schweine, weil für das

Fleisch ein hoher Preis zu erzielen war. Die Beförderung der Viehhaltung entzog dem Markt zusätzlich Brotgetreide.

„Schweinemord“

Eine daran anknüpfende ernährungspolitische Entscheidung wurde in ihrer Wirkung zeitgenössisch überschätzt. Die Zwangsschlachtungen des im Volksmund so bezeichneten Schweinemords sollten Anfang 1915 die Schweine als Ernährungskonkurrenten des Menschen ausschalten. Einerseits wurde dabei die Rolle der Schweine als Abfallverwerter vergessen. Andererseits ließ die Schlachtung von zwei Millionen Tieren, bei einem Vorkriegsbestand von 27 Millionen, die Folgen der Bestandsverminderung teils als übertrieben dargestellt erscheinen. Die quantitative Betrachtung zeigt, dass der sich einstellende Schweinefleischmangel schwerlich allein durch die geringere Reproduktionsrate erklärt werden kann. Gegen die Zwangsanordnungen der Verwaltung gab es Widerstände. Insbesondere die Großgrundbesitzer, die ostelbischen Junker, lehnten sich gegen jegliche Regulierung der Landwirtschaft und die Verordnungen zur Nahrungsmittelverteilung auf. Nicht selten betrieben sie Sabotage und ließen sich von ihren egoistischen Zielen leiten.

Die Mobilität durch höheres Einkommen versprach eine bessere Ernährung. Die Reiselust des Bürgertums war ausgeprägt, sodass die Hotels der Ferienorte in den Sommermonaten 1916 und 1917 überfüllt waren. Dort wurde von guten Versorgungsbedingungen im Kontrast zu den städtischen Realitäten berichtet. Das Kriegsernährungsamt war vor allem im Winter 1916/17 nicht mehr Herr der Lage. Es herrschten soziale Spannungen zwischen Stadt und Land, zwischen Gutsituierten und ärmeren Schichten, zwischen Rüstungsarbeitern mit hohen Sonderzuteilungen und Normalverbrauchern. Die Versorgungsengpässe sowie Ungerechtigkeiten in der Verteilung wurden öffentlich stark diskutiert und die Ernährungsverwaltung für die desolate Lage verantwortlich gemacht. Aus der Ernährungskrise erwuchs eine Krise der politischen Herrschaft. Sie ließ das Vertrauen in den Staat schwinden und weitete sich zu einer politischen Legitimitätskrise aus.

Verfall der Regierungslegitimität

Als die Hoffnung auf die Führung eines kurzen, erfolgreichen Krieges schwand, war die Reichsregierung durch die Anforderungen eines langwierigen, „totalen“ Krieges überfordert. Sie sah sich nicht in der Lage, die militärische und zivile Gewalt so zu organisieren, dass die Wirtschaft in ausreichendem Maße mobilisiert wurde. Als 1916 die Stunde des Militärs schlug, wurde die zivile Regierung ins Abseits gedrängt. Aber auch der OHL gelang es nicht, die gesellschaftlichen Konflikte zu entschärfen – im Gegenteil: Da die ranghöchsten militärischen Vertreter einen kompromisslosen Kurs verfolgten, trugen sie zur Verschärfung der Spannungen zwischen den sozialen Gruppen bei.

Industrielle in der Politik

Die Großindustriellen behaupteten im Krieg nicht nur ihre wirtschaftlich herausgehobene Stellung, sondern bauten auch ihren politischen Einfluss aus. Weil die Politik mehr als vorher über den wirtschaftlichen Erfolg entschied, stieg für sie der Anreiz, politische Verantwortung zu übernehmen. Eine größere Anzahl von Unternehmern und Managern zog in hohe Positionen der staatlichen Verwaltung ein, z.B. Walther Rathenau, Karl Helfferich, Carl Duisberg (1861-1935), Wichard von Moellendorf, Richard Merton (1881-1960) oder Kurt Sorge (1855-1928), sei es in den Kriegsgesellschaften oder in den für die Kriegswirtschaft errichteten Sonderverwaltungen. In diesen Stellungen arbeiteten sie mit den Führungsetagen ihrer Unternehmen aufs Engste zusammen.

Neuformierung der politischen Rechten

Der ideologisch-wirtschaftliche Zusammenschluss der Industriellen mit dem Militär äußerte sich in der Gründung der Deutschen Vaterlandspartei im September 1917. Unter der Führung des Großadmirals Alfred von Tirpitz (1849-1930) und des ostpreußischen Generallandschaftsdirektors Wolfgang Kapp (1858-1922) vereinte diese erstmalig auftretende außerparlamentarische Bewegung von rechts „weiteste vaterländische Kreise" und erreichte bis Kriegsende einen Stand von 800.000 Mitgliedern. Sie wandte sich gegen die diskutierten Verfassungsreformen, den „verderblichen Parteienstreit" und die „innere Zwietracht". Der Verständigungsfriede sollte verhindert und statt „nervenschwacher Friedenskundgebungen" sollten alle Kräfte für den militärischen Sieg mobilisiert werden. Die rechtsextreme Sammlungsbewegung brachte Industrievertreter mit konservativen Organisationen wie dem Alldeutschen Verband, aber auch mit den Bauernvereinen und dem Reichsdeutschen Mittelstandsverband zusammen. Trotz seiner Deklassierung entwickelte der Mittelstand keine Solidarität mit der Arbeiterschaft, sondern wandte sich auch dem neuen rechten Radikalkonzept zu.

Unruhen und Proteste

Auf der Gegenseite formierte sich die Arbeiterschaft, die sich immer lautstärker gegen die Kriegsführung wandte. Ab 1916 waren Brotunruhen lokalen Zuschnitts zu verzeichnen, die vor allem von Frauen und Jugendlichen getragen waren. Im Winter 1916/17 griffen die Proteste auch in den industriellen Zentren um sich, z.B. zwischen Januar und März im Ruhrgebiet, in Berlin und anderen Orten. Die Hauptforderungen an die Industriellen bezogen sich auf höhere Löhne und vom Staat forderte man Maßnahmen zur Verbesserung der Ernährung. Trotz ihrer erstarkten Stellung sahen sich die freien Gewerkschaften mit „wilden Streiks" konfrontiert, die sie nicht initiiert hatten. Meistenteils handelte es sich aber um klassische Formen des Aufbegehrens gegen Zustände, die als ungerecht empfunden wurden. Die Ziele waren klar umrissen, insbesondere die Verbesserung der Versorgung, während ein politisches Gesamtkonzept kaum erkennbar war. Einigkeit herrschte aber hinsichtlich der pessimistischen Annahmen zum Kriegsverlauf. Das manifeste Krisenbewusstsein und die Kriegsmüdigkeit mündeten in eine Sehnsucht nach Frieden. Die Kriegssituation führte zu einer Polarisierung der Kriegsgesellschaft, sodass sich Arbeiterschaft und Unternehmerschaft konfrontativ gegenüberstanden.

Wirtschaftliche Schäden

Während die sozialen Großgruppen kaum Positionsverluste hinzunehmen hatten, präsentierte sich der Erste Weltkrieg volkswirtschaftlich als eine große Verlustrechnung. Im Zuge der Totalisierung des Krieges erhöhte sich im Deutschen Reich die Anzahl der unter Waffen stehenden Soldaten von rund zwei Millionen (1914) auf elf Millionen (1918). Davon fielen über zwei Millionen in Kampfhandlungen. Zudem waren rund 600.000 Hungertote im Zuge der Ernährungskrise zu beklagen. Beachtlich waren auch die Folgekosten, denn Kriegshinterbliebene sowie dauerhaft Schwer- und Leichtbeschädigte bildeten auf Dauer eine soziale Last. Von den Hunderttausenden mit psychischen Folgelasten wie Traumata und Kriegsneurosen wurde zeitgenössisch wenig gesprochen, sodass nur wenige Spezialkliniken für psychiatrische Behandlungsformen entstanden.

Auch die materielle Bilanz der Produktion war verheerend. Die Kriegsführung schadete allen Sektoren der Volkswirtschaft, denn die Friedensproduktion war ausnahmslos nicht zu halten bzw. wieder zu erreichen. Dieser Befund galt selbst für die kriegswichtigen Sektoren. Ökonomisch gesprochen, wurden Inputfaktoren wie Kapital, Arbeitskraft und Rohstoffe in eine Güterproduktion investiert, die nicht nur verpuffte, sondern millionenfachen Tod brachte. Ab 1915 wurden mehr als zwei Fünftel der Produktion für militärische Zwecke verwendet. Entsprechend sanken die Warenmengen, die für den zivilen Verbrauch zur Verfügung standen. Die Einsicht in die militärische Niederlage, die auf der erkannten Lähmung und Erschöpfung der Kriegswirtschaft beruhte, führte die OHL zum Waffenstillstandsangebot im September 1918. ■

Auf einen Blick

Im letzten Drittel des 19. Jahrhunderts gewann der Staatssozialismus an Popularität. Mit welchen Argumenten trat man auf allen politischen Seiten für die Stärkung der staatlichen Intervention in die Wirtschaft ein?

Inwiefern basierten die Konzepte der Kolonialwirtschaft auf den Vorstellungen des Protektionismus und der Autarkie?

Der Ausbruch des Ersten Weltkriegs traf die deutsche Volkswirtschaft unvorbereitet. Aus welchen Gründen fehlten Konzepte und Elemente für eine effiziente Wirtschaftslenkung?

Mit der Kriegsrohstoffabteilung im preußischen Kriegsministerium begann die Bürokratisierung der Ressourcenlenkung. Inwiefern machte der Krieg einen Ad-hoc-Umbau der Ordnungspolitik und ein weitreichendes regulierendes Eingreifen staatlicher Stellen erforderlich?

Der Erste Weltkrieg begann mit einer Wirtschaftskrise, die sich zur einer Legitimitätskrise des Staates ausweitete. Weshalb lässt sich die Ernährungskrise als Verteilungskonflikt begreifen? Wie wirkte sich die Transportkrise aus? Inwiefern überhitzte die Wirtschaft durch das Hindenburg-Programm und seine bedingungslose Konzentration der Ressourcen auf die Rüstung?

Literaturhinweise

Volker Berghahn, Der Erste Weltkrieg, 4. Auflage, München 2009. Konzise Gesamtdarstellung in europäischer Perspektive unter Einschluss der Sozial- und Alltagsgeschichte.

Carsten Burhop, Wirtschaftsgeschichte des Kaiserreichs, Göttingen 2011. Überblicksdarstellung mit Blick auf die Konjunkturgeschichte sowie Schwerpunktsetzungen in der Fiskal-, Außenhandels-, Zoll-, Geld- und Währungspolitik.

Gerald D. Feldman, Die sozialen und politischen Grundlagen der wirtschaftlichen Mobilmachung Deutschlands 1914–1916, in: ders. (Hrsg.): Vom Weltkrieg zur Weltwirtschaftskrise. Studien zur deutschen Wirtschafts- und Sozialgeschichte 1914–1932, Göttingen 1984, S. 13–35. Untersuchung zur ersten Phase der Kriegswirtschaftspolitik.

Gerd Hardach, Der Erste Weltkrieg 1914–1918 (Geschichte der Weltwirtschaft im 20. Jahrhundert, Bd. 2), München 1973. Noch immer lesenswerte, komparative Wirtschaftsgeschichte aller wichtigen Kriegskontrahenten.

Hans-Peter Ullmann, Politik im Deutschen Kaiserreich 1871–1918 (Enzyklopädie Deutscher Geschichte, Bd. 52), 2. Auflage, München 2005. Beschreibung des Umbruchs zur interventionistischen Staatspolitik.

II. Krisenjahre der Weimarer Republik

Überblick

Eingeleitet durch revolutionäre Wirren, bot sich die Weimarer Republik als Periode fortwährender Krisen dar. Konnte die aus dem Krieg stammende Inflation anfangs durch Zulassung einer Lohn-Preis-Spirale politisch genutzt werden, folgte der Währungsreform ein Anstieg der Firmenbankrotte und der Arbeitslosigkeit. Über Staatsverschuldung wurde Konjunkturpolitik finanziert. Der Fehlschlag der expansiven Ausgabenpolitik mündete in der Hinnahme einer Deflation durch das erste Präsidialkabinett Brüning. Die wirtschaftlichen Resultate waren erneut negativ und im Zuge der Globalkrise und der deutschen Bankenkrise stieg die Arbeitslosigkeit in ungekannte Höhen. Die Depression war von einer Aushöhlung der Verfassung begleitet, weil die vom Reichspräsidenten ernannten Kanzler fortwährend mittels des Notverordnungsrechts regierten.

Zeittafel	
15. November 1918	Abkommen der Zentralarbeitsgemeinschaft
16.–20. Dez 1918	Erster Kongress der Arbeiter- und Soldatenräte in Berlin
28. Juni 1919	Unterzeichnung des Versailler Vertrags
27. April 1921	Londoner Schuldenabkommen in der Reparationsfrage
Juli 1922	Beginn der Hyperinflation
11. Januar 1923	Besetzung des Ruhrgebiets durch französische und belgische Truppen
15. November 1923	Einführung der Rentenmark
10. Oktober 1924	Abkommen über die Dawes-Anleihe
12. Oktober 1925	Deutsch-sowjetischer Handelsvertrag
1. Oktober 1927	Reichsanstalt für Arbeitsvermittlung und Arbeitslosenversicherung
Okt./Nov. 1928	Massenaussperrungen im Ruhreisenstreit
24. Oktober 1929	„Schwarzer Freitag" an der New Yorker Börse
13. Juli 1931	Schließung der Danat-Bank (deutsche Bankenkrise)
8. Dezember 1931	Brünings Notverordnung zur Sicherung von Wirtschaft und Finanzen

1. Nachkriegsordnung im Zeichen der Inflation

Ende September 1918 gestand die Oberste Heeresleitung ein, dass es aus der Niederlage kein Entrinnen mehr gebe. Die Generäle Ludendorff und Hindenburg zogen sich zurück, indem sie die Parlamentarisierung per Erlass anordneten und Max von Baden (1867-1929) als Reichskanzler einsetzten. Diese Oktoberreform vollzog den Übergang von der konstitutionellen zur parlamentarischen Monarchie. Die neue Regierung überreichte dem amerikanischen Präsidenten Wilson ein Waffenstillstands- und Friedensangebot auf der Basis der bereits im Januar 1918 ausgearbeiteten „14-Punkte-Erklärung". Währenddessen verstärkten sich in der deutschen Öffentlichkeit der Kriegsverdruss und die Friedenssehnsucht. Als die Marineführung einen letzten Flottenvorstoß in die Nordsee anordnete, von dem sie sich eine Stärkung der deutschen Verhandlungsposition versprach, widersetzten sich die Matrosen einer solchen Verzweiflungsschlacht. Die Meuterei an der Basis zielte auf die sofortige Einstellung aller Kampfhandlungen und bildete zugleich den Auftakt zur Revolution.

Rätebildung

Am 4. November entstand aus dem Aufbegehren der Matrosen in Kiel der erste Soldatenrat, dessen konkrete Forderungen sich auf den sofortigen Friedensschluss sowie die Demokratisierung der Heeresstrukturen bezogen. Wie in einem Flächenbrand griff die revolutionäre Welle auf viele Städte über, in denen sich Arbeiter- und Soldatenräte bildeten. Frieden und Demokratisierung waren die Hauptziele, während sich die Hoffnung auf eine grundlegende politische und soziale Neuordnung allenfalls als Tiefenströmung der Bewegung bezeichnen ließ. Am 9. November erreichte die Revolution Berlin. Interimskanzler Max von Baden publizierte die Abdankung des Kaisers und übergab das Reichskanzleramt an Friedrich Ebert (1871-1925), den Führer der Mehrheitssozialdemokratie. Ebert verpflichtete sich auf die Reichsverfassung, schrieb Neuwahlen aus und bildete auf der Basis der Oktoberreform den Rat der Volksbeauftragten als neue Regierung. Unter Einschluss der USPD untermauerte das Bündnis der Sozialisten den Anspruch, als Volksregierung zu gelten, die nicht von der Gnade der alten Machthaber abhing. Am gleichen Tag wurden in Berlin zwei Republiken ausgerufen: eine „Deutsche Republik" vom Sozialdemokraten Philipp Scheidemann (1865-1939) und eine „sozialistische Republik" vom Spartakisten Karl Liebknecht, dem späteren Mitbegründer der Kommunistischen Partei Deutschlands (KPD).

Sowjetrussland kein Vorbild

Zunächst war unklar, welche Position die revolutionäre Bewegung zur Eigentumsfrage entwickeln würde. Zwar kannte man das Beispiel der bolschewikischen Oktoberrevolution, die eine Übertragung von Grund und Boden der Gutsherren, der Zarenfamilie, der Kirchen und der Klöster in die Verfügungsgewalt der ländlichen Sowjets eingeleitet hatte. Auch existierten in Russland Fabrikkomitees, die die Produktion und das Management überwachten und in einer hierarchisierten Struktur, dem Obersten Fabriksowjet als Teil des Obersten Volkswirtschaftsrates, zusammenliefen. Das bolschewistische Modell stellte sich als erste Etappe im Hinblick auf eine verstaatlichte Ökonomie dar, doch nahmen die Räte in den Tagen des Novemberaufstandes kaum darauf Bezug. Weder die Erklärung der Kieler Matrosen noch die Ausrufung der sozialistischen Republik durch Liebknecht formulierten konkrete Forderungen nach Sozialisierungen.

Parallel zu der Novemberrevolution traten die bedeutenden gesellschaftlichen Gruppen in einen Dialog ein. Um seine Regierung abzusichern, traf Reichskanzler Ebert eine Übereinkunft mit Wilhelm Groener, dem Nachfolger Ludendorffs als Chef der OHL. In einer Geheimabsprache, die als Ebert-Groener-Pakt bezeichnet wurde, verpflichtete sich die Reichswehr zur loyalen Zusammenarbeit mit der Regierung. Im Gegenzug erkannte Ebert die Wirtschaft als unantastbaren Bereich an. Dennoch bildete sich am 18. November 1918 auf Druck der USPD eine Sozialisierungskommission, an der sich namhafte Ökonomen beteiligten. Ihre Aufgabe war, zu überprüfen, welche Großbetriebe „reif" für eine Sozialisierung seien.

Auch die Tarifparteien auf dem Arbeitsmarkt bemühten sich um einen Interessenausgleich. Der Vorsitzende der Industriearbeitgeberverbände Hugo Stinnes (1870-1924) und der der freien Gewerkschaften Carl Legien (1861-1920) bildeten eine Zentralarbeitsgemeinschaft (ZAG) zur Klärung sozial- und arbeitsrechtlicher Konfliktpunkte und zur Institutionalisierung partnerschaftlicher Beziehungen.

Quelle

Abkommen der Zentralarbeitsgemeinschaft vom 15. November 1918

Aus: Gerald D. Feldman, Irmgard Steinisch, Industrie und Gewerkschaften 1918–1924. Die überforderte Zentralarbeitsgemeinschaft (Schriftenreihe der Vierteljahrshefte für Zeitgeschichte, Bd. 50). Stuttgart 1985, S. 135–137.

Die großen Arbeitgeberverbände vereinbaren mit den Gewerkschaften der Arbeitnehmer das Folgende:

1. Die Gewerkschaften werden als berufene Vertretung der Arbeiterschaft anerkannt.
2. Eine Beschränkung der Koalitionsfreiheit der Arbeiter und Arbeiterinnen ist unzulässig.
3. Die Arbeitgeber und Arbeitgeberverbände werden die Werkvereine (die sogen. Wirtschaftsfriedlichen Vereine) fortab vollkommen sich selbst überlassen und sie weder mittelbar noch unmittelbar unterstützen.
4. Sämtliche aus dem Heeresdienst zurückkehrenden Arbeitnehmer haben Anspruch darauf, in die Arbeitsstelle sofort nach Meldung wieder einzutreten, die sie vor dem Kriege inne hatten. […]
5. Gemeinsame Regelung und paritätische Verwaltung des Arbeitsnachweises.
6. Die Arbeitsbedingungen für alle Arbeiter und Arbeiterinnen sind entsprechend den Verhältnissen des betreffenden Gewerbes durch Kollektivvereinbarungen mit den Berufsvereinigungen der Arbeitnehmer festzusetzen. […]

7. Für jeden Betrieb mit einer Arbeiterschaft von mindestens 50 Beschäftigten ist ein Arbeiterausschuss einzusetzen, der diese zu vertreten und in Gemeinschaft mit dem Betriebsunternehmer darüber zu wachen hat, dass die Verhältnisse des Betriebes nach Maßgabe der Kollektivvereinbarungen geregelt werden.
8. In den Kollektivvereinbarungen sind Schlichtungsausschüsse resp. Einigungsämter vorzusehen, bestehend aus der gleichen Anzahl von Arbeitnehmer- und Arbeitgebervertretern.
9. Das Höchstmaß der täglichen regelmäßigen Arbeitszeit wird für alle Betriebe auf 8 Stunden festgesetzt. Verdienstschmälerungen aus Anlass dieser Verkürzung der Arbeitszeit dürfen nicht stattfinden. [...]

Gewerkschaftliche Errungenschaften

In dem ZAG-Abkommen setzte die gewerkschaftliche Seite langjährige Forderungen durch, insbesondere die Einführung des Achtstundentags und die Errichtung betrieblicher Interessenvertretungen, der Arbeiterausschüsse, in Betrieben mit mehr als 50 Beschäftigten. Die hoch gesteckte Erwartung der institutionalisierten Regelung von Interessenkonflikten vermochte die bis 1924 existierende Zentralarbeitsgemeinschaft nie zu erfüllen. Die Gewerkschaften betrachteten sie als Einrichtung zur Regelung von Wirtschaftsfragen, was die Arbeitgeberseite ablehnte. Die Unternehmer verwiesen darauf, dass die weitreichenden Übereinkünfte nur unter dem Druck der revolutionären Stimmung in Berlin zustande gekommen seien.

Rätekongress in Berlin

Im Zuge der deutschen Revolution kam es nicht zu Sozialisierungen, noch nicht einmal zu Fabrikbesetzungen. Umso gespannter durfte man auf die Behandlung dieser Frage auf dem ersten deutschen Rätekongress sein, der vom 16. bis 20. Dezember 1918 in Berlin stattfand. Zwei Drittel der über 500 Delegierten gehörten der Mehrheitssozialdemokratie an und etwa 100 dem bürgerlichen Lager. Nur zwölf Delegierte stammten aus der radikalen Spartakusgruppe, deren Protagonisten Karl Liebknecht und Rosa Luxemburg (1871-1919) ohne Mandat blieben. Der Kongress lehnte den Antrag zur langfristigen Errichtung eines Rätesystems ab und sprach sich für die Errichtung der parlamentarischen Demokratie aus. Jedoch ergingen weiter gehende Aufträge an die provisorische Regierung, den Rat der Volksbeauftragten, darunter die Forderung nach Sozialisierung der hierfür „reifen" Industrien. Damit waren insbesondere der Bergbau und die Schwerindustrie angesprochen. Bereits dieses gemäßigte Votum stand im Widerspruch zum Ebert-Groener-Pakt, weil es als Gefährdung der bestehenden Eigentumsordnung ausgelegt werden konnte.

Weihnachtsunruhen

Durch die Unruhen an Weihnachten 1918 in Berlin und den Aufstandsversuch der Spartakusgruppe im Januar 1919 verschärfte sich die revolutionäre Situation. Wenige Tage nach der Gründung der KPD wurden mit Rosa Luxemburg und Karl Liebknecht ihre beiden Wortführer ermordet. Dadurch heizte sich die revolutionäre Stimmung weiter an und die revolutionäre Bewegung polarisierte sich. In den nächsten Monaten folgten Massenstreiks und die Ausrufung verschiedener kurzfristiger Räterepubliken, z.B. in Bremen und München. Im Zuge dessen wurden Sozialisierungsforderungen immer stärker vorgebracht.

Quelle

Kabinettsaussprache im März 1919 zu Unruhen in Bayern und im Ruhrgebiet

Aus: Akten der Reichskanzlei. Weimarer Republik – Das Kabinett Scheidemann, Bd. 1: Dokumente, Nr. 29: Kabinettssitzung vom 31. März 1919, 17 Uhr (TOP 3), S. 118f.

Reichsminister Erzberger brachte die Zuspitzung der Verhältnisse in Bayern und im Ruhrgebiet zur Sprache. In Bayern scheine die Ausrufung der Räterepublik in 2 bis 3 Tagen bevorzustehen. Im Ruhrrevier nehme der Streik rapide zu, er sei rein politischer Natur mit rigorosesten Forderungen (6-, zum Teil sogar 5-stündiger Arbeitstag) und könne die schwersten Folgen haben. Die übrigen Reichsminister trugen ergänzende Mitteilungen vor, darunter auch solche über Ausbruch des Generalstreiks in Württemberg. Über den Umfang der bevorstehenden Ereignisse konnte zwar vollständige Klarheit nicht erzielt werden, doch war man darüber einig, dass die Lage außerordentlich ernst sei und schnellste Gegenmaßnahmen erfordere.
Nach längerer Aussprache wurde beschlossen:
a) Es soll sofort versucht werden, durch geeignete Vertreter der Parteien, namentlich der Sozialdemokratie und des Zentrums auf die süddeutschen Regierungen einzuwirken und eine Konsolidierung der Verhältnisse zu erreichen. Es soll möglichst auch mit der Sächsischen Regierung in dieser Weise Fühlung genommen werden.
b) Über das Ruhrrevier soll noch heute Nacht der Belagerungszustand verhängt und der Einmarsch von Truppen angekündigt werden. Gleichzeitig soll unter Hinweis auf die entsprechenden Bedingungen des Brüsseler Lebensmittelabkommens erklärt werden, dass die streikenden Arbeiter keine Zuschüsse aus den eingehenden Nahrungsmitteltransporten erhalten könnten. Dagegen würden steigende Lebensmittelzulagen solchen Belegschaften zugeteilt werden, die den $7^1/_2$-Stundentag einhalten und bestimmte Prozentsätze der Friedensförderung leisten würden. Für Streiktage soll in den Staatsbetrieben weder Lohn noch Arbeitslosenunterstützung gezahlt werden; die Privatunternehmer sollen ersucht werden, ebenso zu handeln.

Die Sozialisierungskommission wurde von August Müller (1873–1946), dem von der SPD bestimmten Leiter des neu gegründeten Reichswirtschaftsamtes, kaum unterstützt. Sie legte im Februar 1919 einen Bericht vor, der die Verstaatlichung des Steinkohlebergbaus empfahl. Nicht nur Reichskanzler Ebert, der seinem Pakt mit der Reichswehr treu blieb, sondern auch die parallel tagende Weimarer Nationalversammlung versagten dem Vorschlag ihre Unterstützung. Nach weiteren Konflikten mit dem Reichswirtschaftsamt stellte die Sozialisierungskommission Anfang April 1919 ihre Arbeit ein. Auch in den als reif angesehenen Wirtschaftszweigen unterblieben Sozialisierungen, sodass das Privateigentum an Produktionsmitteln generell nicht angetastet wurde.

In diesem Sinne bekannte sich die am 11. August 1919 in Kraft getretene Weimarer Reichsverfassung zu wirtschaftlicher Freiheit und privaten Eigentumsrechten. Ihre Akzente wiesen in eine andere Richtung, indem sie für eine Förderung der Genossenschaften, der Gemeinwirtschaft und des Mittelstandes eintrat. Das im Krieg von Rathenau und von Moellendorf entworfene Modell der Gemeinwirtschaft wurde auf das Konzept der Gemeinwohlförderung umgestellt. Gemäß den Erfahrungen in den Kriegsgesellschaften sah es eine staatliche Beteiligung oder Einflussnahme in Großbetrieben vor, was jedoch in der Weimarer Republik ebenfalls keine Mehrheit fand. Nur die Kommunalisierungen in gewissen Branchen, z.B. Gas-, Wasser- und Elektrizitätswerke oder Straßenbahnen, folgten dem gemeinwirtschaftlichen Gedanken.

Übergangswirtschaft

Zunächst widmeten sich die Verwaltungen unmittelbaren Demobilisierungsaufgaben wie der Sicherstellung der Ernährung und der Wiedereingliederung der Frontsoldaten. Die Arbeitsvermittlung machte gute Fortschritte, denn die am Kriegsende gestiegene Arbeitslosigkeit war schnell abgebaut. Dennoch vollzog sich die Umstellung von der Kriegs- auf eine Friedenswirtschaft unter der Erschwernis einer erheblichen sozialen Unzufriedenheit: Die Anzahl der Streikenden war 1919 mit 2,1 Millionen so hoch wie in keinem anderen Jahr der Weimarer Republik. Es war auch nicht einfach, den bürokratischen Apparat wiederaufzubauen, denn das administrative Arbeitsvolumen wuchs rasch an und die bürokratischen Abläufe beschleunigten sich. Um die Zwangswirtschaft des Krieges abzubauen, bedurfte es des Aufbaus neuer Körperschaften der wirtschaftlichen Selbstverwaltung. Die Realisierung der Mitbestimmung, die das Zentralarbeitsgemeinschaftsabkommen vorgegeben hatte, brachte das Betriebsrätegesetz von 1920, das seinerseits zu Unruhen führte, weil sich die linke Arbeiterbewegung von ihm einen stärkeren Einfluss auf die Betriebsleitung versprochen hatte. Insofern verlief der Aufbau einer neuen Ordnungsbürokratie unter starken politischen und sozialen Spannungen.

Wirtschaftliche Konzentration

Gleichzeitig ließen sich der Weimarer Reichsverfassung Defizite im Hinblick auf das Fehlen einer staatlichen Gestaltung der Wettbewerbsordnung vorwerfen. Die vor dem Krieg festzustellende Kartellierungstendenz setzte sich ungebrochen fort. Es erfolgten Unternehmenskonzentrationen, die der Gesetzgeber nicht verhinderte, denn die zeitgenössischen Expertengutachten äußerten sich nach wie vor positiv zu dieser Strategie. Sogar in Branchen wie der Lederwaren-, der Papier- und der Textilindustrie entstanden neue Zusammenschlüsse. Damit einher ging eine Verflechtung der Partikularinteressen korporativer Gruppen, die zur Unterminierung der staatlichen Wirtschaftspolitik beitrug.

Kernsektoren Eisen und Stahl

In zeitgenössischer Perspektive bildete die Schwerindustrie den Kernbereich der Volkswirtschaft. Die Gebietsabtretungen nach dem Versailler Vertrag (Elsass-Lothringen, Unterstellung des Saargebietes unter Völkerbundsverwaltung mit Einbindung in die französische Wirtschaft, Teilung Oberschlesiens

1921) wirkten auf den Sektor erheblich ein. Die Förderung der Kohle als wichtigsten Energieträgers war stark betroffen, denn Deutschland verlor rund die Hälfte seiner 1913 geförderten 190 Millionen Tonnen. Der Verlust ließ sich in ungefähr gleicher Höhe auf die Gebietsabtretungen und auf die Lieferungsverpflichtungen im Zuge der Reparationsleistungen zurückführen. Da die Schwerindustrie als Grundlage der Macht Deutschlands interpretiert wurde, sprach der Verein Deutscher Eisenhüttenleute 1921 von einer „Vernichtung der mächtigsten deutschen Industrie". Diese Interpretation war überzogen, denn mit dem Ruhrgebiet verblieb das wichtigste schwerindustrielle Zentrum im Reich. Manche der ins Gespräch gebrachten Verluste, z. B. der lothringischen Erzvorkommen, hatten nur eine regionale Bedeutung, weil die Ruhr das benötigte Erz aus Schweden importierte. In der arbeitsteiligen europäischen Produktionswelt waren nicht nationale Standorte, sondern die Möglichkeit des freien Handels für die allseitige Entwicklung von entscheidender Bedeutung.

Stichwort

Reparationen nach dem Londoner Zahlungsplan (Mai 1921)

Der Zeitabschnitt von 1919 bis 1924 wurde als „Kampf um die Reparationen" interpretiert. Der 1919 abgeschlossene Versailler Vertrag legte kein Reparationsvolumen fest. Auf der Basis des Kriegsschuldparagraphen 231 wurde lediglich die deutsche Verpflichtung zur Zahlung von Entschädigungen an die Nachbarstaaten festgestellt. Zur Ermittlung der deutschen Gesamtschuld setzten die Siegermächte eine Reparationskommission ein. Nach einigen Querelen errechnete sie eine Gesamtschuld von 132 Milliarden Goldmark, die als Grundlage für den Londoner Zahlungsplan vom Mai 1921 diente. Deutschland hatte zwei Milliarden Goldmark und 26 Prozent des Wertes seiner Ausfuhr zu leisten. Bei Nichtannahme drohte der Oberste Rat der Alliierten mit sofortiger Besetzung des Ruhrgebietes und bereits im März 1921 waren zur Durchsetzung des Zahlungsplanes die Rheinstädte Düsseldorf und Duisburg-Ruhrort besetzt worden.

Erfüllungspolitik

In einer nationalen Perspektive verharrend, deutete die politische Führung die Frage der **Reparationen** als die entscheidende wirtschaftliche Last. Der „Kampf gegen die Reparationen" wurde zur innenpolitischen Zerreißprobe, denn zwar bestand ein Konsens in der Zielsetzung, die Transferleistungen abzuwehren, doch keineswegs über den Weg, wie dies zu erreichen war. Die Absicht der Weimarer Regierungen war, die Unerfüllbarkeit der Reparationsforderungen durch ihre Zahlung zu beweisen. Die alliierten Ansprüche sollten bis an die Grenze des Möglichen erfüllt werden, um dadurch die Revision der getroffenen Vereinbarungen zu erzwingen. Politiker wie der im Juni 1922 ermordete Außenminister Rathenau der liberalen Deutschen Demokratischen Partei (DDP) erwarteten zugleich, auf diese Weise einen politischen Ausgleich mit den Siegermächten herzustellen. Diese Strategie der Jahre 1921/22 brandmarkte die nationalistische Opposition als „Erfüllungspolitik“ und provozierte dadurch die Instabilität der Regierung. Ferner war die Diffamierung die Grundlage für eine Art wirtschaftliche Dolchstoßlegende: Den regierenden Weimarer Parteien wurde vorgeworfen, die deutschen Interessen wie nach Kriegsende in der Revolution zu verraten. Solche Anschuldigungen schufen eine längerfristige Basis für die Diskreditierung des demokratischen parlamentarischen Systems.

In der Praxis stieß die „Erfüllungspolitik“ bald an ihre Grenzen. Im Juli 1922 erbat die Reichsregierung eine Aussetzung der fälligen Zahlung und teilte den Siegermächten mit, dass Deutschland auch 1923 und 1924 nicht zur Leistung der Annuitäten in der Lage sei. Insbesondere leistete Deutschland den hohen Abgabeverpflichtungen an Kohle nicht Folge. Die Obstruktion führte im Winter 1922/23 zum französisch-belgischen Einmarsch ins Ruhrgebiet. Französische Ingenieure sollten die Kontrolle über das Kohlesyndikat übernehmen, um die Einhaltung der Lieferfristen zu erzwingen. Die Reichsregierung rief zum passiven Widerstand auf, der den Beamten, insbesondere der Eisenbahnen, ein Verbot auferlegte, mit den Besatzern zu kollaborieren. Die Reichsregierung verfügte die Einstellung der Reparationszahlungen und konzentrierte sich auf die finanzielle Unterstützung des sogenannten Ruhrkampfes. Die staatliche Liquidität wurde durch Ankurbelung der Notenpresse erreicht und damit in Kauf genommen, dass die **Inflationskrise** an Schärfe zunahm.

Stichwort

Inflationskrise

Die Inflation der Kriegs- und Nachkriegszeit beruhte auf einer Aufblähung der Geldmenge, die durch das Steigen des Preisniveaus zu einem Verfall des Geldwertes führte. Ihr Ursprung lag in der Kriegsfinanzierung durch Schuldenaufnahme. Die faktische Abschaffung der Goldumlaufswährung mit Kriegsbeginn 1914 machte eine unbegrenzte staatliche Geldschöpfung möglich. Sie konnte durch die Kriegsanleihen bis 1916 annähernd kompensiert werden, doch danach wurde die Notenpresse angeworfen. An der expansiven Finanzpolitik änderte sich trotz der durch Finanzminister Erzberger initiierten Reform nach dem Krieg nur wenig. Zur Eindämmung sozialen Unfriedens stimmten alle Nachkriegsregierungen hohen Haushaltsdefiziten zu. Zudem beeinflussten die hohen Reparationsforderungen das Vertrauen in eine mögliche Währungsstabilisierung negativ. Die Folge war, dass sich die Geldentwertung beschleunigte und ab Frühjahr 1922 in die Phase der Hyperinflation überging.

Die nach dem Krieg anhaltende und jährlich sich verstärkende Geldentwertung hatte zunächst positive wirtschaftliche und politische Konsequenzen. Betrachtet man die Zeit bis zur Inflationskrise 1923 aus dem Blickwinkel der Bevölkerung, lässt sich auf die integrative Wirkung des Inflationskonsenses verweisen. Die Preise stiegen stetig, doch auch das Lohnniveau erhöhte sich infolge großzügiger Lohnzugeständnisse, sodass die Einkommenssituation der Haushalte stabil blieb. Die realen Stundenlöhne lagen nicht allzu weit unter dem Vorkriegsniveau. Durch Einführung des Achtstundentages waren allerdings die Wochenlöhne, außer bei Ungelernten, deutlich niedriger als vor dem Krieg. Das galt umso mehr für die Gehälter von Beamten und Angestellten, deren relative Einbußen wegen ihrer höheren Ausgangseinkommen größer ausfielen. In der Demobilmachungszeit sorgten Staatsaufträge, Subventionen und öffentliche Arbeiten für einen gesamtwirtschaftlichen Ausgleich. Auch die Arbeitslosigkeit lag von Mitte 1919 bis Ende 1922 auf einem niedrigen Stand. Die Industrieproduktion stieg von ihrem Tiefpunkt 1919 bis 1922 etwa auf das Doppelte und das Sozialprodukt erhöhte sich ebenfalls, sodass Deutschland der wirtschaftliche Einbruch der westlichen Industrieländer im Jahr 1921 erspart blieb.

Lohnerhöhungen gegen Revolution

Diese Entwicklung war politisch gewollt, was man somit auch von der Inflation sagen kann. Staatsaufträge, Subventionen, öffentliche Arbeiten und großzügige Lohnzugeständnisse kennzeichneten die Demobilmachungszeit ebenso wie die Schaffung einer allgemeinen Erwerbslosenfürsorge und einer Kurzarbeiterunterstützung. Dieser Zustand wurde als „konzertierte Aktion" der politischen Führung zur Verhinderung politischer Unruhen beschrieben, mit dem Ergebnis, dass die revolutionäre Bewegung, wie Knut Borchardt feststellte, faktisch in eine Lohnbewegung überführt wurde. Dennoch waren die Lebensbedingungen der Mehrheit der Bevölkerung keineswegs rosig, denn das menschliche Leid des Krieges wirkte in vielen Familien nach. Bereits Ende 1921 waren die Sparguthaben aus der Vorkriegszeit größtenteils entwertet, weil die Lebenshaltungskosten im Vergleich zu 1913/14 etwa auf das Zwanzigfache stiegen. Es fehlte an Kaufkraft, um die Entbehrungen der Kriegszeit zu kompensieren.

Tabelle: Brotpreis in der Hyperinflation

Zeitpunkte 1923	Kilopreis in Berlin [Mark]
Mitte Mai	474
Mitte Juli	2.200
3. September	274.000
1. Oktober	14 Millionen
Ende Oktober	5,6 Milliarden

Aus: Christoph Buchheim, Von altem Geld zu neuem Geld. Währungsreformen im 20. Jahrhundert, in: Reinhard Spree (Hg.), Geschichte der deutschen Wirtschaft im 20. Jahrhundert, München 2001, S. 144.

Der sprunghaft steigende Lebenshaltungskostenindex ließ die Staatsverschuldung explodieren. Die Löhne waren an die Steigerung der Lebenshaltungskosten gekoppelt und wurden in immer kürzeren Abständen ausbezahlt, sodass für die Industrie die Lohnkosten ständig stiegen. Jeder war bestrebt, das Geld möglichst schnell wieder auszugeben, um den Wertverlust gering zu halten. Die Not der Bevölkerung war offensichtlich, obwohl die Statistik einen Reallohnanstieg auswies. Die drohenden Versorgungsengpässe drängten die Verbraucher zu einer raschen Ausgabe ihres Bargeldes. Allerdings war es wegen eingeschränkter Öffnungszeiten der Geschäfte und langer Warteschlangen schwierig, das Geld auszugeben. Es drohte sogar eine Verschlimmerung, weil die Bauern kaum mehr bereit waren, ihre Produkte gegen die Papierwährung zu verkaufen. Wenn die Lebensmittelläden leer würden, verlören die mit der Inflation steigenden Geldeinkommen ihren realen Wert.

Durch Übersteigerung der Inflation drohte die Papiermark ihre Funktion als Tauschmittel zu verlieren. Der Inflationskompromiss brach zusammen, denn die spezifischen Vorteile wie die niedrigen Lohnkosten, die die Inflation lange Zeit für die Industrie mit sich gebracht hatte, gingen verloren. Deshalb kam es schon vor der Hyperinflation zu einem Rückgang der Produktion und einem markanten Anstieg der Arbeitslosigkeit. Nach Gerald Feldman waren die inneren Folgen der Inflationskrise schwerwiegender als diejenigen der kontrollierbaren Revolution von 1918/19. Das Geldchaos bewirkte Wut und Verzweiflung, sodass die politische Ordnung bedroht schien.

Abb. 2 Käuferschlange vor dem Lebensmittelgeschäft „Butter-Handlung“ in Berlin 1923.

Politische Instabilität

Die Schwächung der Wirtschaft ließ die politische Instabilität wachsen. Das Reich wurde erschüttert von Unruhen und Gewaltausbrüchen. Am bekanntesten wurden die kommunistischen Aufstandsversuche in Sachsen und Thüringen im Oktober sowie der rechtsextreme Putschversuch Hitlers in

München Anfang November 1923. Zudem schien der Erhalt der territorialen Integrität durch die französischen Pläne gefährdet, im besetzten Rheinland mit Unterstützung dortiger Politiker und Industrieführer eine neue Währung zu emittieren und damit eine staatsrechtliche Separierung vorzubereiten.

Die Summe der Probleme gebot der Regierung, in der Frage der Währungsstabilisierung schnell zu handeln. Die zirkulierende Papiermark wurde für ungültig erklärt. Die am 16. Oktober 1923 errichtete Deutsche Rentenbank gab die sogenannte Rentenmark auf Basis von Rentenbriefen aus. Zum Zwecke der Stabilisierung emittierte sie die neue Währung in begrenzter Menge. Dies erlaubte dem Reich, für eine Übergangszeit einen erheblichen Kredit zu erhalten und gleichzeitig die Notenpresse stillzulegen. Mit einem ausländischen Kredit war nicht zu rechnen, bevor nicht das internationale Problem der Reparationen geklärt und der Ruhrkampf abgebrochen waren. Nachdem die Regierung den passiven Widerstand an der Ruhr beendete, setzte die Reparationskommission im November 1923 ein Gremium unter der Leitung von Charles G. Dawes (1865–1951) ein, das gut ein halbes Jahr später ein Gutachten vorlegte. Der **Dawes-Plan** sah neben einer vorläufigen Regelung zur Reparationsfrage die Gewährung einer internationalen Anleihe für Deutschland vor.

Stichwort

Dawes-Plan, August 1924

Die Einigung im Dawes-Plan trug der schweren deutschen Wirtschaftslage im Zuge der Inflationskrise Rechnung. Ohne eine genaue Endsumme zu benennen, legte der Plan für die Folgejahre reduzierte Zahlungen fest, bis 1928 die Normalannuität von 2,5 Milliarden Goldmark erreicht werden sollte. Der Transfer wurde von der allgemeinen Wirtschaftsentwicklung abhängig gemacht, sodass sich die Tilgungsraten in der Realität 1926 auf 110 Millionen, 1926/27 auf 500 Millionen und 1928/29 auf 1,25 Milliarden RM beliefen. Deutschland beglich seine Reparationszahlungen auf Kredit, vor allem durch Anleihen bei US-amerikanischen Privatbanken. Durch Inkaufnahme der starken Auslandsverschuldung wurde der Kapitaltransfer von der Reichsregierung planmäßig unterlaufen.

Effekte der Währungsreform

Durch die Einführung der Rentenmark gelang es der Regierung nicht nur, sich einen Kredit zu verschaffen, sondern auch die Inflationserwartungen zu beseitigen. In der Folge belebte sich die Wirtschaft wieder, denn die Rentenmark fand Vertrauen und blieb stabil. Der Wechselkurs der Mark zum Dollar wurde neu fixiert, wobei die dabei vorgenommene erneute Abwertung eine weitere Reduzierung des Realwerts des umlaufenden Papiermarkvolumens bewirkte. Die großen Haushaltsdefizite wurden als Hauptursache der Inflation beseitigt. Die Ausgabendrosselung betraf die Umstellung der Erwerbslosenfürsorge auf eine Finanzierung durch Arbeitgeber und Arbeitnehmer, die Kürzung verschiedener Sozialleistungen, die Einfrierung der Beamtengehälter und den Personalabbau im öffentlichen Dienst.

2. Interventionspolitik und finale Krise

Die Währungsreform verbesserte die Versorgungslage, was für die deutsche Republik allgemein stabilisierend wirkte. Die Periode zwischen 1924 und 1929 wird daher als Zeit zwischen den Krisen bzw. als „Goldene Zwanziger" bezeichnet. Jedoch traten weiterhin wirtschaftliche Krisenphänomene auf. Ein erster Anstieg der Arbeitslosigkeit stellte sich 1924 als Folge der „Stabilisierungskrise" ein. Da die Lohnkosten in der Zeit des Inflationskonsenses eine untergeordnete Rolle spielten, wurden Arbeitskräfte bis 1922/23 weiterbeschäftigt, auch wenn kein akuter Bedarf bestand oder Unterbeschäftigung eintrat. Als mit der Währungsreform eine Geldwertstabilität einsetzte, entließen die Unternehmen abrupt ihre überschüssigen Arbeitskräfte.

Grafik: Arbeitslosenrate 1914–1938 (in Prozent)

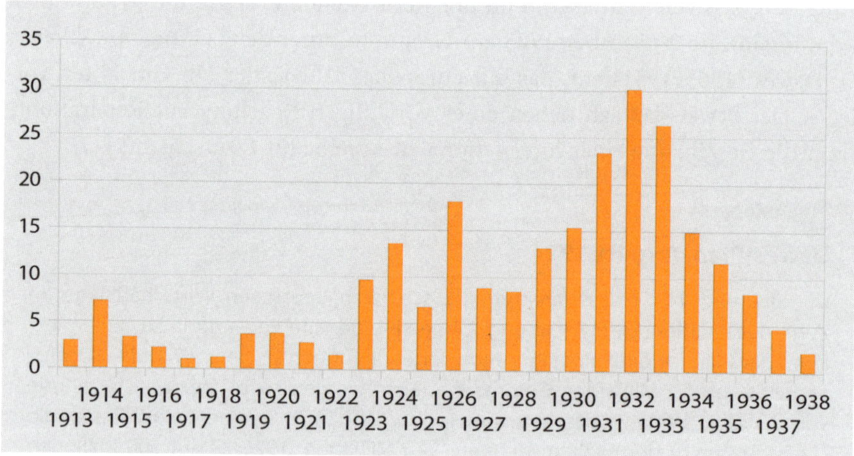

Anstieg der Arbeitslosigkeit

Die höchste bis dahin gekannte Arbeitslosenrate wurde im Winter 1925/26 verzeichnet. Auf dem Höhepunkt der Arbeitsmarktkrise, Mitte Februar 1926, wurden in Deutschland über zwei Millionen Arbeitslose gezählt, die nach den Bestimmungen der Erwerbslosenfürsorge Hauptunterstützung erhielten. Bis Juli 1926 sank die Anzahl auf 1,6 Millionen; hinzu kam aber eine halbe Million Kurzarbeiter. Der Wirtschaftsabschwung von 1926 blieb begrenzt, weil sich der Inlandsabsatz nach der Jahresmitte verbesserte und in den kurzzeitigen konjunkturellen Aufschwung des Jahres 1927 überging. Es war zu erkennen, dass das Anwachsen der Arbeitslosigkeit nur zum Teil konjunkturell, sondern größtenteils strukturell bedingt war. Wie schon 1923/24 herrschte eine hohe Entlassungsbereitschaft vor, sodass sich das unternehmerische Entlassungsverhalten als eruptiv beschreiben lässt. Dieses psychologische Moment wirkte sich auch am Ende des Jahrzehnts wieder aus. Als Langzeitproblem bahnte sich bereits zu diesem Zeitpunkt die Existenz einer dauerhaften Sockelarbeitslosigkeit an.

Firmenkonkurse

In Teilen ließ sich der Anstieg der Arbeitslosigkeit über Firmenbankrotte erklären, die wiederum als Phänomen einer „Reinigungskrise" der Jahre 1925/26 zu deuten waren. Obgleich viele Firmen - besonders im Transportsektor - Arbeitskräfte entließen, bedeutete die Währungsstabilisierung eine Erhöhung ihrer Kosten. Insbesondere wirkten sich Fehlinvestitionen, die man in der Inflationszeit getätigt hatte, negativ aus. Vielfach hatten sie zur Gründung unsolider und unrentabler Unternehmen geführt. Nach der Währungsreform stiegen auch die Kapitalmarktzinsen, sodass bald Liquiditätsengpässe auftraten, die zum Bankrott führten. Die Anzahl der Firmenpleiten bewegte sich in den Wintermonaten 1925/26 auf einer Höhe, die selbst in der späteren Weltwirtschaftskrise nicht mehr erreicht wurde. Als Höchststand verzeichnete die Statistik im Januar 1926 eine Anzahl von 2.184 Konkursen.

Interventionspolitik

Die neuerlichen Krisenzeichen forderten das Engagement der Regierung heraus, die sich mehr als früher zu einer sozial orientierten Politik verpflichtet fühlte. Um die Konjunktur zu stabilisieren, ging die Regierung des Kanzlers Hans Luther (1879-1962) zu einer angebotsorientierten Interventionspolitik über. Zuvor hatte sich der Staat mit Eingriffen in die Wirtschaft zurückgehalten und auf Zoll- und Handelspolitik beschränkt. Die Steuerpolitik diente dabei als fiskalisches Instrument zur Gestaltung der Staatseinnahmen. Mit der Steuerreform, die das Parlament im Sommer 1925 verabschiedete, gewann der Aspekt der Wirtschaftsbeeinflussung an Gewicht. In ihrer Gesamtheit stellte sie sich als steuerliche Entlastung für die unteren Einkommensklassen dar und führte zu einer gesellschaftlichen Umverteilung. Andere Maßnahmen zur wirtschaftlichen Stabilisierung wie die appellative staatliche Kampagne zur Preissenkung hatten einen geringeren Erfolg.

Nachdem die Regelungen des Dawes-Plans den Weg für eine Kreditaufnahme geebnet hatten, ergaben sich noch erheblich weiter gehende Spielräume für die Ausweitung konjunkturpolitischer Maßnahmen. Die Regierungen planten frühzeitig mit der Missachtung der Reparationsverpflichtung und bereiteten großzügige Staatsprogramme vor unter Inkaufnahme einer erneuten Erhöhung der Staatsverschuldung. Aufgrund der Größe der Finanztransfers entwickelte sich ein **internationaler Schuldenkreislauf** mit verhängnisvollen Folgen für die Stabilität der Weltwirtschaft.

Stichwort

Internationaler Schuldenkreislauf

Die deutschen Reparationsleistungen wurden nicht, wie ursprünglich vorgesehen, durch Gewinne im Außenhandel erwirtschaftet, sondern durch die im Dawes-Plan zugestandene Verschuldung im Ausland. Dadurch, dass der größte Teil dieser kommerziellen Kredite aus den USA kam, entstand ein transatlantischer Geldkreislauf: Deutschland nahm den Kredit in den USA auf, leistete die Reparationszahlung an Frankreich, England und die übrigen Gläubigerstaaten, die wiederum ihre aus dem Krieg herrührenden Schulden in den USA bedienen konnten. Diese Finanztransaktionen blieben nicht ohne Auswirkungen auf das Geschäftsgebaren der US-amerikanischen Banken. Für sie war der Anreiz größer, Deutschland kurzfristige Kredite zu gewähren, als Geld für längerfristige Industrieinvestitionen zur Verfügung zu stellen. Dies erklärt auch maßgeblich die Investitionsschwäche, die in den 1920er Jahren zu beklagen war.

Die qualitative Erweiterung der Staatsprogramme zu einer Politik des *deficit spending* leitete Peter Reinhold (1887–1955) ein, der im Januar 1926 beim Wiedereintritt seiner liberalen DDP in die Regierung das Amt des Reichsfinanzministers übernahm. Er nahm eine weitere Reichsanleihe über 500 Millionen RM auf und begründete eine Ära, in der die Deckung des Haushaltsdefizits wieder zum Dauerproblem wurde.

Öffentliche Aufträge

Ein wichtiges Instrument der Konjunkturpolitik war die Belebung des Binnenmarktes durch öffentliche Aufträge, zum Beispiel räumte die Regierung der Deutschen Reichsbahn 1926 ein erstes Darlehen über 50 Millionen Mark zur Fertigstellung begonnener Bahnbauten ein. Das Geld sollte möglichst in Bezirken mit besonders hoher Arbeitslosigkeit eingesetzt werden. Mittels weiterer Aufträge, die der Staat finanziell stützte, investierte die Reichsbahn bis 1927 etwa 250 Millionen RM in Betriebsanlagen. Auch die Reichspost erweiterte 1926 das bestehende Auftragsprogramm, das mit Rücksicht auf die große Arbeitslosigkeit schon vorher reichlich bemessen war. Wasserstraßenbauten, die der Reichstag genehmigt hatte, kamen beschleunigt zur Durchführung. Zu den Projekten gehörte vor allem das Reststück des Mittellandkanals, dessen Bau durch einen Staatsvertrag vom 26. Juli 1926 beschlossen wurde. Die endgültige Vollendung des Mittellandkanals, der über eine Länge von 325 km das Ruhrgebiet mit Weser und Elbe verbinden sollte, zog sich über Jahrzehnte bis in die Zeit nach dem Zweiten Weltkrieg hin.

Wohnungsbau

Ein weiterer Schwerpunkt staatlicher Förderung lag im öffentlichen und genossenschaftlichen Wohnungsbau, nachdem die Bautätigkeit zwischen 1914 und 1923 fast vollständig zum Erliegen gekommen war. Eine im Februar 1926 an den Reichskanzler übersandte „Denkschrift über die wirtschaftliche und politische Notwendigkeit des Wohnungsbaus und seine Finanzierung" stellte einen Fehlbedarf von 600.000 und einen jährlichen Neubedarf von 150.000 Wohnungen fest. Angesichts der drängenden Nachfrage wurde der Kapitalmangel als stärkstes Hemmnis für eine umfassende Belebung des Baumarktes angesehen. Die Belebung der Bautätigkeit sollte über erleichterte Bedingungen eines Reichskredits für erste Hypotheken erreicht werden. Zur Generierung entsprechender staatlicher Einnahmen diente die 1924 eingeführte Hauszinssteuer, eine Ertragssteuer auf das vor Juli 1918 entstandene Wohneigentum. Die Vorstellung ging von einem Lastenausgleich aus, bei dem Eigentümer von Immobilien an den Kosten des öffentlich geförderten Wohnungsbaus beteiligt werden sollten. Weitere Maßnahmen waren über eine Auslandsanleihe zu finanzieren, deren Verzinsung und Tilgung durch die Einnahmen aus der Hauszinssteuer erfolgen sollte.

Arbeitsbeschaffung

Als 1920 die „produktive Erwerbslosenfürsorge" eingeführt wurde, knüpfte der Gesetzgeber ihre Gewährung an Maßnahmen zur Arbeitsbeschaffung. Man glaubte, dass sich die Summe der sozialen Transfers durch das Verlangen einer Gegenleistung verringern lasse. Indes wurde den zuständigen Regierungsressorts schon bald klar, dass die Beschäftigung der Erwerbslosen nicht nur mehr kostete als die reine Unterstützung, sondern auch die vorgesehenen Summen nicht ausreichten. Nach einer zwischenzeitlichen Einschränkung wurden die Notstandsarbeiten 1923/24 wieder eingeführt. Die Pflichtarbeit wurde ausgedehnt, indem man zunehmend reguläre öffentliche Arbeiten zu Arbeitsbeschaffungsmaßnahmen deklarierte. Die Finanzmittel wurden sowohl auf kommunaler Ebene eingesetzt, z.B. bei Bau- und Reinigungsarbeiten der Kommunen, als auch bei den geschilderten öffentlich gestützten Auftragsprogrammen der Reichsbahn und der Reichspost.

Ostpreußenprogramm

Der Agrarpolitik wurde hohe Bedeutung beigemessen, weil man die als Missstand empfundene Landflucht umkehren wollte, insbesondere die verstärkte Abwanderung großer Teile der deutschsprachigen Bevölkerung aus den agrarischen preußischen Ostprovinzen in die Industriezentren des Westens. Durch den Bau von Landarbeiterwohnungen glaubte man den Baumarkt beleben zu können. Im Zeichen der sogenannten Grenzlandsiedlung wurde ab Februar 1926 der Plan zur „Errichtung eines Bevölkerungswalls an der deutschen Ostgrenze" eingeleitet. Das Ostpreußenprogramm vom Februar 1928 vergab unter anderem Beihilfen für die Beschaffung zinsgünstiger Kredite zur Konsolidierung schwebender Agrarschulden. Außerdem gewährte es Steuererleichterungen und Ermäßigungen der Eisenbahnfrachttarife. Mit diesen Maßnahmen wurde die Wirtschaftspolitik zum Instrument einer Volkstumspolitik. Die politisch motivierte Subventionierung fand Anfang der 1930er Jahre ihre Fortsetzung, als die Regierung Heinrich Brüning (1885-1970) die Osthilfe auf das ostelbische Deutschland erweiterte. Es herrschte die überzogene Vorstellung vor, den „Zusammenbruch der Landwirtschaft" verhindern zu müssen, ohne dass sich ein Verständnis für den säkularen Wandel im Agrarsektor entwickelte.

Landesplanung

Die geschilderte Politik im Agrarsektor, in der Wohnungswirtschaft und im Verkehrsbereich ist nicht nur unter konjunkturpolitischen Aspekten zu betrachten, sondern auch im Hinblick auf das zeitgenössisch als Landesplanung bezeichnete Politikfeld. In der Weimarer Zeit lag der Beginn einer umfassenden staatlichen Regional- und Strukturpolitik, die sich schwerpunktmäßig auf die Gestaltung der Raumordnung bezogen. Im Verkehrssektor beschäftigten sich die staatlichen Planer mit der Entwicklung des Überlandverkehrs in Reaktion auf die aufkommende Motorisierung. Das Bevölkerungswachstum in urbanen Gebieten forderte die Ordnungspolitik heraus, die Wohnungswirtschaft in der beschriebenen Weise zu fördern. Bei der Stadtplanung hatten die Behörden darauf zu achten, wie sich das Verhältnis von industriell-gewerblichen Flächen und Wohngebieten gestaltete. Nicht nur die städtische Bodennutzung, sondern auch die ländliche Aufteilung zwischen Agrar- und Erholungsflächen wurde zur Aufgabe der Raumplaner. Die entsprechenden Landesplanungen mussten bis ins Detail ausgearbeitet werden, was ein Anwachsen des Behördenapparats zur Folge hatte. Die Realisierung vieler raumplanerischer Projekte verzögerte sich durch Hemmnisse, die sich aus dem föderalen Staatsaufbau ergaben. Erst unter dem zentralistischen NS-Regime wurde in vielen Regulierungsbereichen eine vereinheitlichte Lösung gesetzlich verankert, z.B. mit dem Gesetz über die Reichsautobahnen (1933) oder die „Maßnahmen zur Ordnung des deutschen Siedlungswesens" (1934). Die zugrunde liegende Planungsarbeit war im Jahrzehnt zuvor geleitet worden.

Emanzipation in der Außenwirtschaft

Außenpolitisch wie auch im Bereich seiner Außenwirtschaft war Deutschland in den zwanziger Jahren durchweg isoliert. Zur Behebung dieses Zustandes näherten sich die Weimarer Reichsregierungen – entgegen ihrer ideologischen Überzeugung – der Sowjetunion an, die sich in einer vergleichbaren Problemlage befand. Am 12. Oktober 1925 wurde ein deutsch-sowjetischer Handelsvertrag geschlossen, der wegen des politischen Risikos einer finanziellen Rückendeckung durch das Reich bedurfte. Im folgenden Jahr führte der Reichstag unter dem Schlagwort der „Russenkredite" eine Debatte um eine staatliche Exportförderung. Um die Kreditbeschaffung für geplante deutsche Industrielieferungen in die Sowjetunion im Gesamtwert von 300 Millionen RM zu erleichtern, bot die Reichsregierung die Übernahme einer Ausfallgarantie in Höhe von 35 Prozent des Kaufpreises an und die beteiligten Landesregierungen eine zusätzliche Ausfallbürgschaft von 25 Prozent. Zunächst verliefen die Verhandlungen über die Finanzierung der Exportaufträge ohne greifbares Ergebnis. Die Einigung unter Einschaltung mehrerer Reichsministerien wurde dadurch erleichtert, dass die Reichsregierung einem Bankenkonsortium für einen Teil des Kredits Rediskontierung ermöglichte, d.h. den Banken 120 bis 150 Millionen RM zur Verfügung stellte. Diese Anschubfinanzierung sollte die Finanzierung weiterer Lieferungen der interessierten Unternehmen initiieren. Das staatliche Engagement zur Anbahnung des Exportgeschäfts war durch den Bedeutungsverlust des Außenhandels erklärbar. Der Anteil des Exports am Sozialprodukt war von 22,1 Prozent (1913) auf 16,3 Prozent (1928) gefallen.

In der Summe war die Wirkung der interventionistischen Wirtschaftsmaßnahmen begrenzt. Das Krisenmanagement führte vielmehr zu einer Verengung der finanzpolitischen Bewegungsfreiheit, d.h., die Krisenpolitik späterer Jahre wurde durch die aufgetürmte Staatsverschuldung nachhaltig behindert. Zudem fand die Verschuldung im Ausland statt, was die Handlungsspielräume der Reichsregierungen zusätzlich verringerte. Aus ökonomischer Perspektive hat Albrecht Ritschl das Argument vorgebracht, dass Deutschland gut daran getan hätte, seine Reparationsrechnung zu akzeptieren und im Gegenzug eine stärkere außenwirtschaftliche Verflechtung zu erreichen. Der Blick auf das Handeln der Weimarer Politik zeigt, dass für die Beschreitung dieses alternativen Wegs kein politischer Wille vorhanden war. Manche Autoren wie Christoph Buchheim tendieren dazu, die Wachstumsschwäche der zwanziger Jahre maßgeblich auf die illiberale Ordnung der Weltwirtschaft, den Hochprotektionismus, zurückzuführen und demgegenüber der internen Kostensituation, d.h. der auf Knut Borchardt zurückgehenden Debatte um das Missverhältnis zwischen Lohnkosten und Arbeitsproduktivität, eine geringere Bedeutung beizumessen.

Lohnpolitik

Die Ursache der Lohnproblematik lag in der Einführung des Achtstundentages durch die Zentralarbeitsgemeinschaft im November 1918. Diese Übereinkunft brachte eine erhebliche Verkürzung der Wochenarbeitszeit. Schon damals lag der Gewerkschaftsseite daran, das wöchentliche Familieneinkommen nach Möglichkeit zu erhalten, sodass sie angesichts der üblichen Abrechnung in Stundenlöhnen deren deutliche Erhöhung forderte. Der Erfüllung der Forderung eines vollen Lohnausgleichs versagte sich die Arbeitgeberseite. Dennoch gerieten die Löhne durch den Inflationskompromiss in eine Aufwärtsspirale, die die krisenhafte Zuspitzung des Lohnkonflikts vertagte. Die Stundenlöhne stiegen während der 1920er Jahre so stark, dass sie gegen Ende des Jahrzehnts - unter Berücksichtigung der Lebenshaltungskosten - rund 30 Prozent höher lagen als 1913. Damit wurde der Faktor Arbeitskraft für die Industrie erheblich teurer, ohne dass dies durch hohe Wachstumsraten kompensiert worden wäre. Wegen der reduzierten Arbeitszeit bot sich der Blick auf die für das Arbeitseinkommen relevanten Wochenlöhne anders dar: Die Arbeiter arbeiteten zwar weniger, hatten aber auch lange Zeit einen niedrigeren Verdienst. Erst 1928 befand sich der reale Wochenlohn wieder auf dem Vorkriegsniveau.

Ruhreisenstreit

Das Konfliktpotenzial, das die Lohnsteigerungen bargen, trat nirgendwo so deutlich wie im Ruhreisenstreit zutage. Nach Auslaufen des Tarifvertrages forderte die Metallarbeitergewerkschaft eine Erhöhung der Stundenlöhne um 15 Pfennig, worauf der Arbeitgeberverband, die „Nordwestliche Gruppe des Vereins Deutscher Eisen- und Stahlindustrieller", ab 1. November 1928 mit der Aussperrung von über 200.000 Arbeitern reagierte. Diese harte Kampfmaßnahme stürzte die betroffenen Familien der Ruhrarbeiterschaft in soziale Not. Ein zweimaliges Schlichtungsverfahren erarbeitete Kompromisse, die die Gewerkschaften jeweils akzeptierten, die Arbeitgeber jedoch ablehnten. Damit stellten Letztere das staatliche Schlichtungswesen als solches infrage. Ihre Distanzierung vom Weimarer Interventionsstaat nahm Züge einer fundamentalen Opposition an. Zehn Jahre nach der zwar niemals funktionstüchtigen, aber hoffnungsvoll begonnenen Institutionalisierung der Sozialpartnerschaft im ZAG wies der Ruhreisenstreit auf die offenkundige soziale Kluft in der Weimarer Gesellschaft hin. Bereits vor der Großen Depression war eine Verständigung zwischen Arbeitgeber- und Arbeitnehmervertretungen kaum mehr möglich.

Arbeitslosenversicherung

Eine wichtige sozialpolitische Neuerung in der Endphase der Weimarer Republik war die Einführung der Arbeitslosenversicherung im Juli 1927. Das Gesetz führte einen Rechtsanspruch auf Arbeitslosengeld für alle arbeitsfähigen, arbeitswilligen und unfreiwillig arbeitslos gewordenen Beitragszahler ein. Leistungen erhielten Arbeitslose nur, wenn ihnen die Arbeitsbehörden keine Arbeit zuweisen konnten und sie die Anwartschaft von 26 Wochen Beitragszahlung in den vorangehenden zwölf Monaten erfüllten. Die in der Erwerbslosenfürsorge noch übliche Bedürftigkeitsprüfung entfiel, weil es sich um ein Versicherungssystem handelte. Die Mittel wurden zu gleichen Teilen von den Versicherten und ihren Arbeitgebern aufgebracht. Nur im Fall der Finanzknappheit trat das Reich mit einem Darlehen ein, was mit dem Anstieg der Arbeitslosigkeit unmittelbar nach der Einführung des neuen Systems der Fall war.

Weltwirtschaftskrise in Deutschland

Die deutsche Krise, die dem Einbruch der Aktienkurse an der New Yorker Wall Street folgte, war zuvörderst eine Bankenkrise. Die deutschen Banken hatten ein riskantes Finanzverhalten angenommen, das mit der Abhängigkeit von den amerikanischen Krediten zusammenhing. Der Börsencrash führte dazu, dass amerikanisches Kapital kurzfristig abgezogen wurde, weil es in den USA benötigt wurde. Im Gegenzug stellte sich in Deutschland ein empfindlicher Liquiditätsengpass ein. Die Finanzierungslücken führten bald zu Auftragsrückgängen. Gleichzeitig litt die Außenwirtschaft weiterhin unter dem internationalen Protektionismus, der sich im Zuge der Krise verstärkte. 1930 erreichte er im amerikanischen Smoot-Hawley-Zolltarif ein Spitzenniveau. Die Zölle richteten sich vor allem gegen Agrarimporte und gegen andernorts emporkommende Industrien, z.B. die Herstellung chemischer Grundstoffe. Die US-Regierung wollte ihre eigene Wirtschaft schützen und vertraute hinsichtlich des Absatzes auf die Größe des eigenen Marktes und die Exportmöglichkeiten.

Anstieg Arbeitslosigkeit

Als Krisenzeichen in Deutschland lässt sich der eruptive Anstieg der Arbeitslosigkeit auf zwei Millionen deuten, der bereits Anfang 1928 zu verzeichnen war. Nach einer Erholung im Laufe des Jahres wurde nach dem amerikanischen Börsencrash Anfang 1929 die Marke von drei Millionen Arbeitslosen überschritten. 1930/31 fiel sogar die saisonale Entspannung in den Sommermonaten aus, bis Anfang 1932 mit rund sechs Millionen Arbeitslosen ein historisch einmaliger Höchststand erreicht wurde. Interessanterweise trat ein deutlicher Produktionsrückgang erst 1930 ein, bis im Sommer 1932 der Tiefpunkt erreicht war. Die rasche Bereitschaft zu Massenentlassungen, obgleich die Produktion keineswegs markant zurückging, kann mit der psychischen Disposition der Unternehmer erklärt werden, die sich über die Krisenerscheinungen seit Mitte der 1920er Jahre entwickelt hatte. Wie viele Krisen begann auch diejenige der frühen dreißiger Jahre mit negativen Erwartungen, d.h. einem mangelnden Vertrauen in die zukünftige Wirtschaftsentwicklung.

Arbeitslosenversicherung in der Krise

Die Frage der Kostendeckung der Arbeitslosenversicherung traf 1929 mit der Finanzkrise zusammen und stellte ab 1930 das gesamte Finanzwesen infrage. Am 27. März 1930 zerbrach die letzte parlamentarisch legitimierte Regierung der Weimarer Zeit an der Frage der Erhöhung der Beiträge für die Arbeitslosenversicherung um ein halbes Prozent. Man könnte annehmen, dass die Reichsanstalt angesichts der seit 1929 massiv steigenden Arbeitslosigkeit in eine finanzielle Dauerkrise geriet, doch das Gegenteil war der Fall. Die anfängliche Finanzknappheit änderte sich für die Arbeitslosenversicherung recht bald, denn Unterstützungen wurden in der Regel für 26 Wochen gewährt. Eine Verlängerung auf ein Jahr war nur möglich, wenn die Anwartschaftsbedingungen erfüllt waren. Die Regelung der Anwartschaft und vor allem die Begrenzung des Leistungsbezugs steuerten bei steigender Arbeitslosigkeit immer mehr Versicherte aus dem Versicherungssystem aus. Nachdem ihre Ansprüche erloschen, mussten sie anders unterstützt werden, sodass sie als sogenannte Wohlfahrtserwerbslose der kommunalen Fürsorge anheimfielen. Bald darauf richtete der Staat das System einer Krisenfürsorge ein, um die finanzielle Überlastung der Kommunen, des traditionellen Trägers der öffentlichen Fürsorge, zu verhindern. Die Arbeitslosenversicherung, die immer weniger Arbeitslose zu unterstützen hatte, erwirtschaftete derweil Gewinne. Bereits 1927 bemerkte Reichsarbeitsminister Heinrich Brauns (1868–1939), dass das Versicherungssystem lediglich in der Lage sei, die „Konjunkturarbeitslosigkeit“ aufzufangen, in Bezug auf „Dauerarbeitslosigkeit“ allerdings versagen müsse. Als politische Reaktion führte die Präsidialregierung des Zentrumspolitikers Franz von Papen (1879–1969) im Juni 1932 per Notverordnung die Bedürftigkeitsprüfung wieder ein, ohne dass die Gewerkschaften dem noch etwas entgegensetzen konnten.

Die umstrittene Spar- und Deflationspolitik Brünings hing eng mit der Veränderung der politischen Machtverhältnisse nach Einrichtung der Präsidialkabinette zusammen. Ab Ende 1929 hing Paul von Hindenburg dem ans Kaiserreich erinnernden Gedanken an, dass die Regierung nicht mehr von den Mehrheitsverhältnissen im Parlament, sondern vom Vertrauen des Reichspräsidenten abhängig sein sollte. Der als Finanzexperte bekannte Zentrumspolitiker Brüning hatte sich gegenüber Hindenburg bereits vor dem Rücktritt der Regierung Hermann Müller (1876–1931) mit der Bildung eines vom Reichspräsidenten abhängigen Kabinetts einverstanden erklärt und wurde am 29. März 1930 ohne Parlamentsbeschluss zum Reichskanzler ernannt. Mit Notverordnungen setzte Brüning sein wirtschaftliches Sparprogramm teilweise gegen die Mehrheit im Parlament durch. Damit schwächte er das parlamentarische System und sorgte für eine Verschiebung der Machtverhältnisse zugunsten des Reichspräsidenten.

Quelle

Kabinettsbesprechung unter Vorsitz von Reichskanzler Brüning über die Finanzlage Preußens. 2. Dezember 1931

Aus: Akten der Reichskanzlei. Weimarer Republik – Die Kabinette Brüning I?II, Bd. 3: Dokumente, Nr. 581, S. 2036f.

Die *Vertreter aus Preußen* [Ministerpräsident Braun und Finanzminister Klepper] erklärten, dass sie zur Abdeckung des Etats die Absicht hätten, die Personalausgaben um 100 Millionen und die Sachausgaben um 113 Millionen zu senken. Es würden 70 Amtsgerichte und 56 Kreise eingespart werden. Außerdem ziehe man in Erwägung, die Staatstheater mit Ausnahme der großen Opern zu schließen und auch Akademien stillzulegen. Durch diese Senkungsmaßnahmen würden insgesamt 213 Millionen eingespart werden. Aus der erhöhten Umsatzsteuer würde ein Betrag von 90 Millionen zur Verfügung stehen. Außerdem werde beabsichtigt, in Preußen eine Schlachtsteuer einzuführen, die etwa 100 Millionen bringen würde. Auf diesem Wege würden insgesamt 400 Millionen abgedeckt werden. Bei der Schlachtsteuer werde man vorsehen, die Hausschlachtungen zu privilegieren. Über den Betrag von 400 Millionen hinaus sei aber ein Bewegungskredit von 200 Millionen erforderlich. [...]

Der *Reichskanzler* bemerkte, dass ihm die Pläne der Schlachtsteuer nicht unbedenklich seien, weil sie mit den Maßnahmen der Reichsregierung nicht im Einklang stünden. [...] Der *Preußische Finanzminister* betonte, dass auch ihm die Schlachtsteuer nicht sehr angenehm sei. Man könne auf sie verzichten, wenn man an ihrer Stelle eine Margarinesteuer treten lasse. Er glaube aber, dass dies aus politischen Gründen nicht möglich sein werde. Selbstverständlich werde man in Preußen mit der Einführung der Schlachtsteuer warten, bis die Notverordnung des Reichs veröffentlicht sei.

Der Verlauf der deutschen Wirtschaftskrise war maßgeblich durch den ungeahnten Rückgang des Preisniveaus bestimmt: Innerhalb von drei Jahren, von 1929 bis 1932, fielen die Preise insgesamt um 30 Prozent. Im Frühjahr 1931 setzte in Erwartung eines baldigen Krisenendes zwar eine starke Verlangsamung der Deflation ein, doch wurde diese Hoffnung durch die Banken- und Währungskrise im Juli 1931 zunichtegemacht. Bis Mitte 1932 beschleunigte sich die deflationäre Tendenz erneut, d.h., die Bankenkrise machte die Wirtschaftskrise in Deutschland zu einem wirklichen Desaster.

Stichwort

Deflation

Die Deflation war wie ihr Gegenstück, die Inflation, eine Abweichung vom Zustand des monetären Gleichgewichts. Sie zeichnete sich durch ein allgemein sinkendes Preisniveau aus, das zwei wirtschaftliche Haupteffekte erzeugte: Die Zurückhaltung beim Kauf von Investitionsgütern und langlebigen Konsumgütern verstärkte sich. Die Verbraucher erwarteten, dass die Preise weiter fallen würden. Daraus ergab sich ein depressiver Effekt, denn der Rückgang der Nachfrage nach gewerblichen Gütern führte zu einem Verfall von deren Erzeugung. Dadurch stieg die Anzahl der Konkurse wieder an und der depressive Effekt verteilte sich.

Brünings Strategie

Trotz ihrer negativen Begleiterscheinungen war die **Deflation** von der Regierung Brüning intendiert. Die Wirtschaftspolitik war von dem Grundgedanken beseelt, die internationale Wettbewerbsfähigkeit der deutschen Wirtschaft durch die Durchsetzung von Preissenkungen zu steigern und den Kreditbedarf der öffentlichen Hand zu reduzieren. Dadurch hoffte Brüning, den Liquiditätsengpass zu überbrücken und den Wegfall der Kapitalimporte zu kompensieren. Die wichtigste Maßnahme der Deflationspolitik war die vierte Notverordnung zur „Sicherung von Wirtschaft und Finanzen und zum Schutz des inneren Friedens" vom 8. Dezember 1931. Sie zielte insbesondere auf die durch Kartelle, Syndikate oder Empfehlungen der Handwerkskammern gebundenen Preise, die weniger stark als die freien Preise gefallen waren. Allgemein wurde eine Senkung dieser „gebundenen Preise" von zehn Prozent angeordnet. Die dekretierte Preissenkung bezog auch Wohnungsmieten sowie Löhne und Gehälter ein, die auf das Niveau von 1927 gedrückt werden sollten. Weitere Sparmaßnahmen, die bereits früher verordnet worden waren, bezogen sich auf Sozialleistungen sowie öffentliche Personalausgaben. Zur Überwachung war ein Reichskommissar für Preisüberwachung eingesetzt, der vor allem die Einzelhandelsspanne überprüfte, um die Weitergabe an den Konsumenten zu gewährleisten. Durch Devisenkontrollen wurde die seit 1922 durchgeführte Devisenzwangswirtschaft zum Schutz der heimischen Währung verschärft.

Stichwort

Bankenkrise

Den Auftakt zur deutschen Bankenkrise bildete der Zusammenbruch des Nordwolle-Konzerns aus Delmenhorst, der sich seit 1925 einer Expansionsstrategie verschrieben hatte, unter anderem durch den Aufkauf von Unternehmen in Polen und der Tschechoslowakei auf Kreditbasis. Zur Verschleierung von Gewinnen hatte man die niederländische Einkaufsgesellschaft Ultra Mare gegründet. Zur Finanzierung spekulativer Geschäfte lieh sich Nordwolle Geld bei den Banken. Als die internationalen Preise, vor allem für Rohstoffe, verfielen, führten Warentermingeschäfte zu hohen Verlusten. Hierbei wurde bei Geschäftsabschluss ein Preis vereinbart, zu dem die Ware gekauft werden musste, obwohl die Preise bereits stark gesunken sein konnten. Insbesondere schrieb Ultra Mare hohe Verluste, die den Banken verborgen blieben. Deutsche Banken stiegen in die Spekulation ein, allen voran die Darmstädter und Nationalbank (Danat-Bank), die wie die amerikanischen Banken schon Ende 1929 um ihre Zahlungsfähigkeit fürchten musste.

Deutschland erlebte seinen Schwarzen Freitag im Juli 1931. Bereits im Vorfeld führte der Zusammenbruch der Österreichischen Credit-Anstalt im Mai 1931 zu einer Panikreaktion vieler Bankkunden. Deutsche Banken, die seit der Inflation nur über eine schwache Eigenkapitalbasis verfügten, zahlten wochenlang Kredite und Einlagen, die ihnen gekündigt wurden, zurück. Die Bankenkrise begann, als sich das Gerücht der Zahlungsunfähigkeit der Danat-Bank verbreitete. Es wurden Bankfeiertage eingelegt, d.h., die Bankschalter blieben geschlossen, um einen Ansturm auf die in Zahlungsschwierigkeiten geratenen Banken zu verhindern.

Deutschlands tiefer wirtschaftlicher Fall kulminierte in der **Bankenkrise** nach dem Zusammenbruch der Danat-Bank im Juli 1931. In einer hektischen Reaktion beschränkte die Regierung die Höhe der Abhebungen und Überweisungen bei Banken und Sparkassen durch eine Notverordnung und setzte Banktreuhänder ein. Der Staat übernahm die Garantie für die Sicherung der Bankeinlagen bei der Dresdner Bank und der Commerzbank, die eng mit der Danat-Bank verbunden waren. Die Maßnahmen zur Stützung der Banken fielen verhalten aus, denn es herrschte die Meinung vor, dass der Bankensektor die Krise selbst meistern solle. Die Reichsregierung drängte die Dresdner Bank zur Fusionierung mit der Danat-Bank.

Reparationsproblematik

Trotz der Depression durch die Bankenkrise behielt Brüning weiterhin seine längerfristigen Ziele im Auge. Er wollte die Krisensituation nutzen, um die Unerfüllbarkeit der Reparationsforderungen zu demonstrieren. Diese sahen viele Zeitgenossen nach wie vor als ursächlich für die wirtschaftliche Schwäche seit dem Ersten Weltkrieg an. Die Beseitigung der Reparationslast gelang durch das Hoover-Moratorium vom Juni 1931, das einen einjährigen Aufschub aller internationalen politischen Zahlungen, d.h. Reparationen und Kriegsschulden, bestimmte. Ein Jahr später, als Deutschland am Tiefpunkt der Wirtschaftskrise angelangt war, beschloss die Konferenz von Lausanne im Juli 1932, die deutsche Reparationsschuld gegen eine Abschlusszahlung von drei Milliarden Reichsmark endgültig zu streichen.

Alternativen zur Deflationspolitik

Die in der Forschung diskutierten Alternativen zu Brünings Deflationspolitik berufen sich auf eine nachfrageorientierte Konjunkturpolitik nach keynesianischem Muster. Demnach hätte die Regierung trotz der eingeschränkten finanziellen Handlungsspielräume Anstrengungen unternehmen müssen, dem Staat Kapital zu beschaffen. Durch eine Ausweitung der Staatsausgaben hätte der Ausfall der privaten Nachfrage kompensiert werden können, was letztlich ein Wiederaufgreifen der vorherigen Krisenpolitik bedeutet hätte. Brüning hatte ein negatives Bild der Politik der Vorgängerregierungen: Er begriff die Krise von 1925/26 mehr als Staatskrise denn als Wirtschaftskrise und war der Meinung, dass die politischen Institutionen bei der Bekämpfung der Probleme versagt hätten. Als Reichstagsabgeordneter und finanzpolitischer Sprecher der Zentrumspartei hatte er die Subventionspolitik zur konjunkturellen Wiederbelebung intensiv verfolgt, sodass ihm dieser Weg keineswegs unbekannt war. Als Kanzler wollte er eine neue Wirtschaftspolitik konzipieren, die er als Gegenmodell zum wirtschaftspolitischen Kurs der Vorjahre verstand. Ohnehin blieb die Frage der Finanzierung möglicher Staatsausgaben offen, weil die amerikanischen Banken als Kreditgeber ausfielen. Es wurde auf die Möglichkeit einer außenpolitischen Annäherung an Frankreich hingewiesen, weil dieses Land noch über Liquiditätsreserven verfügt habe. Angesichts der Verwerfungen zwischen beiden Staaten und der Positionen ihrer politischen Akteure scheint dieses Argument aber eher hypothetischer Art zu sein.

Brünings Deflationspolitik konnte nur wenig Erfolg haben, solange die weltweite Konjunkturkrise anhielt. Ihm wird vorgeworfen, er habe zur Demonstration der Unerfüllbarkeit der Reparationsforderungen einen riskanten politischen Kurs eingeschlagen, der große Wohlfahrtsverluste mit sich brachte und somit zum Aufstieg der NSDAP beitrug. Die vorgenommenen sozialpolitischen Kürzungen wurden ihm außerdem als Schritte zur Beseitigung des Sozialstaats ausgelegt. Bei Beurteilung der Handlungsalternativen 1931 ist der Zusammenhang zwischen dem Nachlassen der Deflation, dem öffentlichen Wunsch nach einem finanzpolitischen Kurswechsel und dem Schock der Bankenkrise stärker zu berücksichtigen. Von einer internationalen Warte argumentierend, wird man den Run auf die Reichsmark hervorheben, die eine Kapitalflucht aus Deutschland nach sich zog. Dies bildete den Hintergrund zur Bankenpanik und löste einen Teufelskreis aus: Der Ansturm auf die Währung verschärfte die wirtschaftliche Depression, worauf die Regierung nur durch eine Verschärfung der Devisenzwangswirtschaft zu antworten wusste. Daneben gab es aber inländische Ursachen, die als Versagen im politischen Bereich gedeutet werden können. Für die Reichsregierung hätte eine weitere Alternative darin bestanden, alle Energie darauf zu verwenden, das Vertrauen der ausländischen Anleger wiederzugewinnen. Stattdessen ließ sich Brüning auf den außenwirtschaftlich wenig Vertrauen einbringenden Kurs der Beseitigung der Reparationslast ein.

Osthilfegesetz

Auch auf anderen wirtschaftspolitischen Feldern sah sich Brüning einem heftigen innenpolitischen Gegenwind ausgesetzt. Sein Reformversuch des Osthilfegesetzes im März 1931 sah eine Entschuldung der Landwirtschaft vor. Ein staatlicher Kommissar sollte die überschuldeten Güter versteigern und die Bauern auf kleineren Parzellen neu ansiedeln. Dagegen stellte sich das ostelbische Junkertum und polemisierte gegen die Politik Brünings: Sie ziele auf Enteignung, was ihm den Vorwurf des „Agrarbolschewismus“ einbrachte. Der Rücktritt des Reichskommissars für die Osthilfe Hans Schlange-Schöningen (1886–1960) reihte sich in die Gründe für den Sturz des Kabinetts Brüning am 30. Mai 1932 ein. Auch das Unternehmerlager wandte sich von Brüning ab. Man warf ihm vor, dass er immer noch mit der SPD zusammenarbeite, was die von ihm erwartete Wendung nach rechts verhinderte. In diesem Sinne weigerte er sich auch, das gegen den Willen des Reichspräsidenten erlassene Verbot der nationalsozialistischen Sturmabteilung (SA) zurückzunehmen. Schließlich ließ Hindenburg ihn fallen.

Reformstau und Streiks

Nach dem Sturz der Brüning-Regierung fand kein nennenswerter wirtschaftspolitischer Kurswechsel mehr statt. Das nachfolgende Präsidialkabinett von Papen erließ im September 1932 per Notverordnung unternehmerfreundliche Maßnahmen zur Konjunkturbelebung wie die Vergabe von Steuergutscheinen, um Investitionsanreize zu geben, sowie die Erlaubnis zur Unterschreitung der Tariflöhne. Bald darauf scheiterte von Papen aber an einem

Misstrauensvotum im Reichstag, denn die unversöhnliche Gegnerschaft der politischen Positionen führte immer mehr zu einer Handlungsunfähigkeit des Parlaments. Gesellschaftliche Konflikte wie die Tarifauseinandersetzungen gerieten in die Hände der politischen Extreme, z.B. standen sich beim Novemberstreik der Berliner Verkehrsbetriebe Kommunisten und Nationalsozialisten unversöhnlich gegenüber. Die Spannungen zwischen diesen beiden Parteien entluden sich regelmäßig in Straßenkämpfen und politischen Zusammenstößen mit Toten. Währenddessen stieg die Anzahl der Arbeitslosen auf sechs Millionen.

Nach einer erneuten Reichstagswahl im November 1932 setzte Hindenburg ein drittes Präsidialkabinett unter Kurt von Schleicher (1882-1934) ein, das aber kaum mehr politische Akzente zu setzen vermochte. Die lohnpolitische Notverordnung, die zwei Monate zuvor erlassen worden war, hob es wieder auf. Während ein wirtschaftspolitischer Stillstand eintrat, trug die anhaltende Krise zur weiteren Radikalisierung der politischen Landschaft bei. Die kurze Regierungszeit von Schleichers endete mit der Bildung des vierten Präsidialkabinetts unter Adolf Hitler (1889-1945) am 30. Januar 1933. ■

Auf einen Blick

Am Anfang der Republik stand eine Rätebewegung. Welche gesellschaftlichen Prozesse konnte sie vorantreiben, inwiefern wirkte sie destabilisierend, wo ging ihr Gestaltungspotenzial verloren?

Der Inflationskonsens wirkte in der ersten Phase der Weimarer Republik auf paradoxe Weise stabilisierend. Wo hinterließ die ungezügelte Geldpolitik aber nach 1923 noch Spuren?

Mitte der 1920er Jahre begann die schuldenfinanzierte Konjunkturpolitik unter einem liberalen Finanzminister. Wo lagen die Grenzen einer nachfrageinduzierten Wirtschaftsbelebung?

Die Brüning-Regierung suchte über eine Deflationspolitik den Weg aus der Schuldenfalle. Welche Handlungsalternativen hätten sich ihr eröffnet?

Dass es im Zuge der Weltwirtschaftskrise zu einem eruptiven Anstieg der Arbeitslosigkeit kam, beruhte auf mehreren Faktoren, die unter anderem psychologischer Natur waren. Inwiefern kann die Massenarbeitslosigkeit in Deutschland als das Ergebnis einer spezifischen Faktorenkonstellation gedeutet werden?

Auch im Wirtschaftsbereich finden sich Belege, wie die autoritären Präsidialkabinette zur Aushöhlung des demokratischen Staatswesens beitrugen. Welche Notverordnungen wirkten stark destabilisierend?

Literaturhinweise

Theo Balderston, Economics and Politics in the Weimar Republic, Cambridge 2002. Überblickswerk zum Zusammenspiel von Wirtschaft und Politik.

Dieter Hertz-Eichenrode, Wirtschaftskrise und Arbeitsbeschaffung. Konjunkturpolitik 1925/26 und die Grundlagen der Krisenpolitik Brünings, Frankfurt 1982. Schilderung der schuldenfinanzierten Konjunkturpolitik.

Jan-Otmar Hesse, Roman Köster, Werner Plumpe, Die Große Depression. Die Weltwirtschaftskrise 1929–1939, Frankfurt am Main 2014. Überblickswerk zu den Besonderheiten der internationalen Krise und den mit ihr verbundenen Forschungskontroversen.

Carl-Ludwig Holtfrerich, Das Reichswirtschaftsministerium der Weimarer Republik und seine Vorläufer. Strukturen, Akteure, Handlungsfelder (Wirtschaftspolitik in Deutschland 1917–1990, Bd. 1), Berlin 2016. Umfassendes Kompendium zur Wirtschaftspolitik aus dem Blickwinkel des 1919 gegründeten Wirtschaftsministeriums.

Harold James, Deutschland in der Weltwirtschaftskrise 1924–1936, Stuttgart 1988. Übersetzung des Standardwerks zur Krisenentwicklung in Deutschland.

Albrecht Ritschl, Deutschlands Krise und Konjunktur 1924–1934. Binnenkonjunktur, Auslandsverschuldung und Reparationsproblem zwischen Dawes-Plan und Transfersperre, Berlin 2002. Einbettung der deutschen Binnenkrise in den internationalen Kontext des Schuldenkreislaufs.

III. Wirtschaftsdeformation im Nationalsozialismus

Überblick

Als Hitler die Macht übernahm, geschah dies kaum mit der Intention, eine wirtschaftspolitische Trendwende herbeizuführen. Der ersehnte Aufschwung war von vornherein als Rüstungsboom gedacht. Trotz erheblicher Regulierungen zeichnete sich die NS-Wirtschaftsordnung weniger durch Planung als durch spezifische Anreizsetzungen aus. Das Autarkieprogramm und der folgende Vierjahresplan mobilisierten die Ressourcen frühzeitig für die Kriegswirtschaft. Zeitweilige Fehlschläge beschleunigten die Entfesselung des Angriffskrieges. Im Krieg versuchte das Regime, die besetzten Gebiete Europas für die Hochrüstung nutzbar zu machen. Durch die Errichtung von Besatzungsverwaltungen griff die deutsche Wirtschaftspolitik über die Grenzen des Reichs aus. Nach Ausbeutung und Raub im europäischen Maßstab hinterließ der Zusammenbruch 1945 eine deformierte und finanziell zerrüttete deutsche Volkswirtschaft.

Zeittafel

30. Januar 1933	Viertes Präsidialkabinett unter Reichskanzler Hitler
1. April 1933	Boykott jüdischer Geschäfte; beginnende Verdrängung der Juden aus dem Wirtschaftsleben
10. Mai 1933	Zwangsvereinigung der Arbeitnehmer- und Arbeitgebervertreter in der Deutschen Arbeitsfront (DAF)
1. Juni 1933	Reinhardt-Programm
27. Februar 1934	Gesetz „zur Vorbereitung des organischen Aufbaus der deutschen Wirtschaft"
September 1934	Neuer Plan von Wirtschaftsminister Hjalmar Schacht
9. September 1936	Verkündung des Vierjahresplans
November 1936	Hermann Göring wird „Generalbevollmächtigter für die Kriegswirtschaft"
19. Oktober 1939	Errichtung der Haupttreuhandstelle Ost in Berlin
26. August 1940	Erlass Görings zur „planmäßigen Ausnutzung der Wirtschaft der besetzten Gebiete"
Dezember 1940	Gründung der Rohstoffgesellschaft AG (Roges)
Februar 1942	Albert Speer wird „Generalbevollmächtigter für Rüstungsaufgaben"
27. März 1942	Fritz Sauckel wird „Generalbevollmächtigter für den Arbeitseinsatz"
19. März 1944	Nero-Befehl Hitlers: Zerstörung aller Verkehrs- und Industrieanlagen
8. Mai 1945	Bedingungslose Kapitulation des Deutschen Reichs

1. Überwindung der Weltwirtschaftskrise

Sowohl die Politik- als auch die Wirtschaftsgeschichte beschäftigte die Frage, ob die Machtübernahme Hitlers tatsächlich für einen Konjunkturaufschwung sorgte, der die seit 1929 andauernde Wirtschaftskrise beendete. Einer zählebigen Legende zufolge habe Hitler sofort energische Maßnahmen ergriffen, um die Arbeitslosigkeit zu bekämpfen. Binnen kurzer Zeit habe er damit beachtliche Erfolge erzielen können. Zur Überprüfung dieser Annahme ist eine präzise Erfassung der konjunkturellen Wende notwendig sowie eine Beurteilung der konjunkturpolitischen Maßnahmen der Nationalsozialisten.

Messung der Krise

Im Dezember 1932 äußerte sich das Deutsche Institut für Konjunkturforschung zur Krisenüberwindung: Deutschland habe die Talsohle erreicht und die Krise, die seine Wirtschaft bis in die Grundfesten erschütterte, sei im Wesentlichen überwunden. Zur Begründung dieser Einschätzung können verschiedene Indikatoren dienen wie etwa die Arbeitslosigkeit, die Anzahl der Konkurse oder die Auftragslage in der Industrie. Zur Arbeitslosigkeit ist anzumerken, dass sie der Konjunkturentwicklung hinterherhinkte. Angesichts ihres eruptiven Auftretens scheint die registrierte Arbeitslosigkeit nicht mehr das eigentliche Ausmaß der Krise widerzuspiegeln. Auch die Konkursanträge folgten dem Konjunkturverlauf zeitverzögert, denn der diesbezügliche „Reinigungsprozess“ hatte schon 1926 begonnen und bei Hitlers Machtübernahme seinen Zenit längst überschritten. Daher sind die industriellen Auftragseingänge diesen beiden Indikatoren vorzuziehen. Sie eilten der Konjunktur voraus und spiegelten die Erwartung an die künftige wirtschaftliche Entwicklung wider. Insofern waren sie besonders geeignet, um frühzeitig die Richtung der konjunkturellen Entwicklung anzuzeigen.

Tabelle: Inlandsaufträge im Maschinenbau (1928 = 100)

1928	1931	1932							1933			
Monatsschnitt	IV. Quartal	Jan	März	Mai	Sep	Okt	Nov	Dez	Jan	Feb	März	II. Quartal
100	26,5	18,2	22,3	23,3	29,7	25,8	26,7	26,3	32,1	26,0	33,2	36,3

Aus: Christoph Buchheim, Die Erholung von der Weltwirtschaftskrise 1932/33 in Deutschland, in: Jahrbuch für Wirtschaftsgeschichte 2003/1.

Zunächst einmal verdeutlicht die Tabelle das Ausmaß der wirtschaftlichen Depression: Die Monatswerte lagen so niedrig wie nie zuvor und erreichten im Betrachtungszeitraum maximal ein Drittel des Durchschnittswertes von 1928. Für unsere Argumentation ist der Blick auf die Tiefpunkte wesentlich: Gegenüber dem niedrigsten Stand im Januar 1932 lagen die Aufträge im Januar 1933 schon fast wieder auf doppelter Höhe. Als Hitler am 30. Januar 1933 die Macht übernahm, fiel der Monatswert im Februar gravierend ab und erholte sich danach wieder. Aus diesen Betrachtungen lässt sich ein wesentlicher Schluss ziehen: Bei seinem Regierungsantritt hatte Hitler bereits Rückenwind durch einen im Gang befindlichen Aufschwung. In diese Richtung deuteten auch Äußerungen aus Unternehmerkreisen sowie europäische Produktionsdaten. All dies lässt erkennen, dass die Rohstoff- und Industrieerzeugung 1933 allgemein über derjenigen von 1932 lag.

Kein Vertrauen durch Terror

Anlässlich Hitlers Machtübernahme wurde von einem Stimmungswechsel ins Positive berichtet, weil nach dem Untergang der Republik das Zukunftsvertrauen der Unternehmer gestiegen sei und ihre Bereitschaft zur Investitionen zugenommen habe. Die gefallene Anzahl der Maschinenaufträge im Februar 1933 widerlegt diese Annahme. Darüber hinaus waren die ersten politischen Aktionen der nationalsozialistischen Machthaber keineswegs geeignet, das Vertrauen der Unternehmer in das Regime zu stärken: Das Kabinett Hitler hebelte im Gefolge des Reichstagsbrandes die bürgerlichen Freiheiten aus, behinderte die Parteien vor der Reichstagswahl und setzte im neu gewählten Reichstag am 24. März das Ermächtigungsgesetz durch. Von Mai bis Juli 1933 wurden Gesetze zum Verbot der Gewerkschaften und der Parteien außer der NSDAP erlassen. Die Sturmabteilung (SA) der NSDAP setzte ihren Straßenterror gegen die jüdische Bevölkerung und politische Gegner mit Unterstützung der Regierung fort. All diese Maßnahmen machten die künftige wirtschaftspolitische Entwicklung schwer voraussehbar und geboten ein vorsichtiges Agieren. Insofern ist festzuhalten, dass die Konjunkturbelebung 1933 nicht wegen, sondern trotz der nationalsozialistischen Machtübernahme einsetzte.

Ein Blick auf die wirtschaftspolitischen Absichten Hitlers zeigt, dass die Verminderung der Arbeitslosigkeit nicht von vornherein das wichtigste Ziel war. Vier Tage nach dem Regierungsantritt äußerte er sich in einer Ansprache an Generäle der Reichswehr, dass die Überwindung der Arbeitslosigkeit durch eine „groß angelegte Siedlungspolitik" möglich wäre, „die eine Ausweitung des Lebensraums des deutschen Volkes zur Voraussetzung hat", und zwar „mit bewaffneter Hand". In gleicher Weise äußerte sich Hitler in einer Kabinettssitzung.

Quelle

Kabinettsbesprechung über die Prioritäten des Staatshaushaltes (8. Februar 1933)

Aus: Minuth, Karl-Heinz (Bearb.): Akten der Reichskanzlei. Die Regierung Hitler 1933–1945, Bd. 1: 1933/34, Teil 1, Boppard 1983, S. 50f.

Der Reichskanzler führte aus, [...] Deutschland stehe zur Zeit mit dem Auslande in Verhandlungen über seine militärische Gleichberechtigung. [...] Der theoretischen Anerkennung müsse die praktische Gleichberechtigung, d.h. die deutsche Aufrüstung folgen. Die Welt, insbesondere auch Frankreich, sei auf die deutsche Aufrüstung durchaus vorbereitet und sehe sie als selbstverständlich an. Die nächsten

5 Jahre in Deutschland müssten der Wiederwehrhaftmachung des deutschen Volkes gewidmet sein. Jede öffentlich geförderte Arbeitsbeschaffungsmaßnahme müsse unter dem Gesichtspunkt beurteilt werden, ob sie notwendig sei vom Gesichtspunkt der Wiederwehrhaftmachung des deutschen Volkes. Dieser Gedanke müsse immer und überall im Vordergrund stehen.
Der Reichsarbeitsminister unterstützte diese Ausführungen des Reichskanzlers, meinte aber, dass es neben den rein wehrpolitischen Aufgaben auch andere volkswirtschaftlich wertvolle Arbeiten gebe, die man nicht vernachlässigen dürfe. [...]
Der Reichskanzler unterstrich nochmals, dass für die nächsten 4–5 Jahre der oberste Grundsatz lauten müsse: alles für die Wehrmacht. Deutschlands Stellung in der Welt werde ausschlaggebend bedingt durch die deutsche Wehrmachtstellung. Davon hänge auch die Stellung der deutschen Wirtschaft in der Welt ab.

Prioritäten Hitlers

Hitler sprach sich für eine Priorität der Aufrüstung und nicht für Konjunkturpolitik oder Arbeitsbeschaffung aus. Eine Konzentration auf die Arbeitsmarktpolitik setzte erst mit dem „Gesetz zur Verminderung der Arbeitslosigkeit" vom 1. Juni 1933 ein, d.h. fast ein halbes Jahr nach der Machtübernahme. Das entsprechende Programm wurde nach Fritz Reinhardt (1895–1969), dem Staatssekretär im Reichsfinanzministerium, benannt. Dieser NSDAP-Politiker hatte schon im Februar 1931 ein Antikrisenprogramm, basierend auf einer Steigerung der öffentlichen Ausgaben für den infrastrukturellen Ausbau (Kraftwerke, Schulen, Krankenhäuser, Straßen und Kanäle), im Reichstag vorgestellt. Der Haushaltsausschuss wies es aber als inflationstreibend zurück. Das von Reinhardt zwei Jahre später konzipierte Maßnahmenbündel erstreckte sich im Wesentlichen auf drei staatlich zu finanzierende Bereiche: Bau- und Infrastrukturvorhaben, Anreizsetzungen für Unternehmen, sozialpolitische Elemente.

Bau- und Infrastrukturvorhaben

Hinsichtlich der Bau- und Infrastrukturvorhaben betrat das Reinhardt-Programm kein Neuland, sondern knüpfte nahtlos an die seit Mitte der 1920er Jahre ergriffenen Maßnahmen an. Die Staatsnachfrage wurde erneut auf Kreditbasis erhöht und mittels einer Subventionspolitik umgesetzt. Die mit öffentlichen Geldern unterstützten Bauvorhaben umfassten die Reparaturen von Gebäuden, Meliorationen und Flussregulierungen, die Binnensiedlung und Tiefbauarbeiten sowie die Gewährung von Steuervergünstigungen für den Neubau von Wohnungen und deren Instandsetzung. Gleichzeitig wurden wie bereits in der Weimarer Zeit große Arbeitsbeschaffungsprogramme finanziert. Der Autobahnbau spielte allerdings erst nach 1936 eine größere Rolle, als die Arbeitslosigkeit schon weitgehend abgebaut war.

Anreize für Unternehmen

Als sich die Konjunktur wieder belebte, unterstützte der Staat diese Entwicklung mit Anreizsetzungen für Unternehmen. Beispielsweise wurden Maschinenersatzkäufe von Steuern befreit. Wenn ein Unternehmen ein deutsches Maschinenfabrikat kaufte und es sich nicht um eine reine Rationalisierung handelte, erhielt es einen Steuererlass. Außerdem wurde ab April 1933 der private Konsum befördert mittels Befreiung aller Neuwagen von der Kraftfahrzeugsteuer. Dies leitete einen Aufschwung der deutschen Automobilindustrie ein, der nach den Nachfrageausfällen in der Krisenperiode allerdings ohnehin zu erwarten gewesen wäre. Es bleibt schwierig, zu beurteilen, inwieweit die Phänomene auf die NS-Konjunkturpolitik oder eher auf die Verbesserung der Gesamtkonjunktur zurückzuführen waren.

Sozialpolitische Elemente

Das Reinhardt-Programm enthielt auch einige sozialpolitische Elemente, die ideologiekonform ausgestaltet wurden. Die Entlassung der Haushaltsangestellten aus der Sozialversicherungspflicht beruhte auf der Hoffnung, dass dies zu Neuanstellungen führe. Ein merklicher Effekt ist jedoch unwahrscheinlich, weil die Angestelltenrealeinkommen seit 1933 sanken. Allerdings trat ein erwünschter Effekt in der Arbeitslosenstatistik auf, weil nun der Unterstützungsbezug beim Eintritt der Arbeitslosigkeit entfiel.

Das Ehestandsdarlehen war ein Teil der nationalsozialistischen Familien- und Bevölkerungspolitik, der zugleich Effekte auf den Arbeitsmarkt entfaltete. Die unverzinslichen Darlehen in einer Höhe von bis zu 1.000 RM wurden bei einer neuen Eheschließung in Form von Bedarfsdeckungsscheinen für Möbel und Hausrat gewährt. In den meisten Fällen wurden 500 bis 600 RM ausbezahlt, was dem Vier- bis Fünffachen eines Arbeitermonatslohnes entsprach. Bei Antragstellung war die „Erbgesundheit" amtsärztlich zu bescheinigen und die staatspolitische Loyalität nachzuweisen. Bezeichnenderweise erhielt der Ehemann einen Schein, sofern die Frau in den beiden vorausgehenden Jahren mindestens sechs Monate erwerbstätig war. Bis zur vollständigen Tilgung des Darlehens musste die Frau aus dem Arbeitsleben ausscheiden. Finanziert wurden die Darlehen über eine steuerliche Abgabe für Ledige, die sogenannte Ehestandshilfe. Das NS-spezifische Instrument diente der Steigerung des Konsums bei gleichzeitiger Verminderung der Anzahl der Erwerbstätigen. Ideologisch richtete es sich gegen das „Doppelverdienertum" und reduzierte die vormaligen weiblichen Erwerbstätigen auf eine Rolle als Hausfrau und Mutter.

Als arbeitsmarktpolitisches Instrument verlor das Ehestandsdarlehen mit Beginn des Rüstungsbooms 1936/37 an Bedeutung. Die Bedingung, dass die Frau ihren Arbeitsplatz aufgeben müsse, wurde fallen gelassen, als Arbeitskräfteknappheit eintrat und das Ziel ihrer Verdrängung aus dem Erwerbsleben nicht mehr im Vordergrund stand. Erhalten blieb die bevölkerungspolitische Komponente, möglichst jung zu heiraten und viele Kinder zu bekommen. Hierzu diente ein weiterer Anreiz: Mit jeder Geburt wurde ein Viertel des Ehestandsdarlehens erlassen, sodass es bei der vierten Geburt ganz abbezahlt war. Auf Dauer relativierte sich der Erfolg des Programms: Von 1933 bis 1943 gewährte der Staat mehr als zwei Millionen Ehestandsdarlehen, d.h., nur in 17 Prozent der geschlossenen Ehen wurde es in Anspruch genommen.

Offen bleibt, ob die reinhardtschen Maßnahmen wirklich maßgeblich an der Senkung der Arbeitslosigkeit beteiligt waren. Obgleich sein Programm bereits 1931 vorlag, traten die Maßnahmen erst ein halbes Jahr nach der Machtübernahme in Kraft, sodass für die Zeit davor der NS-spezifische Effekt zu vernachlässigen war. Auch die konjunkturelle Erholung setzte schon vor dem Machtantritt Hitlers ein, wie verschiedene Indikatoren anzeigten. Insgesamt waren die Effekte der NS-Wirtschaftspolitik sehr viel geringer, als dies meist angenommen wird. Zudem waren die Zukunftsperspektiven zweifelhaft und das politische Klima bedrohlich.

2. Rassistische Exklusion und korporativer Umbau der Wirtschaft

Rassenpolitik und Wirtschaft

Die nationalsozialistische Rassenselektion markierte in wirtschaftlicher Hinsicht einen tiefen Einschnitt, der sich nicht in messbaren Größen, sondern in der Entrechtung und Enteignung der verfolgten Bevölkerungsgruppen niederschlug. Die Beschneidung der Geschäftsfreiheit begann am 1. April 1933 mit dem sogenannten Judenboykott, der von gewaltsamen Aktionen der SA gegen einzelne Betriebe begleitet war. Von antisemitischen Gesetzen untermauert, erstreckten sich die gewerblichen Einschränkungen für die jüdische Erwerbsbevölkerung bald auf das gesamte Reichsgebiet. Im Rahmen der pseudolegalen Entrechtungs- und Enteignungspolitik wurde die Devisenbewirtschaftung zum vorrangigen Instrument der antisemitischen Enteignung. Eine Vermögenssteuer für Auswanderer existierte ab 1931. Als Reaktion auf die jüdische Auswanderung nach Erlass der Nürnberger Gesetze 1935 wurden gegen jüdische Auswanderungswillige Verfahren wegen Devisenvergehen eingeleitet, die meist zum Einzug des gesamten Vermögens führten. Ab diesem Zeitpunkt war ein deutlicher Anstieg der Liquidationen von Betrieben, die als „jüdisch“ klassifiziert wurden, zu verzeichnen, wobei 1937 nochmals ein starker Anstieg der Auflösungen einsetzte, der erst 1939 wieder nachließ. Bis zum Novemberpogrom 1938 blieb die Devisenbewirtschaftung das zentrale Instrument zum Zugriff auf die wirtschaftliche Existenz der Juden. An ihrer wirtschaftlichen Vernichtung beteiligten sich verschiedene Dienststellen und Behörden sowie nationalsozialistische Organisationen und Einzelakteure. Nach dem Pogrom wurde die Verdrängung der Juden aus dem Wirtschaftsleben immer mehr zu einer polizeilichen Aufgabe.

Der Prozess der „Entjudung“, wie die Nationalsozialisten ihn bezeichneten, vollzog sich kontinuierlich und konsequent. Zeitweise war er abgeschwächt durch die Rücksichtnahme auf die internationale Presse, vor allem wegen der Sommerolympiade 1936 in Berlin, oder durch vereinzelte Interventionen des Reichswirtschaftsministers Hjalmar Schacht (1877–1970). Jedoch fürchtete dieser lediglich, dass die deutsche Wirtschaft Schaden nehmen könne, wenn die jüdischen Fachkräfte überstürzt entfernt würden. In Wirklichkeit waren die langfristigen ökonomischen Folgen der rassistischen Verfolgung sehr groß aufgrund eines hohen Humankapitalverlustes durch den Exodus wissenschaftlicher Koryphäen wie dem Physiker Albert Einstein (1879-1955), dem Chemiker Gerhard Herzberg (1904-1999), dem Architekten Walter Gropius (1883-1969) oder den Sozialwissenschaftlern Norbert Elias (1897-1990), Erich Fromm (1900-1980) und Albert O. Hirschman (1915-2012).

Auf quantitativer Seite ist die Bestimmung der Anzahl der arisierten jüdischen Unternehmen schwierig, weil es an entsprechenden Statistiken fehlt. Eine Schätzung für das Jahr 1932 geht von 100.000 selbstständigen Unternehmen aus, die vor allem im gewerblichen Sektor angesiedelt waren. In abgeschwächter Form waren von den Enteignungen auch die ab 1933 verbotenen Gewerkschaften und Arbeiterparteien betroffen.

Tabelle: Als „jüdisch" klassifizierte Unternehmen in Deutschland (1932)

Einzelhandel	55.000
Großhandel und Exporteure	8.000
Handwerk	9.000
Industrie	6.000
Freiberufler	12.000
andere	10.000

Aus: Avraham Barkai, Vom Boykott zur „Entjudung". Der wirtschaftliche Existenzkampf der Juden im Dritten Reich 1933–1943, Frankfurt am Main 1988, S. 80.

Der nationalsozialistische Zugriff auf die unternehmerischen Eigentumsrechte war brutal, beschränkte sich aber auf die entrechteten gesellschaftlichen Gruppen. Wenn man die Verfolgungspolitik außer Betracht lässt, tastete das Regime die privatrechtliche Eigentumsordnung nicht an. Außerdem führten selbst die Arisierungen nicht zwangsläufig zu Verstaatlichungen, denn das konfiszierte Sachkapital wurde zu günstigen Konditionen wieder in private Hände übertragen. Zu keinem Zeitpunkt der nationalsozialistischen Herrschaft waren die unternehmerischen Eigentumsrechte prinzipiell bedroht. Von dieser Regel wichen nur einige spektakuläre Fälle ab, vor allem die Enteignung der Junkerswerke 1933/34, die Gründung der Braunkohle-Benzin AG 1934 oder die Konfiskation der Erzgruben der deutschen Stahlindustrie 1937. Die nationalsozialistischen Machthaber vertraten grundsätzlich die Auffassung, dass freiwillig kooperierende Privatunternehmen effizienter wirtschafteten als reine Befehlsempfänger oder gar Staatsbetriebe. Sie suchten zu verhindern, dass die Unternehmer eine ablehnende oder auch nur passive Haltung gegenüber den Zielen des Regimes einnehmen.

Gleichwohl nahm der Staat Eingriffe in die innerbetriebliche Verfasstheit vor. Durch das Gewerkschaftsverbot wurden die organisierten Interessenvertretungen der Arbeitnehmerschaft beseitigt. An die Stelle der Betriebsräte traten „Treuhänder der Arbeit“, d.h. staatliche Vertreter, die für die betriebliche Regelung der Arbeitsbeziehungen zuständig waren. Die Deutsche Arbeitsfront (DAF) vereinigte die Arbeitervertretungen mit den Unternehmensleitungen. Ihre betrieblichen Aufgaben beschränkten sich auf die soziale Betreuung und die politische Agitation. Leitbild der nationalsozialistischen Gesellschaftsvorstellung war die Herstellung einer Betriebsgemeinschaft, in der der Betriebsführer seine Gefolgschaft anleitete. Die skizzierten Maßnahmen waren ein Versuch, die betriebliche Mitbestimmungspolitik wie andere Bereiche des gesellschaftlichen Lebens einer Gleichschaltung zu unterwerfen.

Das am 27. Februar 1934 erlassene Gesetz zur Vorbereitung des organischen Aufbaus der deutschen Wirtschaft entsprang einer korporativ-rassistischen Denkweise. Um die Unternehmen an den Staat zu binden, machte es die Wirtschaftsverbände zu alleinigen Repräsentanten ihrer Wirtschaftszweige. Den vorläufigen Abschluss des Ausbaus der „ständischen Ordnung“ in der Wirtschaft brachte das Organisationsgesetz vom 7. Juli 1936. Es beendete die Selbstständigkeit der Wirtschaftsverbände durch ihre Einbindung in die neu errichtete Reichswirtschaftskammer und durch die staatliche Auswahl der Verbandsführer. Die oktroyierte Gliederung der Wirtschaft in Verbände, die dann als Reichs- oder Wirtschaftsgruppen bezeichnet wurden, brachte eine gewisse Bevormundung, z.B. bei Antragsverfahren, jedoch selten einen staatlichen Eingriff in die Unternehmensführung. Deshalb lässt sich der bürokratische Umbau kaum als Mittel zur Durchsetzung des staatlichen Willens in den Unternehmen mittels des Führerprinzips deuten. Für die Aufrüstungsphase stellt sich somit die Frage, ob überhaupt ein autoritärer staatlicher Zugriff auf die Unternehmen stattfand, sie einer Planung unterworfen wurden oder gewisse Handlungsspielräume behaupten konnten.

3. Staatliche Intervention im Vierjahresplan

Die erste interventionistische Maßnahme zur Wirtschaftslenkung war der Neue Plan, den Reichsbankpräsident und Reichswirtschaftsminister Schacht im September 1934 vorlegte. Er reagierte auf die angespannte finanzielle Situation der Reichsbank und die negative Außenhandelsbilanz des Reiches. Aufgrund des Erlasses protektionistischer Zölle, auf die andere Länder mit Gegenzöllen reagierten, waren die Devisenreserven der Reichsbank zurückgegangen. Die seit 1931 verschärfte Devisenzwangswirtschaft wurde weiter ausgebaut. Dadurch verschlechterte sich die deutsche Handelsbilanz kontinuierlich: 1932 konnte das Deutsche Reich noch einen Außenhandelsüberschuss von einer Milliarde Reichsmark erzielen, der sich bereits 1934 in ein Defizit wandelte. Während sich die Konjunktur allgemein erholte und das Volumen des internationalen Handels wieder stieg, partizipierte Deutschland nicht mehr daran, sondern verlor Anteile am Welthandel.

Der Neue Plan suchte die Importe durch eine Überwachungsstelle zu lenken. Im Kern bedeutete das die Errichtung eines staatlichen Außenhandelsmonopols. Zur Neugestaltung des Einfuhrverfahrens gehörte die Festlegung von Kontingenten für die Importwaren. Der Plan setzte die seit 1932 betriebene Strategie der Bilateralisierung des Außenhandels fort. Das deutsche Ziel war, mit jedem seiner Handelspartner ein separates Verrechnungsabkommen auf Reichsmarkbasis zu schließen. Der gegenseitige Handel konnte dann über ein Verrechnungs- bzw. Clearingkonto abgewickelt werden, ohne dass eine Aufbringung von Devisen erforderlich war. Deutschland bemühte sich, Außenhandelspartner zu finden, die sich auf diese Art des Zahlungsverkehrs einließen und nicht auf eine Bezahlung in US-Dollar oder britischem Pfund pochten. Dies führte zu einer Zunahme der Anteile der südosteuropäischen und lateinamerikanischen Länder am deutschen Außenhandel, während die Anteile der traditionell wichtigsten Partner in Westeuropa und den USA schrumpften. Gleichzeitig nutzte die deutsche Regierung die Bilateralisierung für sich aus, indem sie die Reichsmark hoch bewertete und dadurch Handelsvorteile erzielte. Somit war der Neue Plan der erste Schritt zur Errichtung eines **autarken** Wirtschaftssystems.

Stichwort

Autarkie

Die nationalsozialistische Autarkiepolitik fußte in den Erfahrungen der Blockade von 1917 und des Niedergangs des Welthandels infolge der Weltwirtschaftskrise. Die Methoden der Autarkiepolitik bezogen sich auf außenwirtschaftliche Maßnahmen wie die Abschirmung durch Zölle, die Einfuhr- und Ausfuhrbeschränkung und die Devisenbewirtschaftung. Gleichzeitig hatte sie eine binnenwirtschaftliche Komponente, die z.B. Subventionen, Steuervergünstigungen oder staatliche Abnahmegarantien für die Produzenten umfasste. Das allgemeine Ziel war, die Abhängigkeit der deutschen Wirtschaft vom Ausland zu reduzieren, was in engem Zusammenhang mit der Kriegsvorbereitung stand.

Vor allem strebte das Deutsche Reich eine eigenständige Versorgung mit Rohstoffen und Nahrungsmitteln an. Darin lag eine expansive Komponente: Da die Nationalsozialisten überzeugt waren, dass Deutschland seine Bevölkerung nicht aus eigener Kraft ernähren könne, galt es, das Problem der „Raumnot" durch „Lebensraumgewinnung" im Osten Europas zu beseitigen. Die Realisierung der so verstandenen Autarkiepolitik schien nur in einem großgermanischen Reich realisierbar.

Prinzipiell lässt sich keine Trennung zwischen der 1933 zielstrebig begonnenen Autarkiepolitik und der ab 1936 betriebenen Aufrüstungspolitik im Zuge des Vierjahresplanes feststellen. Die politischen Ziele blieben die gleichen und das Konzept der Autarkie wurde mit noch größerer Vehemenz verfolgt. Die Einsatzfähigkeit der deutschen Volkswirtschaft für einen großen Krieg rückte stärker in den Mittelpunkt.

Stichwort

Hitlers Denkschrift zum Vierjahresplan 1936

So wie die politische Bewegung in unserem Volk nur ein Ziel kennt, die Lebensbehauptung unseres Volkes und Reiches zu ermöglichen, d.h. alle geistigen und sonstigen Voraussetzungen für die Selbstbehauptung unseres Volkes sicherzustellen, so hat auch die Wirtschaft nur diesen einen Zweck. Das Volk lebt nicht für die Wirtschaft oder für die Wirtschaftsführer, Wirtschafts- oder Finanztheorien, sondern die Finanz und die Wirtschaft, die Wirtschaftsführer und alle Theorien haben ausschließlich diesem Selbstbehauptungskampf unseres Volkes zu dienen.
Die wirtschaftliche Lage Deutschlands ist aber, in kürzesten Umrissen gekennzeichnet, folgende:
1. Wir sind überbevölkert und können uns auf der eigenen Grundlage nicht ernähren. […]
5. Es ist aber gänzlich belanglos, diese Tatsache immer wieder festzustellen, d.h. festzustellen, dass uns Lebensmittel oder Rohstoffe fehlen, sondern es ist entscheidend, jene Maßnahmen zu treffen, die für die Zukunft eine endgültige Lösung, für den Übergang eine vorübergehende Entlastung bringen können.
6. Die endgültige Lösung liegt in einer Erweiterung des Lebensraumes bzw. der Rohstoff- und Ernährungsbasis unseres Volkes. Es ist die Aufgabe der politischen Führung, diese Frage dereinst zu lösen. […]
Der Krieg ermöglicht die Mobilisierung auch der letzten Metallvorräte. Denn: Dies ist dann kein Wirtschaftsproblem, sondern ausschließlich eine Willensfrage. Und die nationalsozialistische Staatsführung würde den Willen und auch die Entschlusskraft und Härte besitzen, um diese Probleme im Kriegsfalle zu lösen. Viel wichtiger aber ist es, den Krieg im Frieden vorzubereiten!

An den Neuen Plan anknüpfend, zielte der Vierjahresplan von August 1936 auf die Kriegsfähigmachung der deutschen Wirtschaft. Hitler gab in seiner geheimen Denkschrift eine Periode von vier Jahren vor, um den erforderlichen Stand der Rüstung und die Einsatzfähigkeit des Heeres zu erreichen. Im Oktober 1936 ernannte er Reichsluftfahrtminister Hermann Göring (1893–1946) zum „Beauftragten für den Vierjahresplan“. Zur Durchführung des Vierjahresplanes entstand eine eigene Behörde, die sich stark ausdehnte und die zahlreiche Kompetenzen anderer Ressorts, vor allem des Wirtschaftsministeriums, an sich riss. Vom materiellen Gehalt her handelte es sich bei dem Plan um ein gewaltiges Investitionsprogramm zum Ausbau der kriegswichtigen Roh- und Grundstoffindustrie. Die staatlichen Investitionsmittel flossen zu 43 Prozent in die Chemieindustrie, zu 30 Prozent in den Ausbau der Erzeugung synthetischen Treibstoffs und zu sieben Prozent in die Buna-Produktion, d.h. die Herstellung synthetischen Kautschuks. Das Hauptziel des

Programms war die Befähigung der deutschen Wirtschaft zur Selbstversorgung und die Schaffung einer autarken Rohstoffbasis. Kernelemente des Programms waren daher die Ersatzstoffproduktion, das Recycling sowie die Förderung der heimischen Rohstoffförderung. Sektoral bezog sich der Vierjahresplan vor allem auf vier Autarkiebereiche: die Treibstofferzeugung, die Herstellung von Synthesekautschuk und Kunstfasern, die Nutzung der heimischen Erzvorkommen sowie die Produktion industrieller Fette.

Treibstofferzeugung

In der Denkschrift zum Vierjahresplan gab Hitler die konkrete Vorgabe, den Aufbau einer eigenen Treibstoffindustrie binnen 18 Monaten abzuschließen. Die Grundlage war ein technisches Verfahren, das auf der Hydrierung von Treibstoff aus Braunkohle sowie anderen heimischen Rohstoffen basierte. Das Programm war von der Vorstellung geleitet, mit Investitionen im Umfang von zwei Milliarden Reichsmark eine vollständige Treibstoffautarkie zu erreichen. Zwischen 1936 und 1939 erbaute man in Deutschland elf Hydrierwerke, meist in der Nähe der Braunkohlereviere des Westens (Wesseling, Gelsenkirchen) und der Mitte Deutschlands (Leuna, Böhlen, Magdeburg, Zeitz). Die größte nach dem Fischer-Tropsch-Verfahren arbeitende Anlage unterhielt die Braunkohle-Benzin AG (BRABAG) im brandenburgischen Schwarzheide. Trotz hoher Investitionen, die mehr als ein Drittel des Volumens des Vierjahresplans ausmachten, ließen sich die Vorstellungen aufgrund verschiedener Schwierigkeiten nicht realisieren. Die Treibstofferzeugung erwies sich mit einer Planerfüllung von nur 45 Prozent als größter Fehlschlag des Vierjahresplans.

Synthesekautschuk

Die Substitution des aus Übersee importierten Kautschuks begann aufgrund der Devisenkrise bereits 1934 auf Grundlage des Mitte der zwanziger Jahre bei der IG Farben entwickelten Buna-Verfahrens. Die Kosten zur Herstellung von Buna lagen erheblich über dem Weltmarktpreis von Naturkautschuk. Mit dem Vierjahresplan sollte es trotz seiner Kostspieligkeit in eine Massenproduktion übergehen. Zudem erschien die Produktion von Buna für die Chemieindustrie inakzeptabel, weil sich die Mitte der 1930er Jahre realisierbare Qualität nicht für die Herstellung von Fahrzeugreifen eignete. Gleichwohl gab der Vierjahresplan bis Ende 1939 den Aufbau von vier Buna-Werken mit einer Gesamtkapazität von 96.000 Jahrestonnen vor. Die Durchführung des Programms lag überwiegend bei der IG Farben, die sich zu den staatlichen Vorgaben zunächst abwartend verhielt. Der Ausbau erfolgte schrittweise an den etablierten Chemiestandorten sowie ab 1940 in der Nähe des Konzentrationslagers Auschwitz. Die Produktion stieg bis 1938 lediglich auf 5.000 Tonnen, bis 1939 auf 22.000 Tonnen und 1940 auf 39.000 Tonnen. Der eigentliche Durchbruch der Produktion erfolgte erst im Krieg 1941/42.

Kunstfasern

Obwohl die Textilindustrie wegen ihrer primären Ausrichtung auf den privaten Konsum im NS-Rüstungsprogramm eine untergeordnete Rolle einnahm, wurde die Autarkie dieses Sektors ab 1934 durch Einsatz der chemisch gewonnenen Zellwolle gefördert. Die Produktion synthetischer Fasern war als

Ersatz für die stark zurückgegangenen Baumwollimporte gedacht. Der Staat unterwarf die Privatindustrie zahlreichen Regulierungen (Beimischungszwang, Marktzutrittsverbote, Importbeschränkungen), setzte aber auch Anreize (Steuerfreiheit, Abschreibungen), um die Umstellung der Produktion zu erreichen. Im Zuge des Vierjahresplans ergriff er die Initiative zur Gründung regionaler Zellwollwerke, z.B. in Sachsen und Thüringen, die aber mit privatem Kapital finanziert wurden. Von den vor 1933 entwickelten synthetischen Fasern wurde allein die Zellwolle gefördert, weil die Erzeugung von Kunstseide zu diesem Zeitpunkt bereits konkurrenzfähig war. Obgleich die Zwangseinführung der Zellwolle eine Qualitätsverschlechterung bedeutete, zeichnete sich bereits die gewinnbringende Verarbeitung der Kunstfasern ab, die sich nach dem Krieg durchsetzte.

Nutzung der heimischen Erzvorkommen

Auch die staatliche Unterstützung des Erzbergbaus und der Metallhütten knüpfte an die Subventionspolitik während der Weltwirtschaftskrise an. Da die deutschen Erze relativ eisenarm waren, herrschte auch hier von unternehmerischer Seite eine abwartende Haltung vor. Da sich die Anreizpolitik als nicht erfolgreich erwies, begann im Juli 1937 der Aufbau der Reichswerke Hermann Göring für Erzbau und Eisenhütten. Das Salzgitterrevier bildete den Schwerpunkt der direkten staatlichen Industriefinanzierung. In bescheidenerem Rahmen wurde die Erzförderung auch in Baden und der Oberpfalz, teils durch Wiederinbetriebnahme von Gruben, aktiviert. Insgesamt waren die Vorhaben nur mäßig erfolgreich, zum Beispiel stammten 1940 nur zwei Prozent des inländischen Verbrauchs aus der Förderung in Salzgitter.

Produktion industrieller Fette

Hinsichtlich der Produktion industrieller Fette ergab sich ein Zielkonflikt: Wollte man größere Mengen Fett für Rüstungszwecke produzieren, traten Mängel der Versorgung im zivilen Bereich bei der Speisefettherstellung auf. Davon zeugte die bereits 1934 auftretende „Fettlücke", die die Verbraucher vor Versorgungsschwierigkeiten stellte. Allerdings ließen sich bei dem Programm zur Herstellung industrieller Fette, die vom Volumen her deutlich kleiner als die übrigen war, sogar Synergieeffekte erzielen. Die Firma Henkel entwickelte die Herstellung von künstlichen Fetten aus Nebenprodukten der Kohlehydrierung und gründete hierfür 1936 die Deutsche Fettsäure-Werke GmbH in Witten. Wie in den anderen Substitutionsprogrammen musste auch dieses Produktionsverfahren durch staatliche Preis- und Abnahmegarantien gestützt werden.

Mäßige Erfolge der Autarkiestrategie

Der große Einsatz öffentlicher Mittel zum Aufbau von Rüstungskapazitäten darf nicht darüber hinwegtäuschen, dass es im Rahmen des Vierjahresplans kaum gelang, die beteiligten Unternehmen in nennenswertem Umfang zur Finanzierung der Projekte zu bewegen. Zwar vermochten die Unternehmen, die für die Anforderungen der NS-Rüstungspolitik produzierten, hohe Gewinne zu erzielen, doch hielten sie sich bei eigenen Investitionen zurück. Dies ist dadurch erklärbar, dass fast alle konzipierten Programme nur auf Basis des Primats der Autarkie wirtschaftlich nachvollziehbar waren. Die Steigerung der Produktion von deutschen Roh- und Ersatzstoffen reichte zur Kriegsvorbereitung nicht aus, sodass für die Kriegswirtschaft relevante Rohstoffe weiterhin importiert wurden und die Devisenbilanz belasteten. Das Scheitern der begrenzten Autarkiestrategie beschleunigte die internen Planungen für den Expansionskrieg.

Plan oder Markt?

Die beschriebenen staatlichen Lenkungen im Bereich der Autarkieprojekte werfen die Frage nach der Koordination der Gesamtwirtschaft auf. Handelte es sich tatsächlich um eine Befehls- und Kommandowirtschaft mittels Bürokratisierung der Markttransaktionen? Oder gab es sogar, wie amerikanische Wirtschaftshistoriker vermuteten, eine vollständige Unterordnung der deutschen Unternehmen unter die staatliche Planungspolitik? Auf den ersten Blick könnte es angesichts des Ausbaus des Behördenapparats so erscheinen, zumal auch andere Ministerien, z. B. das Agrarressort, eine erhebliche Ausweitung ihrer Aufgaben erfuhren.

Eine genauere Betrachtung der Teilpläne der Vierjahresplanung revidiert eine solche Interpretation. Trotz der Ausweitung der Investitionsprogramme ab 1938 betrafen sie nur einen Teil der Rüstungsanstrengungen und keinesfalls die Gesamtwirtschaft. Die Teilpläne enthielten für die kriegswichtigen Sektoren die zu erreichende Produktionsmenge, die jährlichen Investitionssummen, die veranschlagte Bauzeit von Projekten, ihre Standorte, das zuständige Trägerunternehmen sowie die dadurch zu erreichende Devisenersparnis. Eine weitergehende bürokratische Anleitung zur Durchführung der jeweiligen Vorhaben fehlte, z. B. im Hinblick auf die Stellung der Arbeitskräfte oder des Materialbedarfs.

Lenkung durch Verträge

Das Instrumentarium, um den Aufbau zusätzlicher Kapazitäten durchzusetzen, beruhte auf verschiedenen Typen von Investitionsverträgen, die der Staat mit den kriegswichtigen Unternehmen abschloss. Nach Branchen differierend, waren es im Wesentlichen drei verschiedene Vertragstypen, die als Wirtschaftlichkeitsgarantievertrag, Risikoteilungsvertrag und Pachtvertrag bezeichnet wurden. Beim ersten Typ finanzierte der private Unternehmer die zusätzlichen Produktionskapazitäten selbst und erhielt dafür staatlicherseits die Garantie für einen gesicherten Preis oder für den Absatz bestimmter Mengen der zu erzeugenden Güter. Beim zweiten Typ übernahm der Staat einen Teil des Investitionsrisikos, beispielsweise bei der Errichtung regionaler Zellwollwerke, und sicherte sich seine Mitsprache durch personelle Beteiligung im Vorstand oder Aufsichtsrat. Der dritte Typ bezog sich auf Investitionsprojekte, deren Bau der Staat selbst finanzierte, der damit auch zum Eigentümer wurde. Das Unternehmen führte als Pächter für den Betriebsteil mehr als die Hälfte seines Gewinns ab, konnte aber den Rest als Entschädigung für die Bereitstellung von Know-how und Infrastruktur behalten. Die differenzierten vertraglichen Regelungen lassen eine Flexibilität bei der Ausgestaltung der Lenkung erkennen. Sie bedienten sich marktwirtschaftlich kompatibler Methoden, die weitgehende Eingriffe in die unternehmerischen Eigentumsrechte und die Governance vermieden. Es lassen sich auch Fälle nachweisen, in denen bestimmte Unternehmer den Vertragsabschluss ablehnten oder erhebliche Nachbesserungen des staatlichen Angebots erreichten.

Leitlinien der Wirtschaftspolitik

Gegen die Vorstellung einer stringenten staatlichen Planwirtschaft sprachen schließlich auch Verlautbarungen führender Wirtschaftsakteure zu den Leitlinien der Wirtschaftspolitik. Bei einer Besprechung im Amt für deutsche Roh- und Werkstoffe wurde beispielsweise betont, dass das Deutsches Reich nicht selbst als Unternehmen auftreten solle und dass der Bau weiterer Reichswerke „grundsätzlich unerwünscht" sei. Prinzipiell hätten Investitionsvorhaben auf privatwirtschaftlicher Grundlage zu erfolgen. Der NS-Staat hielt sich bei eigener unternehmerischer Tätigkeit auch zurück, weil er auf die unternehmerische Kreativität, natürlich nur bei „arischen" Unternehmen, und auf die Stimulierung des Eigeninteresses hoffte. Noch 1942 deklamierte Hermann Göring, der zu diesem Zeitpunkt auch Reichsminister der Luftfahrt war, dass die Luftfahrtindustrie möglichst privatwirtschaftlich zu finanzieren sei, um die eigene Initiative zu stärken. Das stärkste Argument für die Unternehmen waren die hohen Gewinne, die sie erzielten, wenn sie für die Anforderungen der NS-Rüstungs- und Industriepolitik produzierten.

Stichwort

Polykratiethese

Die Polykratiethese geht von der Beobachtung aus, dass im nationalsozialistischen Staat immer wieder neue Organisationen und Bevollmächtigte zur Lösung bestimmter Sonderaufgaben eingesetzt wurden. Daraus sei ein System miteinander konkurrierender Partikulargewalten entstanden, zwischen denen Rivalität herrschte. Dieses Modell wurde gegen die Vorstellung einer monolithischen Führerdiktatur (Hitlerismus, Totalitarismus) entwickelt.

Seitdem einige Forscher das Polykratieparadigma auf die Wirtschaftsgeschichte übertrugen, zogen sie die Schlussfolgerung eines daraus resultierenden „Chaos". Angeblich habe der Wirtschaft, insbesondere im Krieg, ein entscheidender Lenker gefehlt. Die Vertreter der Polykratiethese wurden nicht müde, auf die Vielzahl der involvierten Akteure und Akteursgruppen hinzuweisen. Dabei verlor die Darstellung der Wirtschaftsablaufpolitik an Konturen, denn das Gewicht lag allein auf der Erklärung von Ineffizienzen, die aus dem Kompetenzgerangel entstanden seien. Die darauf basierende Interpretation führte zu einer starken Unterschätzung der Wirkungen institutioneller Lenkungsmechanismen im NS-Wirtschaftssystem, die aber für die ökonomische Analyse grundlegend sind.

Mythos Wirtschaftsführer

Ob man den Nationalsozialismus als streng hierarchischen oder als **polykratischen** Führerstaat begreift, stets spielt die Vorstellung von starken Männern, die die Wirtschaft lenkten oder mittels Befehlen gestalteten, eine zentrale Rolle. So wird Hermann Göring nach seiner Ernennung zum „Generalbevollmächtigten für die Kriegswirtschaft“ im November 1936 als Diktator auf wirtschaftlichem Gebiet bezeichnet. Da die Chemieindustrie und insbesondere die IG Farben einen hohen Stellenwert im Vierjahresplan hatten, stieg ihr Direktor Carl Krauch (1887-1968) zu einem der wichtigsten „Industrieführer“ auf. Im August 1938 ernannte ihn Göring zum Bevollmächtigten für den kriegswichtigen Chemiesektor. Auf dieser Position sorgte Krauch bis zum Kriegsbeginn für die enge Verflechtung des Chemiegiganten mit der Vierjahresplanbehörde. Mit dieser bürokratischen Verlagerung ging eine Zurückdrängung der Kompetenzen anderer Ministerien einher, vor allem des Wirtschaftsministeriums. Schließlich leistete das NS-Regime dem Führerkult selbst Vorschub, indem es leitende Industrielle, ab 1938 mitunter gegen deren expliziten Willen, zum „Wehrwirtschaftsführer“ ernannte. Jedoch zeigt die obige Beschreibung der Lenkungsinstrumente, dass die individuelle wirtschaftliche Führung sekundär und Mechanismen wie die Preisregulierung zur Beeinflussung des Unternehmerverhaltens wesentlich bedeutender waren. Die Unternehmen folgten den Anreizsetzungen durchaus willig, nur manchmal sperrten sie sich in Vorausschau auf die Normalisierung der wirtschaftlichen Verhältnisse gegen kriegsnotwendige Investitionen.

Verwendung des Sozialprodukts

Quantitativ betrachtet stellte sich der NS-Rüstungsboom als Aufschwungphase dar, was die Frage aufwirft, wie sich die Verwendung des Sozialprodukts bezüglich der Investitionen, des privaten und staatlichen Verbrauchs sowie des Außenbeitrags veränderte. Trotz der Vorgabe der Sparsamkeit und des Preisstopps stieg der Anteil öffentlicher Ausgaben am Sozialprodukt von 1933 (16 Prozent) bis 1938 (30 Prozent) fast auf das Doppelte. Dies spiegelte die staatliche Finanzierung der Rüstungsanstrengungen wider. Größtenteils beruhte die Anteilsverschiebung auf der massiven Zurückdrängung der privaten Nachfrage. Die Wirkung der staatlichen Anreizsetzungen zeigte sich aber auch deutlich im Bereich der gleichfalls leicht steigenden Investitionen. In den Investitionsgüterindustrien nahmen sie allerdings wesentlich stärker als in den Konsumgüterindustrien zu (vgl. die folgende Tabelle). Darin kommt erneut der prioritäre Ausbau der Rüstungsproduktion zum Ausdruck bei gleichzeitiger Vernachlässigung des Wiederaufbaus und Ausbaus der Konsumgüterproduktion. Die hier geschilderten Verschiebungen sind für Phasen wirtschaftlichen Aufschwungs untypisch und erklären sich demnach aus den Eigenarten des Rüstungsbooms.

Tabelle: Industrieinvestitionen (1928 = 100)

Einzelhandel	1928	1934	1935	1936	1937	1938	1939
Produktionsgüterindustrien	100	49	86	116	156	209	256
Konsumgüterindustrien	100	59	65	80	92	106	119

Aus: Dietmar Petzina, Vierjahresplan und Rüstungspolitik, in: ders. (Hg.), Die Verantwortung des Staates für die Wirtschaft. Ausgewählte Aufsätze, Essen 2000, S. 137.

Die Investitionen in den verbrauchernahen Industriesektoren erreichten den Stand von 1928 erst wieder 1938. Dieses Bild ergab sich, obwohl die Nachfrage nach Konsumgütern nach der NS-Machtübernahme bald stieg. Der Abbau der Arbeitslosigkeit ließ die Einkommen steigen und die Bevölkerung hoffte nach Überwindung der Wirtschaftskrise auf eine Erfüllung ihrer Konsumwünsche. Die staatliche Politik versuchte zwar, das Konsumniveau auf einem für die Bevölkerung annehmbaren Stand zu halten, ohne die Rüstungsanstrengungen zu gefährden. Doch traten die ersten Versorgungsengpässe schon 1934 mit der „Fettlücke" zutage. Nach dem „Fettplan" war die teurere inländische Butter der aus importierten Sonnenblumenkernen hergestellten Margarine beizumischen. Dies erhöhte den Margarinepreis so stark, dass sie für die ärmeren Bevölkerungsschichten unerschwinglich wurde. Weitere frühzeitig rationierte Lebensmittel waren Südfrüchte oder Kaffee. Grundsätzlich war das Ziel der staatlichen Konsumpolitik, Importe durch inländische Produktion zu ersetzen. Zu diesem Zweck wurde das Einfuhrverfahren durch die Einrichtung einer Überwachungsstelle für Importe neu gestaltet. Sie wirkte lenkend, indem sie Einfuhrkontingente festlegte. Nur rüstungsrelevante Importe waren von der Restriktion ausgenommen; sie erhielten sogar Priorität. Die Folge war ein Ausbau der Autarkie bei einem Rückgang der Konsumgüterimporte, von dem auch die Lebensmittelversorgung betroffen war.

Rüstung auf Kosten des Konsums

Die Stoßrichtung der Regierungspolitik war eindeutig: Die Aufrüstung genoss stets Priorität gegenüber der konjunkturellen Wiederbelebung, was grundsätzlich auf Kosten der Konsumenten ging. Durch die Kürzung von Rohstoffzuteilungen traten Qualitätsmängel auf, z.B. in der Textilindustrie, die als einer der ersten Sektoren Ersatzstoffe einsetzte. Die Knappheit führte trotz des verfügten Preisstopps zu einer schrittweise erfolgenden Hochsetzung der Verbraucherpreise. Die Verteuerung der Güter des alltäglichen Bedarfs beschränkte die Möglichkeiten zu ihrem Verbrauch. Jedoch standen den Preissteigerungen keine entsprechenden Lohnerhöhungen gegenüber. Dies war ein Effekt der Ausschaltung der Gewerkschaften, denn die Treuhänder der Arbeit akzeptierten trotz des industriellen Aufschwungs und der guten Gewinnlage der Unternehmen eine Einfrierung der Tariflöhne. Auch lebte bei vielen Arbeitern die negative Erfahrung der Massenarbeitslosigkeit noch fort: Selbst wenn die Löhne nach 1933 kaum stiegen, hatte die Krisenunterstützung zuletzt nur noch ein Drittel des vorherigen Verdienstes betragen. Wiedereingestellte ehemalige Arbeitslose waren daher aus Angst, ihren Arbeitsplatz zu verlieren, bei ihren Forderungen zurückhaltend und empfanden die 1935 erreichte Vollbeschäftigung als eine markante Verbesserung der allgemeinen Wirtschaftslage.

Zufriedenheit trotz Konsumeinbußen

Auf die naheliegende Frage, warum die Vorkriegszeit trotz der Konsumeinbußen häufig als eine Zeit der Wohlstandsverbesserung empfunden wurde, können nur spekulative Antworten gegeben werden. Teils ist die positive Rückschau vieler Zeitgenossen als ein Erfolg der NS-Propaganda anzusehen: Es gelang der politischen Führung, die fehlenden Konsummöglichkeiten durch die Hoffnung auf einen künftigen Konsum zu kompensieren, z.B. träumten viele Durchschnittsbürger davon, einen eigenen Volkswagen zu besitzen. Teils vermittelten die NS-Freizeitorganisationen wie „Kraft durch Freude" mit ihrem Kultur- und Sportangebot sowie der Veranstaltung von Urlaubsreisen das Gefühl, eine Ausweitung der persönlichen Konsummöglichkeiten zu erleben. Die Bevölkerung durchlebte die NS-Zeit außerdem vor dem Hintergrund der vorangegangenen Krisenperiode, der das Regime nun die Vorstellung von Sicherheit und Stabilität entgegensetzte. Generell lässt sich das nationalsozialistische Wirtschaftssystem wegen der vielen scharfen Eingriffe bereits in der Friedenszeit als vorgezogene Kriegswirtschaft bezeichnen.

4. Kriegswirtschaft

Lange Zeit diskutierte die historische Forschung die erste Phase des Zweiten Weltkrieges unter dem Paradigma des Blitzkriegs. Allerdings ist die These, dass das Deutsche Reich nur unzureichend auf den Krieg vorbereitet war, nicht haltbar. Die Charakterisierung als Blitzkriegsperiode kann nicht nur in strategisch-militärischer Hinsicht, sondern auch im Hinblick auf die daraus abgeleitete These der **Blitzkriegswirtschaft** als widerlegt gelten. Die militärischen Anfangserfolge traten nicht trotz eines unzureichenden Ausbaus des wirtschaftlichen Potenzials ein, sondern weil die deutsche Volkswirtschaft bereits frühzeitig auf den Kriegsfall vorbereitet war.

Stichwort

Blitzkriegswirtschaft

Nach der Blitzkriegshypothese, die erstmals im amerikanischen Untersuchungsbericht *United States Strategic Bombing Survey* 1945 formuliert wurde, stellte das Deutsche Reich seine Wirtschaft erst nach der Niederlage vor Moskau und dem Kriegseintritt der USA konsequent auf einen lang andauernden Krieg um. Vorher seien der Konsum gefördert und Ressourcen nur in begrenztem Rahmen für Rüstungszwecke eingesetzt worden. Demgegenüber konnte gezeigt werden, dass das Konsumniveau im Deutschen Reich bereits in der Vorkriegszeit zugunsten der Aufrüstung sank. Seit Kriegsbeginn – und nicht erst ab 1942 – forderte Hitler vehement die volle Mobilmachung der Wirtschaft. Darüber hinaus setzte der Ausbau einer industriellen Basis für einen materialintensiven Krieg bereits erheblich früher ein, als die ältere Forschung annahm. Schon 1936 wurde die Wirtschaft planmäßig auf den Krieg orientiert, und über die Hälfte der industriellen Investitionen floss in den Rüstungs- und Autarkiesektor. Dieser Prozentsatz kletterte direkt nach Kriegsbeginn über die 70-Prozent-Marke. Auf diesem Niveau verharrten die Investitionen, und eine weitere Steigerung in den Jahren 1942 und 1943 war nicht erkennbar. Somit kann die Blitzkriegsthese als Legende zurückgewiesen werden, denn die Kriegsplanungen begannen nicht nur im militärisch-strategischen, sondern auch im wirtschaftlichen Bereich frühzeitig.

Im Gegensatz zum Ersten Weltkrieg, als die Produktion nach dem Kriegsbeginn zurückging, konnte die Rüstungsproduktion im Verlauf des Zweiten Weltkriegs beträchtlich gesteigert werden. Jedoch gab es weder eine Flaute zu Kriegsbeginn noch ein **Rüstungswunder** mit der Übernahme des Rüstungsministeriums durch den Architekten Albert Speer (1905–1981).

Stichwort

Rüstungswunder

Die offizielle zeitgenössische Statistik der Rüstungsproduktion wies einen Bruch aus, der eine Phase verhaltener Rüstungsproduktion bis Ende 1941 von einer darauf folgenden beschleunigten Ausweitung, dem sogenannten Rüstungswunder, absetzte. Diese Beobachtung deckt sich mit der Propaganda von Albert Speer, der zum selben Zeitpunkt die Leitung des Rüstungsministeriums übernahm. Die statistische Präsentation wies jedoch drei entscheidende Mängel auf: Erstens setzte der Rüstungsindex bei den niedrigen Monatswerten von Januar/Februar 1942 an, sodass die nachfolgende Entwicklung überhöht ausgewiesen wurde. Zweitens lenkte die Darstellung vom erheblichen Rüstungsausbau zwischen 1938 und 1940 ab. Drittens umfasste die Inlandsstatistik auch Lieferungen aus den besetzten Gebieten, z.B. dem Sudetenland oder Frankreich.

Abb. 3 Adolf Hitler und Albert Speer über Plänen im Berghof 1938.

Neuere detaillierte Forschungen gehen daher stärker von einer Kontinuität in Bezug auf Investitionen, Produktions- und Produktivitätsentwicklung aus. Entgegen der Darstellung von Speer waren viele Rationalisierungsmaßnahmen bereits vor seinem Amtsantritt eingeführt worden, sodass sich die Produktivitätssteigerung auch durch Lerneffekte erklären lässt. Eine Verbesserung der Anreize für die Unternehmen ergab sich ferner aus dem Übergang von Selbstkosten- zu Festpreisverträgen.

Die Wende zum „totalen Krieg“ war weniger markant als bisher angenommen, sodass Speer wohl kein „Wirtschaftsgenie“ war, wofür ihn die militärhistorische Forschung bisweilen hielt. Der Rüstungsboom hing wohl auch weniger mit dem Ausbau der zentralen Planung zusammen. Im Gegenteil wurde die Zentralität mit der Selbstorganisation der Rüstungswirtschaft in dem unter Speer eingeführten System der Ausschüsse und Ringe sogar geschwächt. Die Produktion wurde auf die Unternehmen, jeweils getrennt nach einzelnen Rüstungsgeräten bzw. Halbfabrikaten, aufgeteilt. Diese Betrachtungen unterstreichen die bereits oben getroffene Feststellung, dass „Wirtschaftsführer“ nicht in dem Maße in die Wirtschaftsentwicklung eingriffen, wie die NS-Propaganda glauben machen wollte.

Unterschiede zum Ersten Weltkrieg

Es sind einige markante Unterschiede zum Ersten Weltkrieg festzuhalten. Im Vergleich mit 1914, als Deutschland in jeder Hinsicht unvorbereitet war, hatte das NS-Regime die Wirtschaft bereits in der Friedenszeit auf den Krieg umgestellt. Der private Konsum wurde frühzeitig zurückgedrängt und die kriegswichtigen Industrien durch Investitionen erweitert, insbesondere die kriegsnotwendigen Autarkiebereiche. Durch Konzentration des Ressourceneinsatzes schnitten die kriegswichtigen Bereiche sehr viel besser ab als die Zivilproduktion. Stark negativ betroffen war die Konsumgüterindustrie, zumal aus der verbleibenden Produktion vorzugsweise das Militär versorgt wurde, sodass für den privaten Verbraucher kaum etwas übrig blieb. Mit der Errichtung der Vierjahresplanbehörde war ein Apparat zur Lenkung der Ressourcen vorhanden.

Wirtschaftliche Inkorporation der besetzten Gebiete

Neben diesen Veränderungen in der Binnenwirtschaft war die Kriegswirtschaftspolitik von einer aggressiven Außenstrategie begleitet. Das Deutsche Reich eignete sich im Zweiten Weltkrieg erhebliche fremde Ressourcen durch die bis 1942/43 andauernde territoriale Expansion an. Nach den diplomatischen Erfolgen der Angliederung Österreichs und des sogenannten Sudetenlandes folgten mit Kriegsbeginn rasche Eroberungen im Osten, Norden und Westen Europas. In den besetzten Ländern nahmen sich die Wirtschaftsabteilungen der Besatzungsverwaltung der Erschließung des Wirtschaftspotenzials an. Delegierte Fachleute aus den Berliner Ministerien sichteten Ansprechpartner in den heimischen Verwaltungen und gestalteten zusammen mit diesen Kollaborateuren die Wirtschaftsverwaltung des besetzten Gebiets. Damit griff die deutsche Wirtschaftspolitik über die Grenzen des Reiches hinaus und bezog die okkupierten Territorien in die Kriegswirtschaft ein.

Rohstoffaneignung der Roges

Beim Einmarsch der Wehrmacht in die westeuropäischen Länder bemächtigten sich Spezialtrupps der „Spar- und Mangelgüter", derer sie habhaft werden konnten. Diesen Beuteaktionen lagen Anordnungen der Vierjahresplanbehörde, des Reichswirtschaftsministeriums und des Oberkommandos der Wehrmacht (OKW) zugrunde. Gemäß Görings Forderung einer „planvollen Ausnutzung" der besetzten Westgebiete wurde im Dezember 1940 in Berlin die Rohstoffgesellschaft AG (Roges) gegründet, die die Erschließung der in den besetzten Westgebieten lagernden Rohstoffe für die deutsche Kriegswirtschaft vorantreiben sollte. Da sie unter Aufsicht der Berliner Ministerien und des OKW stand, verfolgte sie andere Intentionen als die in den besetzten Gebieten installierten Wirtschaftsverwaltungen. Die „Einkäufe" der Roges wurden teils über Besatzungskosten finanziert und teils über bilaterale Clearingkonten verrechnet. Darüber hinaus tätigte die Gesellschaft umfangreiche Schwarzmarktkäufe, die das wirtschaftliche Gleichgewicht in den besetzten Gebieten empfindlich störten.

Abb. 4 Angehörige einer Artillerieeinheit während eines kurzen Halts beim Marsch durch die französische Hauptstadt, Ende Juni 1940.

Aufträgsverlagerungen

Durch die Abtransporte der Rohstoffe entstand ein Zielkonflikt, denn die auftretenden Engpässe hinderten die ortsansässige Industrie an der Produktion. Die Wirtschaftsverwaltungen in den besetzten Gebieten setzten sich dafür ein, dass ein wesentlicher Teil der Güter im Land verbleiben sollte, um zumindest die Grundstoffindustrien wieder in Gang zu bringen. Der Erlass vom 26. August 1940 zur „planvollen Ausnutzung" sah gleichfalls die Errichtung von Zentralauftragsstellen vor, die in Paris, Brüssel, Den Haag, Oslo und Belgrad entstanden. Mithilfe des Instruments der Auftragsverlagerung leiteten sie die Rüstungsaufträge an geeignete Produzenten vor Ort weiter. Manche Gebiete hatten einen besonderen Stellenwert für die Kriegswirtschaft, z. B. machte die Munitionsfertigung im Generalgouvernement durchweg ein knappes Drittel der Verlagerungsproduktion aus, in den Niederlanden dominierte der Schiffbau, in Frankreich die Kraftfahrzeug- und die Flugzeugproduktion. Meistens wurde beim Kriegsgerät die Teile-, nicht aber die Endfertigung verlagert. Diese Entscheidung folgte Sicherheitserwägungen, hatte aber auch Effizienzgründe, denn häufige Typenwechsel in der Endproduktion erforderten den Einsatz neuer Maschinen, die nur im Deutschen Reich zur Verfügung standen. Außerdem glaubten die Besatzungsverwaltungen, dass die Unternehmen wenig motiviert seien, für die deutsche Kriegsführung in der Endfertigung zu arbeiten. Im Oktober 1940 arbeiteten bereits 2.707 Betriebe für die deutsche Kriegswirtschaft. Binnen eines Jahres stieg diese Anzahl auf 6.889, während danach kaum mehr Produktionsstätten hinzukamen. Im März 1944 produzierten europaweit 7.637 Unternehmen für die deutsche Kriegswirtschaft. Auch diese Betrachtung belegt, dass die Inanspruchnahme der besetzten Gebiete für die Rüstungswirtschaft schon vor dem Amtsantritt Speers einsetzte.

Unterwerfung im Osten

Die beschriebene Organisation der Kriegswirtschaft beschränkte sich im Wesentlichen auf die besetzten Gebiete im Westen und Norden Europas, das Reichsprotektorat Böhmen und Mähren und nur partiell auf die Industrie des polnischen Generalgouvernements. Grundsätzlich erlaubte die nationalsozialistische Rassenideologie nicht, dass im Osten Europas, d. h. in den annektierten Teilen Polens, dem Generalgouvernement und den Reichskommissariaten Ostland und Ukraine, eigenständige Verwaltungsformen erhalten blieben. Der Umgestaltungswille bezog sich auf das Gesellschaftssystem als Ganzes mit dem Ziel der Versklavung der okkupierten Gebiete. Deutlich belegte das die Ausarbeitung des Generalplans Ost, der die menschenverachtenden Vertreibungs- und Vernichtungsmaßnahmen vorbereitete. Das Ziel der Versklavung der besetzten Gebiete schloss die Beteiligung der einheimischen Führungskräfte an der Verwaltung aus. Nach dem Einmarsch in Polen verhaftete oder erschoss die deutsche Sicherheitspolizei viele Repräsentanten der wirtschaftlichen Führungsschichten nach vorbereiteten Listen.

Haupttreuhandstelle Ost

Zur Umgestaltung der Eigentumsordnung in den ost- und ostmitteleuropäischen Ländern errichtete die nationalsozialistische Regierung unmittelbar nach Kriegsbeginn die Haupttreuhandstelle Ost in Berlin. Sie war für die Verwaltung und Verwertung beschlagnahmter Betriebe verantwortlich und unterhielt Zweigstellen in Danzig (Gdansk), Posen (Poznan), Kattowitz (Katowice), Zichenau (Ciechanów), Litzmannstadt (Łódź) sowie nach dem Überfall auf die Sowjetunion in Białystok. Sie dienten der Erfassung, Verwaltung und Beschlagnahme allen staatlichen und privaten Eigentums aus dem Besitz von Polen und Juden. Die enteigneten Betriebe sollten den angesiedelten Reichs- und Volksdeutschen übertragen werden. Die Kattowitzer Treuhandstelle verzeichnete beispielsweise im Oktober 1941 über 40.000 Industrie-, Handels- und Handwerksbetriebe, die sich unter treuhänderischer Verwaltung befanden. Das Modell der Treuhandverwaltung wurde auch in west- und nordeuropäischen Gebieten angewandt. Allerdings beschränkten sich die Konfiskationen dort auf einzelne Branchen wie die lothringische Eisen- und Stahlindustrie, die norwegische Aluminium- und Stromwirtschaft sowie einige Unternehmen des niederländischen Maschinenbau- und Chemiesektors.

Arbeitskräftemangel

Mit dem Erreichen der Vollbeschäftigung herrschte in der deutschen Wirtschaft ab 1936 ein Mangel an Arbeitskräften, sodass vermehrt weibliche Arbeitskräfte angestellt wurden. Dieser Zustand verstärkte sich durch die Mobilmachung für den Krieg, als viele dienstfähige Männer ihrer Einberufung in die Wehrmacht folgten. Mit den starken Rekrutierungen ab 1939 verstärkte sich der Mangel und setzte sich in der Kriegszeit fort. Wie im Ersten Weltkrieg drohte der Faktor Arbeitskraft zum entscheidenden Engpass zu werden. Dass diese Befürchtung nicht unbegründet war, zeigte die Entwicklung der deutschen Arbeitskräfte über den Krieg hinweg. Kurz vor Kriegsausbruch (Mai 1939) betrug ihre Gesamtzahl 24,5 Millionen. Diese Zahl sank binnen eines Jahres auf 19,7 Millionen (Mai 1940) und bis Kriegsende auf 13,5 Millionen (Mai 1944). Der Gesamtstand der Arbeitskräfte in der deutschen Volkswirtschaft konnte bis 1944 nur durch den sukzessive erfolgenden Einsatz ausländischer ziviler Arbeitskräfte, Kriegsgefangener und Lagerinsassen auf dem Ausgangsniveau gehalten werden.

Zwangsarbeitspolitik

Im NS-Jargon kreiste die Debatte um den „Ausländereinsatz", der Produktionsfaktor Arbeit wurde zur Beute. Bei der europaweiten Rekrutierung von Arbeitskräften für die deutsche Wirtschaft muss ebenfalls eine östliche Aushebungspraxis von dem Vorgehen in Westeuropa unterschieden werden. Die ersten Betroffenen waren polnische Staatsangehörige. Die Tradition der Saisonarbeit existierte schon vor dem Krieg, wenn zur Erntezeit Arbeiter nach Westen wanderten, um Hilfstätigkeiten im landwirtschaftlichen Sektor auszuüben. Die ersten deutschen Anwerbungen auf polnischem Territorium knüpften an diese saisonale Migration an, doch schon bald gingen die deutschen Besatzer zur Ausübung von Gewalt über. Die sogenannten Polenerlasse im März 1940 begründeten den ausgeübten Zwang rassistisch: Die slawische Bevölkerung sei zum Dienst verpflichtet. Im besetzten Polen wurden ganze Dörfer ausgehoben und die Bevölkerung nach Kriterien der Arbeitsfähigkeit selektiert. Im ersten Halbjahr 1940 wurden aus dem polnischen Generalgouvernement 272.000 Arbeitskräfte nach Deutschland verbracht. Zur Aufnahme der zivilen Zwangsarbeiter entstand in Deutschland ein Lagersystem, darunter Arbeitslager, die an größere Industriebetriebe angeschlossen waren. Allerdings wurde die Mehrzahl der bis Mai 1940 rekrutierten 853.000 Arbeitskräfte in der Landwirtschaft eingesetzt und nur knapp 30 Prozent in der Industrie.

Nach einem kurzen Abflauen folgte dem Frankreichfeldzug ein erneuter Rekrutierungsschub. Die Festsetzung von mehr als einer Million Kriegsgefangener hob die NS-Zwangsarbeitspolitik auf eine neue Stufe: Die Verantwortlichen sahen vor, die ins Reich verbrachten Kriegsgefangenen ebenfalls zwangsweise zu beschäftigen. Bis Ende 1940 wurden 1,2 Millionen französische und britische Kriegsgefangene eingesetzt, wobei die Landwirtschaft noch immer mehr als die Hälfte der Zwangsverpflichteten aufnahm. Rund zwei Millionen Zwangsarbeiter waren Ende 1940 in Deutschland beschäftigt. Zeitweilig glaubten die Behörden, dass damit die größten Lücken auf dem Arbeitsmarkt geschlossen seien, deshalb wollten sie die Ausweitung auf westliche Zivilarbeiter zunächst mit wenig Nachdruck betreiben. Im Zuge des sogenannten Reichseinsatzes gelangten bis September 1941 allerdings nur 48.500 französische Arbeitskräfte „freiwillig“ ins Deutsche Reich. Das Kriterium der Freiwilligkeit sollte dabei mit Vorsicht verwandt werden, denn meist erfolgte die Migrationsentscheidung in Fällen sozialer Not oder auf der Basis von Arbeitskontrakten, die unter Druck unterzeichnet wurden. Ob jemand freiwillig oder gezwungenermaßen nach Deutschland ging, hatte außerdem keinen Einfluss auf die Verhältnisse, die er dort vorfand, ob er also unter annehmbaren oder katastrophalen Konditionen leben und arbeiten musste. Daher kann man kaum von Freiwilligkeit sprechen oder dieses Kriterium gewissen Phasen der Anwerbung zuschreiben.

Sauckel-Aktionen

Der häufig angewandte polizeiliche Druck steigerte sich bis zum Terror der Zwangsumsiedlungen, die weitgehend in den Händen der SS (Schutzstaffel) lagen. Die Verschärfung der Repression und die Erweiterung der Aushebungen auf alle besetzten Gebiete war mit dem Namen des thüringischen Gauleiters Fritz Sauckel (1894–1946) verbunden, der im März 1942 zum „Generalbevollmächtigten für den Arbeitseinsatz“ ernannt wurde. Sein Hauptaugenmerk richtete sich auf die sogenannten Ostarbeiter, vor allem in der im Juli 1941 überfallenen Sowjetunion. Die Abtransporte konzentrierten sich auf die Reichskommissariate Ostland und Ukraine. Auch die Wehrmacht beteiligte sich an den Vertreibungsverbrechen. Da in den Reichskommissariaten kaum eine industrielle Infrastruktur existierte, agierte die deutsche Besatzungsverwaltung fast ausschließlich als Arbeitseinsatzbehörde. Sauckel befand bei einem Besuch in der Ukraine im Mai 1942, dass „genügend Menschen vorhanden“ seien, um das „zahlenmäßig notwendige Kontingent für Deutschland sicherzustellen“.

Neu an Sauckels Methoden der Zwangsrekrutierung war, dass er die verschiedenen beteiligten deutschen Stellen koordinierte und den kollaborierenden Verwaltungen vor Ort hohe Kontingente vorgab, die diese zu erfüllen hatten. In Frankreich fanden zum Beispiel zwischen Juni 1942 und Dezember 1943 vier sogenannte Saucken-Aktionen statt. Mithilfe des Vichy-Regimes gingen die Besatzungsbehörden zur offenen Dienstverpflichtung über. Ein französisches Gesetz vom 4. September 1942 bestimmte, dass die Arbeitskraft in den Dienst der Nation zu stellen sei, und richtete den *Service du Travail Obligatoire (STO)* ein. Nach dieser Vorgabe wurden ganze Geburtsjahrgänge zur Zwangsverschickung vorgesehen, bei der Einführung des STO im Februar 1943 waren dies die zwischen 1920 und 1922 geborenen jungen Erwachsenen. Entsprechende Systeme der Zwangsrekrutierung wurden auch im Osten Europas, etwa in der Ukraine, angewandt

Quelle

Zweisprachiger Aushang des deutschen Stadtkommissars in Kiew, 31. Mai 1943

Aus: Bundesarchiv, Bild 183-J10854 / CC-BY-SA 3.0

Amtliche Bekanntmachung!
ACHTUNG. Jugendliche der Jahrgänge 1922–25.
An dem ersten Transport der Arbeitsdienstpflichtigen in das deutsche Reich sollen auch die männlichen Jugendlichen beteiligt werden. Es richten sich daher sämtliche männlichen und weiblichen Jugendlichen der obigen Jahrgänge, die nicht im Besitz eines vom Arbeitsamt ausgestellten Freistellungsausweises sind, ohne Rücksicht auf die z. Zt. noch von ihnen ausgeübte Tätigkeit auf den nachstehenden Abreisetag ein.
ABREISETAG: Donnerstag, der 3. Juni 1943, 7.00 morgens.
SAMMELPUNKT: Vorplatz des Hauptbahnhofs Kiew.
Für die Jugendlichen aus Darniza und Umgebung fährt um 6.30 Uhr ein Zubringerzug zum Hauptbahnhof Kiew. Ich erwarte, dass alle in Betracht kommenden Jugendlichen ausnahmslos und pünktlich zur Abreise erscheinen.

Eine Bilanz der Zwangsarbeit zeigt, dass 7,6 Millionen ausländische Arbeitskräfte von den deutschen Behörden bis August 1944 registriert wurden. Sie waren zu drei Vierteln Zivilarbeiter, nur ein Viertel wurden als Kriegsgefangene rekrutiert. Als Herkunftsland stach die Sowjetunion hervor: Rund 2,7 Millionen Zwangsverschleppte stammten aus dem Land, das in der Rassenideologie der Nationalsozialisten am abschätzigsten beurteilt wurde.

Hitlers Scheitern

Es war Hitlers Ziel, das Deutsche Reich zu einer wirtschaftlichen Supermacht zu machen. Dieses Projekt setzte er brutal durch und scheiterte damit gewaltig. Unter der nationalsozialistischen Regierung stiegen die Staatsausgaben, denn das Regime verschuldete sich zur Rüstungsfinanzierung bei seiner eigenen Bevölkerung. Dies war der Hauptgrund für die zurückgestaute Inflation nach dem Krieg, die 1948 eine Währungsreform notwendig machte. Zu diesem Zeitpunkt bezahlte der deutsche Steuerzahler die Zeche für den von den Nationalsozialisten entfesselten Krieg.

Bevölkerung in Not

Wie beschrieben, beruhte die Kriegswirtschaft in hohem Maße auf der Ausbeutung der besetzten Gebiete. Die Einschätzung, dass durch diese finanziellen Transfers der Löwenanteil der Kriegskosten bezahlt wurde, ist allerdings nicht zutreffend, weil die deutsche Bevölkerung über die Verschuldung des Reichs im Inneren noch stärker an der Kriegsfinanzierung beteiligt wurde. Darüber hinaus ist nicht zutreffend, dass die deutsche Bevölkerung während des Nationalsozialismus durchweg gut versorgt war, denn die reale Kaufkraft ging bereits zu Friedenszeiten drastisch zurück. Das Regime eignete sich Güter und Leistungen aus der deutschen Volkswirtschaft an. Deshalb blieb kein ausreichendes Angebot für den privaten Konsum übrig, sodass zum Instrument der Rationierung gegriffen wurde, um das Vorhandene in immer kleiner werdenden Zuteilungen zu verteilen. Die These einer Gefälligkeitsdiktatur, prominent von Götz Aly vorgebracht, entbehrt damit einer Grundlage. Weder entfaltete die nationalsozialistische Wirtschaftspolitik eine besondere Umverteilungswirkung, noch förderte sie einen sozialpolitischen Ausbau.

Vielmehr führte die Staatsnachfrage nach Rüstungsgütern zu Strukturverzerrungen und einer Deformation der Wirtschaftsstruktur. Die Investitionen flossen langsam und in die falschen Branchen, sodass ein Innovationsdefizit zu verzeichnen war. Das rüstungsbedingte Wachstum führte keinesfalls zu einer Lebensstandardsteigerung, sondern zu Entbehrungen der Bevölkerung, ganz zu schweigen vom millionenfachen Tod durch den verbrecherischen Krieg sowie den Opfern der Verfolgungs- und Vernichtungspolitik. ■

Auf einen Blick

Nach seinem Regierungsantritt stellte Hitler die Weichen für einen korporativen Umbau der Gesellschaft. Wie wirkte sich die NS-Machtübernahme auf die Unternehmen und die Arbeitnehmer aus?

Die Konjunkturbelebung im ersten Halbjahr 1933 war kein unmittelbares Resultat der nationalsozialistischen Wirtschaftspolitik. Welchen Stellenwert hatte das danach einsetzende Programm des Finanzstaatssekretärs Reinhardt in dieser Beziehung?

Inwiefern waren Autarkie und Substitutionswirtschaft eine notwendige Voraussetzung für den Krieg? Auf welche Weise wirkten sich Rückschläge auf diesem Terrain aus?

Warum sind die Thesen der Blitzkriegswirtschaft und des Rüstungswunders unter Speer nicht länger haltbar?

Durch den Krieg standen zahlreiche europäische Volkswirtschaften unter deutscher Kontrolle. Mit welchen Instrumenten dehnte das NS-Regime seine Wirtschaftspolitik über die Grenzen des Reichs aus?

Zwangsarbeit war die nationalsozialistische Antwort auf den Hauptengpass des Krieges. In welchen Etappen wurde das Konzept der Totalmobilisierung auf ganz Europa übertragen?

Literaturhinweise

Avraham Barkai, Das Wirtschaftssystem des Nationalsozialismus. Ideologie, Theorie, Politik. 1933–1945, Frankfurt am Main 1988. Standardwerk zur Analyse des NS-Wirtschaftssystems.

Marcel Boldorf, Christoph Buchheim (Hgg.), Europäische Volkswirtschaften unter deutscher Hegemonie 1938–1945, München 2012. Zur Dimension der europaweit ausgedehnten Wirtschaftspolitik.

Christoph Buchheim, Das NS-Regime und die Überwindung der Weltwirtschaftskrise in Deutschland, in: Vierteljahrshefte für Zeitgeschichte 56, 2008, S. 381–414. Widerlegung der Legende einer aktivierenden Konjunkturpolitik nach der Machtübernahme.

Richard J. Overy, War and Economy in the Third Reich, Oxford 1994. Kompendium der wichtigsten Forschungen des britischen Wirtschaftshistorikers.

Jonas Scherner, Jochen Streb, Das Ende eines Mythos? Albert Speer und das so genannte Rüstungswunder. In: Vierteljahrschrift für Sozial- und Wirtschaftsgeschichte 93, 2006, S. 172–196. Widerlegung des Mythos Rüstungswunder.

Adam J. Tooze, Ökonomie der Zerstörung. Die Geschichte der Wirtschaft im Nationalsozialismus, München 2007. Verschränkung der Politik-, Militär- und Wirtschaftsgeschichte.

IV. Das geteilte Deutschland im wirtschaftlichen Wettbewerb

Überblick

Mit der Errichtung der Zonengrenzen und der Teilung des Reparationsgebietes nahm die wirtschaftliche Spaltung Deutschlands ihren Anfang. Über vier Jahrzehnte befanden sich die beiden deutschen Staaten in einem Wettbewerb um die jeweils besseren wirtschaftlichen Resultate. Waren die Ausgangsbedingungen noch relativ ähnlich, änderte sich dies mit der Errichtung von Wirtschaftsordnungen, die sich hinsichtlich der Eigentumsverhältnisse und der regulierenden Eingriffe des Staates fundamental unterschieden. Trotzdem sahen sich beide Staaten denselben internationalen Herausforderungen gegenübergestellt: der Erhöhung der technischen Standards, dem Rationalisierungsdruck, der internationalen Preisentwicklung für Rohstoffe und der Tendenz zu Zollunionen mit wirtschaftlicher Integration. An der Meisterung dieser Herausforderungen mussten sich sowohl die westliche soziale Marktwirtschaft als auch die östliche zentrale Planwirtschaft messen lassen.

Zeittafel

Juli 1944	Bretton-Woods-Abkommen
April 1945	Amerikanische Direktive JCS 1067
30. Oktober 1947	Abschluss des General Agreement on Tariffs and Trade (GATT)
April/Mai 1948	Abschluss der Verstaatlichung der SBZ-Industrie, Verabschiedung des Zweijahrplans
20. Juni 1948	Wirtschafts- und Währungsreform in den Westzonen
November 1950	Errichtung der Staatlichen Plankommission in der DDR
18. April 1951	Europäische Gemeinschaft für Kohle und Stahl (Montanunion)
27. Februar 1953	Londoner Schuldenabkommen
Dezember 1955	Abkommen zur Anwerbung von Arbeitskräften BRD–Italien
21. Januar 1957	Verabschiedung des Rentenreformgesetzes (BRD)
25. März 1957	Römische Verträge zur Bildung der Europäischen Wirtschaftsgemeinschaft
27. Juli 1957	Gesetz gegen Wettbewerbsbeschränkung (BRD)
Januar 1963	Neues Ökonomisches System der Planung und Leitung (DDR)
29. Juli 1963	Rationalisierungsgesetz für den Steinkohlenbergbau (BRD)

8. Juni 1967	Stabilitäts- und Wachstumsgesetz (BRD)
Oktober 1973	Erste Ölpreiskrise
1. Juli 1983	Westdeutscher Milliardenkredit an die DDR auf Vermittlung von Strauß
17./28. Februar 1986	Einheitliche Europäische Akte zur Einführung eines freien Personen-, Güter-, Dienstleistungs- und Kapitalverkehrs

1. Weichenstellungen der Besatzungszeit

Als die Wehrmacht der bedingungslosen Kapitulation zustimmte, verengten sich die wirtschaftspolitischen Handlungsspielräume für die deutsche Politik. Die Alliierten übernahmen die oberste Regierungsgewalt und setzten einen Kontrollrat mit Sitz in Berlin ein. Dieses Organ erließ bis 1948 eine Vielzahl von Proklamationen, Befehlen, Gesetzen, Verordnungen und Direktiven, die in den besetzten Territorien Deutschlands allerdings nur eine begrenzte Wirkung entfalteten. In der Amerikanischen, Britischen, Französischen und Sowjetischen Besatzungszone setzten frühzeitig zonale Sonderentwicklungen ein. Die Disparität der wirtschaftlichen Entwicklung kann als das wesentliche Kennzeichen der ersten Nachkriegsjahre gelten. Die gesetzliche Lage war von einem Nebeneinander von tradiertem deutschen Recht und neu erlassenen alliierten Rechtsvorschriften bestimmt, über deren Durchführung die Länderregierungen wachten.

Kurzzeitige Basisbewegungen

In den Besatzungszonen fehlte es unmittelbar nach dem Waffenstillstand noch an zentralen Strukturen, sodass lokal verwurzelte soziale Bewegungen wirtschaftliche Aktivitäten entwickelten, die als Nothilfemaßnahmen gedacht waren. In vielen deutschen Städten entstanden Antifa-Ausschüsse, deren Wirken nur ein kurzes Intermezzo blieb, weil sie rasch in die neu konstituierten Gemeindeverwaltungen integriert wurden. Die personellen Übernahmen verhalfen den zuvor entrechteten Arbeitervertretern wieder zu einem festen Platz in der Bürokratie. Die Basisbewegungen neigten weder zur Besetzung größerer Betriebe noch zu Bestrebungen, die politische oder wirtschaftliche Verantwortung an sich zu ziehen. Die Aufsicht der Besatzungsmächte sorgte dafür, dass alle Versuche, soziale Umbrüche herbeizuführen, beiseitegedrängt wurden. Ein Nebeneffekt war die geringe Zirkulation in der deutschen Wirtschaftselite, sodass zumindest für die Westzonen eine unternehmerische Konstanz festzustellen ist.

Als sich die Besatzungsorgane in den Kommunen niederließen, ermangelte es der Wirtschaft noch einer überlokalen Koordination. Die Zerstückelung des Besatzungsgebietes in kleine Territorialeinheiten behinderte den wirtschaftlichen Austausch. Um eine Stadt oder innerhalb eines relativ eng umsteckten Gebietes bildeten sich kleinräumige Wirtschaftskreisläufe heraus. Die örtlichen Militärkommandos konnten durch Ad-hoc-Befehle in die Wirtschaftsorganisation eingreifen. Eine koordinierende Rolle hatten die weiterhin existierenden Wirtschaftskammern, die den Besatzungsverwaltungen in Wirtschaftsfragen als Ansprechpartner dienten. In Absprache mit den alliierten Kommandanturen fällten sie konkrete Zuteilungsentscheidungen, beschränkten sich dabei aber auf das von ihnen überschaubare wirtschaftliche Umfeld. Manche Unternehmen strebten zwar nach Wiederherstellung überregionaler Handelsverbindungen, scheiterten aber meist an der Genehmigung solcher Geschäfte. Für die ersten Nachkriegsmonate blieb das Modell einer um wichtige Orte zentrierten Ökonomie prägend. Erst mit der Installierung von Landesregierungen konnte die Wirtschaft ihr Wirkungsfeld ausdehnen, wobei die bei der administrativen Neuordnung gezogenen Grenzen den Radius der Transaktionen umrissen.

In ordnungspolitischer Hinsicht favorisierten die Besatzungsmächte zunächst Konzepte, die den **alliierten Nachkriegsplanungen** entsprangen. Die frühen US-amerikanischen Vorstellungen orientierten sich am Plan des amerikanischen Finanzministers Henry Morgenthau (1891-1967), der eine harte Behandlung des besiegten Landes vorsah.

Stichwort

Alliierte Nachkriegsplanungen

Der Morgenthau-Plan, publiziert im August 1944 unter dem Titel „A program to prevent Germany from starting World War III", wandte sich gegen den Wiederaufbau von Schlüsselindustrien in einem in Einzelstaaten aufgeteilten Deutschland, dem die Grundlage zur Bildung eines Kriegspotenzials genommen werden sollte. Obgleich der Plan vom britischen Premier Winston Churchill (1874–1965) akzeptiert wurde, stieß er in den USA auf nachhaltigen Widerstand der Öffentlichkeit und der für die Deutschlandpolitik zuständigen Ministerien, sodass ihn der Präsident Franklin D. Roosevelt (1882–1945) wieder fallen ließ.

Auf der Konferenz von Jalta im Februar 1945 kamen die Alliierten überein, dass Deutschland den Ländern mit schweren Verlusten Entschädigungen zu leisten habe. Dies wurde im August 1945 als Reparationsregelung in das Potsdamer Abkommen aufgenommen, allerdings an die Wiederbelebung des deutschen Außenhandels geknüpft. Die Reparationszahlungen sollten Deutschland genügend Mittel lassen, um sich selbst versorgen zu können. Zugleich wurde der Wille bekundet, das besetzte Land als wirtschaftliche Einheit zu behandeln, doch waren die von den Alliierten verfolgten Ziele zu unterschiedlich. Die Teilung des Reparationsgebietes war eine Reaktion auf die westliche Befürchtung, dass die Sowjetunion Güter abtransportieren könnte, die durch amerikanische Hilfe geliefert oder finanziert worden waren. Diese Entscheidung setzte nicht nur der Wirtschaftseinheit ein Ende, sondern nahm die spätere deutsche Teilung bereits vorweg. Unterdessen legte sich das Potsdamer Abkommen nicht auf eine spezifische Wirtschaftsordnung fest.

Im Geist des Morgenthau-Plans erließ der Vereinigte Stabschef (*Joint Commander Staff*), d.h. das amerikanische Hauptquartier, im April 1945 die grundlegende Direktive JCS 1067, die alle Maßnahmen untersagte, die die wirtschaftliche Wiederaufrichtung Deutschlands oder die Stärkung seiner Wirtschaft zum Ziel hatten. Die praktische Relevanz der Direktive blieb jedoch gering, denn bald rückte die Besatzungsmacht von dieser Variante eines Karthago-Friedens ab. In den USA setzte sich die Einsicht durch, dass das besetzte Deutschland nur aus eigener Kraft überleben könne, wenn es für den Export produzierte. Die offizielle Rücknahme der Direktive erfolgte allerdings erst im Juli 1947.

Fortführung der Kriegsregulierungen

In der Praxis verschrieb sich die amerikanische Strategie von Beginn an einer verhaltenen Förderung des Wiederaufbaus. Für den ordnungspolitischen Rahmen war kennzeichnend, dass die wichtigsten regulierenden Elemente des Lenkungs- und Planungssystems der Kriegszeit fortgeführt wurden. Die Preiskontrolle wirkte sich lähmend auf die Wirtschaft aus, denn dem durch den Krieg entstandenen Geldüberhang stand der aufrechterhaltene Preisstopp gegenüber. Der verringerte Wert des Geldes sowie die fehlende Möglichkeit zur Erzielung marktgerechter Preise führten in den Unternehmen zur Neigung, Rohstoffe und Halbfertigwaren zu horten sowie Arbeitskräfte in ausreichendem Maße zu beschäftigen. Generell fanden die verfügbaren Arbeitskräfte relativ leicht eine Stelle, weil die Lohnkosten aufgrund des Wertverlusts der Reichsmark eine untergeordnete Rolle spielten. In weiten Teilen der Wirtschaft entwickelte sich ein Kompensationshandel, bei dem direkte Tauschgeschäfte zwischen den Betrieben üblich waren. Auch blühte der Schwarzmarkt mit seinem hohen Preisniveau.

Versorgungslage

Der Beitrag des Schwarzmarkts zur regelmäßigen Versorgung der Bevölkerung wurde nicht nur von den Zeitgenossen, sondern auch von manchen Forschern überschätzt. Die Preise des Schwarzmarktes waren so hoch, dass diese parallele Versorgungsmöglichkeit vor allem für die unteren Einkommensschichten auf Dauer ausfiel. Die Normalverbraucher blieben fast ausschließlich auf die zu relativ niedrigen Preisen erhältlichen rationierten Nahrungsmittel angewiesen, die ihnen das Rationierungssystem zuteilte. Der gegenüber den Kriegsjahren niedrigere Versorgungsstand in Deutschland kann auf keinen Fall als Versagen der alliierten Politik gedeutet werden. Die ungünstige Nachkriegssituation mit Tagesrationen, die teils unter 1.500 Kalorien lagen, spiegelt vielmehr das Ende der Ausbeutung der im Krieg besetzten Gebiete wider.

Aufnahme der Vertriebenen

Nach dem Krieg nahm Deutschland fast zehn Millionen Flüchtlinge und Vertriebene aus den abgetrennten Ostgebieten des Reichs auf, die auf die Besatzungszonen verteilt wurden. Aufgrund des Wohnraum- und Nahrungsmittelmangels lenkten die Behörden die Zuwanderer fast ausschließlich in landwirtschaftlich geprägte Gebiete, weil hier die Ernährung und die Unterbringung einigermaßen sichergestellt werden konnten. Sowohl in den östlichen Ländern wie Mecklenburg (SBZ) oder in den westlichen wie Schleswig-Holstein (BBZ) stieg die Bevölkerung mancher agrarisch geprägter Kreise durch den Zuzug auf das Doppelte. Aus Sicht der Arbeitsvermittlung stellte dieser Verteilungsmodus eine Fehlallokation dar, weil die Arbeitskräfte in den Städten benötigt wurden. Der dort herrschende Wohnraummangel war nicht allein eine Folge der Kriegszerstörungen, denn schon Anfang 1939 war der Fehlbestand an Wohnungen reichsweit auf 1,5 Millionen geschätzt worden. Da die zivile Bautätigkeit während des Krieges erlahmte, setzte sich dieser Mangel in verschärfter Form fort. Die überregionale Arbeitsvermittlung verzeichnete erst Erfolge, als Anfang der 1950er Jahre in den urbanen und industriellen Gebieten die infrastrukturellen Voraussetzungen für eine Aufnahme der Flüchtlingsbevölkerung hergestellt waren.

Amerikanische Hilfslieferungen

Nach dem harten Winter von 1946/47 befand sich Nachkriegsdeutschland am Rande einer Hungersnot. Diese reale Gefahr beschleunigte das Umdenken der amerikanischen Besatzungsmacht. Ihre Lieferungen von Nahrungsmitteln waren ursprünglich zur Versorgung der ehemaligen Zwangsarbeiter gedacht, die nach dem Krieg als *Displaced persons* (DPs) auf deutschem Territorium ausharrten. Wegen der raschen Zurückführung dieser Personengruppen kamen die Lieferungen hauptsächlich der deutschen Zivilbevölkerung zugute. Die Wechsellagen der Nahrungsmittelversorgung in den Westzonen ließen sich auf die Intensität der amerikanischen Hilfslieferungen zurückführen. Die Besatzungsmacht entschied sich, den Teufelskreis zwischen geringer Arbeitsproduktivität und Mangelernährung von der Ernährungsseite her zu durchbrechen. Dem amerikanischen Leitbild folgten die übrigen Besatzungszonen, namentlich die britische und die französische Zone, während die SBZ auf die Produktion des eigenen Territoriums angewiesen blieb. Allerdings ist zu bedenken, dass die durch den Krieg stark betroffene Sowjetunion kaum über die Möglichkeiten verfügte, eine vergleichbare Hilfe zu leisten.

Reparationen in der SBZ

Im Gegenteil wurde der sowjetischen Besatzungszone eine hohe Reparationsbelastung auferlegt. Dies entsprach der Festlegung in Potsdam, dass jede Besatzungsmacht ihre Ansprüche aus der eigenen Zone befriedigen sollte. Deshalb erlebte die östliche Zone Demontagen, die teilweise größere Schäden als die Kriegszerstörungen verursachten. Wirtschaftlich besonders abträglich waren der Abbau der Werke der Grundstoffindustrien sowie die Entnahme von Eisenbahnwaggons und Bahngleisen wegen der dadurch hervorgerufenen Störung der Transportinfrastruktur. Dagegen ist die wirtschaftliche Wirkung der Entnahmen aus der laufenden Produktion umstritten. Es ist darauf hingewiesen worden, dass die Nachfrage der Besatzungsmacht nach Reparationsleistungen Anreize für die Wiederingangsetzung der Produktion schuf. Außerdem geriet die Demontagepolitik mit der Ankurbelung der Produktion für Reparationszwecke in Konflikt, was 1946/47 für einen sichtbaren Rückgang der Demontagebefehle sorgte. Bemerkenswert war, dass sich die industrielle Erzeugung der SBZ rascher als die der britisch-amerikanischen Bizone erholte. Dies ist mit der größeren Konsistenz der Wirtschaftsordnung erklärt worden.

Sequestrierung

Das Potsdamer Abkommen enthielt auch Bestimmungen zur Entnazifizierung der deutschen Wirtschaft. In diesem Zusammenhang hatte die Debatte um die Eigentumsrechte der Unternehmer einen hohen Stellenwert. Die Groß- und Schwerindustrie wurde für die wirtschaftliche Wegbereitung des deutschen Angriffskriegs verantwortlich gemacht, sodass sich die Sozialisierungsabsichten im Besonderen auf diese Unternehmen richteten. Die Sequestrierung, d.h. der Entzug der Eigentumsrechte der Industriellen und die Unterstellung ihrer Unternehmen unter treuhänderische Verwaltung, entsprang den sicherheitspolitischen Vorstellungen der Alliierten. Bereits im September 1944 erließen die britische und die amerikanische Besatzungsmacht in ihren Einflussgebieten Gesetze zur Sperre und Beaufsichtigung von Vermögen. Prinzipiell galt für die SBZ die gleiche Vorgehensweise, doch wurden hier die wichtigen Großbetriebe der Stahl-, Elektro- und Chemiebranche ab Sommer 1945 sowjetischen Werkkommandanturen direkt unterstellt.

Im September 1945 schlug der KPD-Politiker Bruno Leuschner (1910–1965) politische Töne an. Mit Blick nach Westen verkündete er, dass industrielle Wirtschaftsgruppen der NS-Zeit intakt geblieben und bestrebt seien, die „wirtschaftliche Konzentration“ unter ihre Aufsicht zu bringen. Daher diene die Sequestrierung der Abwehr des Einflusses der Reichsvereinigung „Eisen und Stahl“ und „reaktionärer“ Unternehmerinteressen. Im Monat darauf erließ das Land Sachsen Konfiskationsgesetze für den Bergbau und die Stahlwerke des Industriellen Flick. Mit diesen Entscheidungen schlug die Sequestrierungspolitik in West und Ost unterschiedliche Wege ein. Während in den Westzonen die Treuhandschaft noch einige Zeit aufrechterhalten und schließlich rückgängig gemacht wurde, weitete die Sowjetische Militäradministration (SMAD) die Maßnahmen aus. Ihr Befehl vom 31. Oktober 1945 stellte alle kriegsrelevanten Industrien unter Sequester und ordnete an, das Vermögen des deutschen Staates, führender Mitglieder der NSDAP, speziell designierter Personen sowie „herrenlosen“ Besitz zu beschlagnahmen. Letzteres meinte vor allem die Aktiengesellschaften, sodass de facto alle größeren Industrieunternehmen betroffen waren. Die SMAD verfolgte damit keine Enteignungspolitik, vielmehr war ihr an der Eindämmung der Demontagen gelegen, die auf Anordnung von Moskauer Stellen erfolgten. Als Autorität vor Ort zielte ihre Wirtschaftspolitik primär auf die Sicherung der Reparationslieferungen. Um dieses Ziel zu erreichen, war eine rechtliche Beschränkung der unternehmerischen Verfügungsrechte zweckdienlich. Die Durchführung des Sequesterbefehls wurde indessen in deutsche Hände gelegt. Speziell eingerichtete Sequesterkommissionen entschieden für jeden Einzelfall, welches Unternehmen als von NS-Aktivisten oder Kriegsgewinnlern geführt einzustufen war.

Vorantreiben der Sozialisierung

Weitere Vorstöße hinsichtlich der Sozialisierung gingen von der KPD aus. Im Februar 1946 vermochte Walter Ulbricht (1893–1973) das sowjetische Staatsoberhaupt Josef Stalin (1878–1953) von seinem Vorschlag zu überzeugen, die Enteignung der beschlagnahmten Betriebe per Volksabstimmung zu legitimieren. Mit Sachsen wurde dafür das Land der SBZ ausgesucht, dessen Industrialisierungsgrad am weitesten fortgeschritten war. Beim Volksentscheid im Juni 1946 sprach sich eine Mehrheit von 77,6 Prozent der sächsischen Wahlberechtigten für die Enteignung der sequestrierten Betriebe aus. Deren Rechtsträgerschaft ging zunächst auf Länder und Kommunen, später auf die Republik und ihre zentralen Organisationen über. Die anderen Länderregierungen der SBZ verfuhren entsprechend, ohne jedoch eigene legitimierende Volksentscheide durchzuführen. Ostdeutsche Wirtschaftspolitiker interpretierten die Enteignung auch als ein probates Mittel, um die sowjetischen Demontagen zu stoppen. Tatsächlich bekräftigte der Volksentscheid den sowjetischen Entschluss, das wirtschaftliche Potenzial der SBZ vor Ort zu nutzen. Um sich den Zugriff auf die Industrie zu sichern, wandelte die SMAD bedeutende industrielle Schlüsselbetriebe in Sowjetische Aktiengesellschaften (SAG) um. Die Produktion des wirtschaftlichen Kernbereichs sollte vornehmlich Reparationszwecken dienen, d.h. auf den Export in die Sowjetunion ausgerichtet werden. Die SAG wurden der Aufsicht der deutschen Verwaltungen entzogen, obgleich aus öffentlichen Mitteln Subventionen für sie geleistet wurden.

Die westliche Debatte um die Eigentumsordnung fußte in den starken Sozialisierungsbestrebungen der Nachkriegszeit, die aus der Überzeugung erwuchsen, dass das kapitalistische System versagt habe und die Großindustrie einer Kontrolle zu unterstellen sei. Nicht nur die Kommunisten, sondern auch die SPD und Gewerkschaften waren in den westlichen Besatzungszonen pro Sozialisierung eingestellt. Sogar die neu gegründete CDU nahm in ihr Ahlener Programm 1947 zahlreiche Elemente eines christlichen Sozialismus auf, die unter anderem eine staatliche Wirtschaftsplanung sowie Verstaatlichungen in den Schlüsselbranchen vorsahen. Sowohl die britische als auch die französische Besatzungsmacht, in deren Ländern ja zeitgleich Sozialisierungen stattfanden, standen solchen Konzepten nicht prinzipiell ablehnend gegenüber. Allein das US-amerikanische Veto verhinderte überhastete Schritte in diese Richtung. In der westdeutschen Politik verschwand die Begeisterung für die Enteignungen mit dem Wachstumsimpuls, der maßgeblich mit der von Ludwig Erhard (1897–1977) konzipierten Wirtschafts- und Währungsreform zusammenhing. Zudem hatte die Beobachtung der Entwicklung in der SBZ zur Folge, dass die öffentliche Debatte im Westen von Sozialisierungskonzepten Abstand nahm.

Quelle

Rede Ludwig Erhards während der 14. Vollversammlung des Wirtschaftsrates des Vereinigten Wirtschaftsgebietes am 21.4.1948 in Frankfurt am Main

Aus: Christoph Weisz/Hans Woller (Bearb.): Wörtliche Berichte und Drucksachen des Wirtschaftsrates des Vereinigten Wirtschaftsgebietes 1947?1949, Bd. 2, München/Wien 1977, S. 441.

Es sind aber weder die Anarchie noch der Termitenstaat als menschliche Lebensformen geeignet. Nur wo Freiheit und Bindung zum verpflichtenden Gesetz werden, findet der Staat die sittliche Rechtfertigung, im Namen des Volkes zu sprechen und zu handeln.

Im Konkreten heißt das, dass wir nach einer Währungsreform dem menschlichen Willen und der menschlichen Betätigung sowohl nach der Produktions- als auch nach der Konsumseite hin wieder größeren Spielraum setzen und dann auch automatisch dem Leistungswettbewerb Möglichkeiten der Entfaltung eröffnen müssen. Wo immer die Gesellschaft bei solcher Entwicklung Fehlleitungen oder Gefahren befürchtet, da mag sie durch sozial-, wirtschafts- oder finanzpolitische Maßnahmen Grenzen ziehen oder Regeln setzen, – ja, sie wird das in Zeiten der Not sogar tun müssen, aber sie kann und darf ohne Schaden für die Gesamtheit nicht den ursprünglichsten Trieb der Menschen unterdrücken und ertöten wollen. Die herkömmlichen Vokabeln, wie freie Wirtschaft oder Planwirtschaft, sind in der Parteien Streit schon so stark abgenutzt und verwässert, dass sie für ernsthafte Darlegungen unbrauchbar geworden sind. Die Auffassung, dass die in sinnvoller Kombination und Ausrichtung angewandten Mittel der großen Staatspolitik in dem eben erwähnten Sinn einer planvollen Lenkung der Wirtschaft nicht gestatteten, sondern dass dazu viel weiterreichende, den Staatsbürger unmittelbar lenkende Eingriffe vonnöten wären, ist einer der weltgeschichtlich tragischen Irrtümer, denn es gibt historische Beispiele genug dafür, dass aus dieser Art von Lenken bald ein Gängeln, ein Befehlen und ein bedingungsloses Unterdrücken wird.

(Sehr wahr!)

Jedes System, das dem Individuum nicht in jedem Falle die freie Berufs- und Konsumwahl offen läßt, verstößt gegen die menschlichen Grundrechte und richtet sich, wie die Erfahrung lehrt, zuletzt gerade gegen diejenigen sozialen Schichten, zu deren Schutz die künstlichen Eingriffe gedacht waren.

(Sehr wahr! Rechts)

2. Soziale Marktwirtschaft der Bundesrepublik Deutschland

Die Initialfunktion der bizonalen **Wirtschafts- und Währungsreform** wird nur von wenigen Forschern infrage gestellt. Sie gilt als Auftakt für den bundesdeutschen Rekonstruktionsaufschwung, der in den frühen fünfziger Jahren einsetzte.

Stichwort

Wirtschafts- und Währungsreform in den Westzonen

Die Reform sorgte für einen währungspolitischen Neuanfang, denn sie stellte die Knappheit des Geldes wieder her. Ihr finanzieller Haupteffekt war der Abbau des Geldüberhangs, der bei den Unternehmen in Verbindung mit dem aufrechterhaltenen Preisstopp zu Hortungsneigung und Kompensationshandel geführt hatte. Bis zur Währungsreform blühte der Handel auf dem Schwarzmarkt. Am 20. Juni 1948 erhielt jeder Bürger 40 Deutsche Mark (DM), für die er im Umtausch 40 Reichsmark entrichten musste. Die Ausgabe weiterer 20 DM folgte in den nächsten Monaten. Für die sparende Bevölkerung bedeutete der Einschritt der Währungsreform eine leise Enteignung: Von einem im Juni 1948 theoretisch noch vorhandenen Sparguthaben einer fünfköpfigen Familie in Höhe von 10.000 RM wurden nur 438 DM ausbezahlt. Damit beglich die deutsche Bevölkerung einen großen Teil der Schulden, die das nationalsozialistische Regime mit seiner rücksichtslosen Ausgabenpolitik zur Kriegs- und Rüstungsfinanzierung hinterlassen hatte.

Effekte der Preisfreigabe

Die weitgehende Freigabe der Preise galt als Pioniertat Erhards, der davon überzeugt war, dass die Währungsreform nur gelingen könne, wenn parallel zu ihr freie Preise die wirtschaftliche Steuerung übernahmen. Viele, doch bei Weitem nicht alle Preise wurden kurz nach der Währungsreform freigegeben. Die schnelle Wiedereinführung preisgesteuerter Märkte in weiten Teilen der gewerblichen Wirtschaft beseitigte die nach dem Krieg herrschende Lähmung. Der Währungsschnitt stellte die Anreize für Produktion, Verkauf und Gewinnerzielung auf einen Schlag wieder her, denn das neue Geld war knapp und damit wertvoll. Als unmittelbare Folge der Währungsreform nahm die industrielle Erzeugung einen starken Aufschwung, allein zwischen Juni und August 1948 stieg sie nach der amtlichen Statistik um rund ein Viertel. Positive Effekte entfaltete die Reform auch im Ernährungssektor, weil die Enthortung der Lagerbestände durch eine besonders ertragreiche Ernte ergänzt wurde. Als allgemeine Wirkung trat der zeitgenössisch so genannte Schaufenstereffekt ein: Nach der Reform lagen die Waren, die vorher vermisst wurden, zu erschwinglichen Preisen wieder in den Regalen. Jedoch trat dadurch nicht unmittelbar ein Wohlfahrtsboom ein. Allerdings führte die Wirtschafts- und Währungsreform zu positiven Zukunftserwartungen. Die Arbeitsproduktivität erhöhte sich, weil das funktionstüchtige Geld wieder einen Anreiz für Arbeit bot. Die Investitionsneigung der Unternehmer stieg, denn solche Entscheidungen lohnten sich nun wieder, weil die erzielbaren Gewinne eine möglichst hohe Produktion für den Markt wieder lohnend machten.

Löhne

Während der Preisstopp mit der Währungsreform aufgehoben wurde, blieb der Lohnstopp noch bis November 1948 in Kraft. Jedoch konnte diese Maßnahme einen bedeutenden Anstieg der Arbeitslosigkeit nicht verhindern.

Abb. 5 Andrang vor der Wechselstube am Wittenbergplatz in Berlin 1948.

Nach der Rückkehr zur Geldwertstabilität wurden die Belegschaften für die Unternehmer zum Kostenfaktor, mit dem sie zu haushalten suchten, sodass sie viele Arbeitskräfte entließen. 1950 wies die amtliche Statistik der Bundesrepublik bis zu zwei Millionen Arbeitslose aus. Dass diese zu rund einem Drittel zu den Vertriebenen aus den östlichen Gebieten des ehemaligen Deutschen Reiches gehörten, stellte eine weitere Erklärung zum Anstieg der Arbeitslosigkeit dar.

Aufgrund dieser Nebeneffekte waren die deutschen Politiker froh, dass die Reformgesetzgebung von den Alliierten erlassen wurde und sie die Verantwortung auf diese abschieben konnten. Manche arbeitsrechtliche Regelungen traten erst zeitverzögert wieder in Kraft. Das Gesetz zur Aufhebung des Lohnstopps vom 3. November 1948 führte die Tariffreiheit wieder ein, bis im April 1949 ein neues Tarifvertragsgesetz erlassen wurde. In der Umbruchsituation blieben heftige Verteilungsdebatten aus und die Anzahl der Arbeitskämpfe blieb angesichts der Einsicht in die Notwendigkeiten des Wiederaufbaus gering. Auch entbrannte kein Streit um die Einlösung der durch den Währungsschnitt vernichteten Vermögen. Dies ist durch die überdurchschnittlich gute wirtschaftliche Entwicklung zu erklären, die den Glauben an eine bessere Zukunft aufrechterhielt. In der frühen Bundesrepublik fehlte es an gesellschaftlichen Konflikten, die in der Weimarer Zeit der politischen Atmosphäre so stark geschadet hatten.

Leitsätzegesetz

Die durch die Wirtschafts- und Währungsreform eingeleitete Verstetigung der Wachstumsentwicklung hing eng mit der Liberalisierung des institutionellen Rahmens zusammen. Als legislative Weichenstellung war das Leitsätzegesetz entscheidend, das den Weg für weitere Reformen ebnete. Es trug seinen Namen, weil es positive Normsetzungen formulierte wie z.B.: „Der Freisetzung der Preise ist der Vorzug gegenüber ihrer Kontrolle zu geben." Obwohl die Leitsätze lediglich Absichtserklärungen darstellten, entfaltete das Gesetz eine große Wirkung, weil die wirtschaftspolitisch Verantwortlichen, allen voran Bundeswirtschaftsminister Erhard, es mit der festen Absicht einer unbedingten Liberalisierung umsetzten. Als unmittelbaren Effekt leitete es eine Bewirtschaftungsreform ein, die die Kontingentierungen und Preisbindungen für viele Produkte aufhob. Dadurch verschwanden der Kompensationshandel und die meisten Engpässe, sodass weite Teile der gewerblichen Wirtschaft ihre angestammte Wirtschaftsweise wieder aufnehmen konnten. Nur in einigen Branchen blieben Preisbindungen bestehen; die Ausnahmen betrafen vor allem die Erzeugung von Dünger, Nahrungsmitteln, die Produktion der eisenschaffenden Industrie, Erdöl und Benzin sowie Mieten, Pachten und den Finanzsektor. In der Wohnungswirtschaft äußerte sich dies in einer Mietpreisbindung und einer Wohnraumbewirtschaftung, auf dem Kapitalmarkt herrschte eine Festschreibung der Zinsen, und in den Grundstoffindustrien wie Bergbau, Eisenindustrie und Elektrizität wurden die Preise auf niedrigem Niveau festgeschrieben. Die Wirtschaftspolitik verfolgte das Ziel, den aus der Währungsreform resultierenden Konsumeffekt über die freien Märkte aufzufangen. Gleichzeitig sollten die Preisüberwachung in den Grundstoffindustrien und die Mietpreisbindung für eine gesellschaftliche Stabilisierung sorgen. Mit dieser Rahmensetzung war die Wirtschaftskonzeption der **sozialen Marktwirtschaft** in der Praxis institutionalisiert.

Stichwort

Soziale Marktwirtschaft

Die ordoliberale Vorstellung der Marktwirtschaft unterschied sich von ihrem klassischen Vorbild, der Laisser-faire-Wirtschaft des 19. Jahrhunderts, durch das Eingreifen eines ordnenden Staates. Die Wirtschaft dürfe nicht sich selbst überlassen bleiben, sondern müsse auf einer Gesamtordnung basieren, die auf einem einheitlichen Prinzip gründet. „Sozial" bedeutet in diesem Sinne, dass der Staat sich als handelndes Subjekt in der Wirtschaft engagiert. Nach Walter Eucken (1891–1950) mache ein funktionsfähiger Preismechanismus den Wettbewerb erst möglich. Voraussetzung dafür sei Geldwertstabilität. Das Privateigentum, auch an Produktionsmitteln, sei zu achten, weil es die höchstmögliche Effizienz des Wirtschaftens verbürge. Die Wettbewerbsordnung schaffe die Voraussetzung, dass Privateigentum nicht zu wirtschaftlichen und sozialen Missständen führe. Zur Erhaltung der Konkurrenz müsse der Staat regulierend eingreifen, um die Märkte offenzuhalten. Bei der Zuerkennung von Privilegien, Investitionsverboten und protektionistischen Maßnahmen habe er sich dagegen zurückzuhalten.

Der Begriff der sozialen Marktwirtschaft wurde popularisiert, veränderte aber auch seine Konnotation. Bundeskanzler Adenauer betonte das Recht und die Pflicht des Staates, das Allgemeinwohl in der Marktwirtschaft zu wahren. Dies lenkte die Aufmerksamkeit auf den ursprünglich für den Begriff nicht konstitutiven sozialstaatlichen Ausbau. Dagegen vertrat Wirtschaftsminister Erhard den Standpunkt, dass die Lösung sozialer Probleme durch Wirtschaftswachstum stets Priorität vor der Umverteilung haben müsse. Dies implizierte eine Abkehr von einem ursprünglich bedeutungstragenden Begriffsinhalt: Soziale Marktwirtschaft wurde nun als eine Abwehr wirtschaftlicher Lenkung durch den Staat verstanden. In diesem Sinne wurde der Begriff manchmal zur Kampfparole, die sich gegen sozialistische Bestrebungen der politischen Linken richtete.

Unabhängigkeit der Bundesbank

Für die langfristige Wachstumsentwicklung war die institutionelle Sicherung der Grundlagen des Wachstums von größter Bedeutung. Zu den ökonomischen Grundüberzeugungen gehörte, dass die Absenz von Inflation als Voraussetzung für eine stabile Marktwirtschaft zu gelten habe. Als Garant für eine stabilisierende Geldpolitik wird die Unabhängigkeit der Zentralbank angesehen. Es ist strittig, ob die Unabhängigkeit der 1950 gegründeten Bundesbank auch verankert worden wäre, wenn es den deutschen Ordoliberalen gelungen wäre, einen starken Einfluss auf das verabschiedete Notenbankgesetz zu nehmen. Mehrere Indizien sprechen für die Annahme, dass sich die politische Unabhängigkeit wohl kaum durchgesetzt hätte. Als der mit deutschen Abgeordneten besetzte Länderrat der amerikanischen Zone Anfang April 1946 ein Bankengesetz beriet, zielte dieser Entwurf auf die politische Abhängigkeit der Landeszentralbanken. Auch der Homburger Plan vom 18. April 1948 - ein deutsches Währungsreformprojekt, für das der Währungsausschuss des bizonalen Wirtschaftsrates votierte - sah die Einrichtung eines der Regierung direkt verantwortlichen Währungsamtes zur Vorbereitung währungspolitischer Maßnahmen vor. Hätte die amerikanische Besatzungsmacht nicht auf ihr Zentralbankmodell gepocht, wäre die politische Unabhängigkeit vermutlich nicht gesetzlich verankert worden. Das amerikanische Beharrungsvermögen schuf die Voraussetzung für die Geldwertstabilität als wesentliche Grundlage des westdeutschen Wirtschaftsaufschwungs.

Kartellgesetzgebung

In ähnlicher Weise übte die amerikanische Besatzungsmacht Einfluss auf die Kartellgesetzgebung aus. Sie machte den deutschen Verwaltungen den Entwurf eines Antikartellgesetzes zur Auflage, denn sie sah in den antidemokratischen Institutionen eine wesentliche Triebkraft der aggressiven deutschen Aufrüstung. Ab Anfang 1947 waren deutsche Juristen und Politiker mit der Materie beschäftigt, doch zur Vollendung des Gesetzes war es ein langer Weg, weil insbesondere die kartellfreundliche Industrielobby auf die Ausarbeitung Einfluss zu nehmen suchte. Sie lehnte ein striktes und eindeutiges Verbot, das zunächst im Raum stand, ab und gab einer „Begrenzung der Marktmacht" den Vorzug. Als schließlich 1957 das Gesetz gegen Wettbewerbsbeschränkung in Kraft trat, stellte es eine abgeschwächte Version der ursprünglichen Planungen dar, obwohl es grundsätzlich die Abkehr vom Kartellgedanken festschrieb. Die schwerindustrielle Lobby hatte ohnehin Positionsverluste hinzunehmen, doch andere Wirtschaftszweige wurden vom Kartellverbot ausgenommen. Dies galt für das Verkehrswesen inklusive der Deutschen Bundespost, die öffentlichen Versorger der Elektrizitäts-, Gas- und Wasserbranche sowie das staatliche Bankenwesen. Die Modifikation des Gesetzes entsprang auch dem Wandel der ordoliberalen Diskussion hin zu einem stärkeren Engagement des Staates in Wettbewerbsfragen.

Weltwirtschaftliche Integration

Als traditionell exportorientiertes Land war es für die neu gegründete Bundesrepublik von existenzieller Bedeutung, sich unter veränderten Rahmenbedingungen in die internationale Wirtschaft zu integrieren. Standen die USA in der Zwischenkriegszeit noch für den Erhalt des globalen Protektionismus, änderten sie nach dem Krieg ihre außenwirtschaftliche Strategie grundlegend. Die US-Regierung verfolgte das Ziel einer liberalen und multilateralen Weltwirtschaftsordnung. Im amerikanischen Bretton Woods (New Hampshire) einigten sich die Staats- und Regierungschefs der Industrieländer im Juli 1944 auf eine Verankerung neuer Prinzipien des Weltwährungssystems, darunter die Konvertibilität der Währungen und ihr Umtausch nach festen Wechselkursen. Diese Übereinkunft schuf von der monetären Seite her die Grundlagen für einen liberalen und multilateralen Außenhandel. Die in der Zwischenkriegszeit begonnene und während des Kriegs stark ausgebaute Praxis der Devisenzwangswirtschaft sollte unterbunden werden. Allerdings waren die Wechselkurse nicht völlig starr, sondern konnten bei starken Ungleichgewichten vom zeitgleich errichteten Internationalen Währungsfonds (IWF) geändert werden.

Freier Welthandel

Ergänzt wurde diese monetären Maßnahmen 1947 durch das *General Agreement on Tariffs and Trade* (GATT), das sich der Förderung des Welthandels durch Senkung der Zölle und Beseitigung anderer Außenhandelsbeschränkungen verschrieb. Der wichtigste Mechanismus zur Handelsliberalisierung war die Meistbegünstigungsklausel. Demnach hatten die Beitrittsstaaten jede Vergünstigung, die sie einem Handelspartner gewährten, zugleich auch allen anderen unterzeichnenden Ländern zu gewähren. Diese Vorgehensweise leitete weltweit mehrere Zollsenkungsrunden ein, mit denen die bilateral vereinbarten Handelsabkommen auf alle anderen GATT-Staaten übertragen wurden.

Multilaterale Weltwirtschaft

Zur Realisierung ihres Ziels einer multilateralen Weltwirtschaft setzten die USA die Marshallplangelder ein. Das Hilfsprogramm sollte das System von Bretton Woods mit einer Anfangsliquidität ausstatten, die angesichts des Mangels an Dollars in Europa notwendig war. Zum Zwecke der Verteilung der Marshallplangelder wurde 1948 die *Organisation of European Economic Cooperation* (OEEC) zur europäischen Koordinierung gegründet. Ihr ursprüngliches Ziel war, eine Wiederholung der Schuldenfalle und der Finanzknappheit, die in der Zwischenkriegszeit so verhängnisvoll war, zu verhindern. Die europäischen Länder sollten mit ausreichenden Finanzmitteln versehen werden, um ihre Zahlungsfähigkeit zu garantieren, selbst wenn sie mit Auslandsschulden belastet waren. Psychologisch wurde die Liberalisierung vom Korea-Boom unterstützt, der dem Ausbruch des fernöstlichen Krieges im Juni 1950 folgte. Die OEEC-Staaten unterzeichneten im September 1950 ein Abkommen über eine Europäische Zahlungsunion. Die dem Außenhandel abträglichen mengenmäßigen Importbeschränkungen wurden sukzessive aufgehoben und stattdessen freie Kontingente gewährt, sodass bis Februar 1951 ein Liberalisierungsgrad von 75 Prozent erreicht wurde. Die Reaktion war verhalten bei der Agrarwirtschaft und Industriezweigen wie der Textilindustrie, die sich noch nicht in der Lage sahen, dem internationalen Wettbewerb standzuhalten. Nachdrücklich begrüßt wurde die wirtschaftliche Öffnung aber von den exportorientierten Industrien, die die Hoffnung hegten, die westdeutsche Wirtschaft schnell wieder wettbewerbsfähig zu machen.

Westdeutsche Exporte

Die Bundesrepublik Deutschland wurde wie vor dem Zweiten Weltkrieg für viele europäische Länder zur Hauptbezugsquelle für Maschinen, Produkte der Elektrotechnik und Fahrzeuge. Sie gewann gegenüber den USA an Bedeutung, denn die Importe dieser Güter aus den USA gingen in den meisten west- und nordeuropäischen Industrieländern zurück. Die Bank für die Verwaltung der Marshallplangelder, die Kreditanstalt für Wiederaufbau, unterstützte die wirtschaftliche Integration. Sie lehnte alle Anforderungen auf Dollarhilfe zur Finanzierung von Waren ab, die die Europäer auch auf dem eigenen Kontinent von Nachbarländern beziehen konnten. Die volle Wiedereingliederung Westdeutschlands in den europäischen Handelsverkehr war von besonderer Bedeutung, weil es einen wichtigen Beitrag für die Überwindung der Dollarlücke leistete. In Europa herrschte ein Mangel an Dollars, aber der westdeutsche Export brachte Dollars ein. Somit erfolgte die Bereitschaft der Nachbarländer, die Bundesrepublik in den bilateralen Handel einzubeziehen, auch aus eigenem wirtschaftlichen Interesse. Manch einer hätte den Handel mit dem ehemaligen Feind vielleicht gerne vermieden, doch war der Warenaustausch mit der Bundesrepublik ein Gebot ökonomischer Rationalität. Insofern wurde das westdeutsche Wirtschaftspotenzial zum Trumpf für seine wirtschaftliche und letztlich auch politische Integration. Dies galt umso mehr, nachdem die Hoffnungen auf Reparationslieferungen aus der laufenden Produktion 1953 endgültig scheiterten. Der Marshallplan war somit von den Amerikanern auch konzipiert worden, damit die geschädigten europäischen Länder ihre finanziellen Forderungen gegenüber Deutschland zurückstellten.

Londoner Schuldenschnitt

Die am 27. Februar 1953 abgeschlossene Londoner Schuldenkonferenz hatte eine erhebliche Bedeutung für die Wiederherstellung der internationalen Manövrierfähigkeit der Bundesrepublik. Das aus ihr hervorgegangene Abkommen stellte ein Novum in der Geschichte der internationalen Schuldenregelung dar, indem es das Problem der gigantischen deutschen Auslandsverschuldung aus der Vor- und Nachkriegszeit einer Lösung zuführte. Unter Führung des Vorsitzenden der Deutschen Bank Hermann Josef Abs (1901–1994) verhandelte die Bundesrepublik mit 22 Ländern über Schulden von rund 30 Milliarden Mark. Die deutsche Delegation erreichte, dass Vorkriegsschulden günstiger bewertet und Zinsen gesenkt wurden. Bei den Nachkriegsschulden verzichteten die USA auf einen Großteil ihrer Forderungen. Dadurch wurde die Gesamtschuld auf mehr als die Hälfte gesenkt. Allerdings waren bei den Londoner Verhandlungen Ansprüche aus Kriegsschäden explizit ausgeklammert, sodass dort keine abschließende Regelung in der Reparationsfrage erzielt wurde. Ihre Lösung wurde indirekt auf einen späteren Friedensvertrag vertagt, sodass für die Bundesrepublik keine finanzielle Belastung entstand. Im Gegenteil vergrößerte die konkrete Entlastung des Bundeshaushalts die wirtschaftspolitischen Handlungsmöglichkeiten der Regierung in der Phase des Wirtschaftsaufschwungs erheblich.

Außenhandel

Der Außenhandel war für die Bundesrepublik die Lokomotive zur Realisierung ihres Wachstumspotenzials, denn die ausländische Nachfrage nach deutschen Waren und Produkten wuchs immer stärker an. Die Exporte regten neue Investitionen an, was der Implementierung von Innovationen in besonderem Maße zuträglich war. Über ihre Einbindung in die OEEC partizipierte die Bundesrepublik an den weltweit vom GATT initiierten Liberalisierungsrunden. Die belebende Wirkung des Außenhandels kam der Bundesrepublik auch langfristig zugute, denn zwischen 1960 und 1990 nahm ihr Export mit einer durchschnittlichen Rate von 6,8 Prozent pro Jahr zu, während das reale Bruttoinlandsprodukt lediglich um 3,1 Prozent pro Jahr wuchs. Dabei erhöhte sich der Anteil der Bundesrepublik am Welthandel erheblich.

Europäische Wirtschaftsintegration

Die ersten praktischen Schritte zur wirtschaftspolitischen Integration erfolgten auf europäischer Ebene. Die USA begrüßten die europäische wirtschaftliche Einigung. Mittels ihrer zentralen Position in dem zu reorganisierenden Welthandel suchten sie die Stellung des Dollars als Weltleitwährung zu festigen. Der Weg zur europäischen Wirtschaftseinigung war vielschichtig und keineswegs linear. Schon in der Zwischenkriegszeit hatte der Abbau wirtschaftlicher Barrieren zu den Kerninhalten europäischer Einigungspläne gezählt. Der entscheidende praktische Schritt bestand 1951 in der Unterzeichnung des Vertrags zur Bildung einer Europäischen Gemeinschaft Kohle und Stahl (EGKS). Die Genese der Errichtung dieser Montanunion ist vor dem Hintergrund der französischen außenwirtschaftlichen Interessen zu betrachten.

Frankreichs Wirtschaftsprioritäten

Der Mangel an Steinkohle und Eisen bildete traditionell eine Hauptschwäche der französischen Wirtschaft. Die Voraussetzungen nach Kriegsende boten Frankreich die Möglichkeit, nach Einfluss im Ruhrgebiet zu streben, um eine Eigenständigkeit der Rohstoffversorgung zu erreichen. Wegen der Widerstände der Briten und Amerikaner gelang dieses Vorhaben nicht, denn lediglich das Saarland konnte in den französischen Wirtschaftsraum eingegliedert werden. Frankreich war aus strategischen und sicherheitspolitischen Gründen zunächst gegen die amerikanischen Pläne eingestellt, den westdeutschen Wiederaufbau zum Kern einer europäischen Stabilisierungsstrategie zu machen. Wegen der bedeutenden Programme zur Handelsbelebung und der Finanzhilfe für Europa war das Gewicht der USA jedoch erheblich. Wenn Frankreich die Teilhabe an der Wirtschaftshilfe nicht gefährden wollte, konnte es nicht gegen den amerikanischen Willen nach dem Zugriff auf die westdeutschen Ressourcen streben. Diese Konstellation führte im Mai 1950 zu einem relativ überraschenden Vorstoß der französischen Regierung mit dem Vorschlag, die westeuropäische Kohle- und Stahlindustrie zu einem gemeinsamen Markt zusammenzufassen. Auf politischer Ebene enthielt der **Schuman-Plan** noch wesentlich weiter gehende Elemente zur europäischen Sicherheit und zur institutionellen Integration.

Quelle

Schuman-Deklaration vom 9. Mai 1950

Aus: Auswärtiges Amt (Hg.): Materialien zum Vertrag über die Gründung der Europäischen Gemeinschaft für Kohle und Stahl (Schuman-Plan), Bonn 1951.

Der Friede der Welt kann nicht gewahrt werden ohne schöpferische Anstrengungen, die der Größe der Bedrohung entsprechen. Der Beitrag, den ein organisiertes und lebendiges Europa für die Zivilisation leisten kann, ist unerlässlich für die Aufrechterhaltung friedlicher Beziehungen. [...]
Zu diesem Zweck schlägt die französische Regierung vor, in einem begrenzten, doch entscheidenden Punkt sofort zur Tat zu schreiten. [Sie] schlägt vor, die Gesamtheit der französisch-deutschen Kohlen- und Stahlproduktion unter eine gemeinsame Oberste Aufsichtsbehörde (Haute Autorité) zu stellen, in einer Organisation, die den anderen europäischen Ländern zum Beitritt offensteht.
Die Zusammenlegung der Kohlen- und Stahlproduktion wird sofort die Schaffung gemeinsamer Grundlagen für die wirtschaftliche Entwicklung sichern – die erste Etappe der europäischen Föderation – und die Bestimmung jener Gebiete ändern, die lange Zeit der Herstellung von Waffen gewidmet waren, deren sicherste Opfer sie gewesen sind. Die Solidarität der Produktion, die so geschaffen wird, wird bekunden, dass jeder Krieg zwischen Frankreich und Deutschland nicht nur undenkbar, sondern materiell unmöglich ist.

Mit der Deklaration seines Außenministers Robert Schuman (1886-1963) gab Frankreich seine Obstruktion gegen amerikanische Pläne auf. Nachdem der politische Zugriff auf die Ruhr gescheitert war, wollte man das industrielle Herzstück der Bundesrepublik in eine gemeinsame politische Struktur einbinden. Die Schaffung eines solchen institutionellen Rahmens sollte zugleich die französischen Sicherheitsvorstellungen erfüllen und die europäische Integration vorantreiben. Wirtschaftlich bedeutete die geplante Zollfreiheit für Frankreich, dass es die Produkte des westdeutschen Montansektors preisgünstig importieren konnte. Während die betroffenen Ruhrindustriellen den Plänen mit Skepsis begegneten und sich Widerstand ankündigte, blickte die Bundesregierung unter Kanzler Adenauer mehr auf die politischen Vorteile, die der Schuman-Plan bot: Die Neugestaltung der deutsch-französischen Beziehungen diente der Emanzipation der Bundesrepublik Deutschland dank einer gleichberechtigten Einbeziehung in die europäische Nachkriegsordnung. Die positiven Effekte der wirtschaftlichen und politischen Integration Europas fügten sich in das Ziel der ökonomisch vorherrschenden USA ein, eine liberale und multilaterale Weltwirtschaftsordnung zu etablieren.

Montanunion

Binnen kurzer Zeit führte die politische Initiative zum Abschluss des Vertrages zur Bildung einer Europäischen Gemeinschaft für Kohle und Stahl (EGKS), der Montanunion, am 18. April 1951. Sein wirtschaftlicher Kerninhalt war die Einführung eines zollfreien Verkehrs von Kohle und Stahl im Vertragsgebiet. Dies bot allen beteiligten Ländern Entwicklungschancen, allerdings drohte den betroffenen Industriezweigen auch Konkurrenz. Für die suprastaatliche Administration der Vertragsangelegenheiten entstand als Novum die Hohe Behörde, die für den Montansektor gemeinsame Regelungen für alle Mitgliedstaaten traf. Die Gründerstaaten des EGKS - Belgien, die Bundesrepublik Deutschland, Frankreich, Italien, Luxemburg und die Niederlande - schlossen das Abkommen mit einer Gültigkeitsdauer von 50 Jahren.

Fortgang der europäischen Einigung

Der europäische Einigungsgedanke wurde auf andere Felder übertragen: Der Brüsseler Pakt, der im März 1948 noch zum Schutz vor einer deutschen Aggression geschlossen wurde, bildete den Grundstein für die militärische Zusammenarbeit. Die Pläne der Ausweitung zu einer Europäischen Verteidigungsgemeinschaft (EVG), nun unter Einschluss der Bundesrepublik, scheiterten jedoch 1954 am Fehlschlag der Ratifizierung im französischen Parlament. Ab 1955 wurde die militärische Einigung als Westeuropäische Union und dann transatlantisch unter dem Dach der NATO weiterentwickelt. Während die europäische Einigung in diesem wie in anderen Bereichen ins Stocken geriet, erwies sich die Wirtschaft weiterhin als ihr Motor. Mit der Unterzeichnung des Vertrags zur Bildung einer Europäischen Wirtschaftsgemeinschaft (EWG) fand die Wirtschaftsintegration einen vorläufigen Abschluss.

Wirtschaftspolitik der EWG

Die sechs EWG-Gründerstaaten Belgien, Deutschland, Frankreich, Italien, Niederlande und Luxemburg verständigten sich in den Römischen Verträgen vom 25. März 1957 auf den Aufbau eines gemeinsamen Marktes, die Verbesserung der Lebensbedingungen sowie die sukzessive Angleichung der Wirtschaftspolitik, insbesondere in den Bereichen der Landwirtschaft, des Verkehrs und des Wettbewerbs. Die Grundlage der Gemeinschaft bestand aus der Zollunion, die nicht mehr wie bei der EGKS auf eine Warengruppe begrenzt war, sondern sich auf den gesamten Warenverkehr erstreckte. Binnenzölle und Mengenbeschränkungen waren innerhalb einer Übergangzeit von zwölf Jahren zu beseitigen; die erste zehnprozentige Zollsenkung und Aufstockung der Warenkontingente trat am 1. Januar 1959 in Kraft. Als Ziel für künftige Jahre wurde bei der EWG-Gründung die allmähliche Liberalisierung des Personen-, Kapital- und Dienstleistungsverkehrs ausgegeben.

Abb. 6 Unterzeichnung der Römischen Verträge am 25. März 1957.

Europäische Agrarpolitik

Trotz der Unterschiedlichkeit der Agrarmarktordnungen bildete die Landwirtschaftspolitik ein Kernstück der gemeinsamen Arbeit. Ihr Ziel war eine Steigerung der Produktivität, aber auch die Absicherung der von der Landwirtschaft lebenden Bevölkerung, der eine angemessene Lebenshaltung gewährleistet werden sollte. Zu diesem Zweck beschloss man regulierende Maßnahmen wie die Preisfestsetzungen zum Schutz der bäuerlichen Einkommen sowie die Subventionierung der Erzeugung und Verteilung der Agrarprodukte. Drittländern gegenüber wurde ein gemeinsamer Außenzolltarif eingeführt, für den ein Ministerratsbeschluss im Februar 1960 einen prinzipiellen Rahmen festlegte. Am Beispiel des Agrarsektors zeigte sich die Ambivalenz der Zollunion: Einerseits setzten sich durch den Wegfall der Binnenzölle produktivere Anbieter durch und boten billigere oder qualitativ hochwertigere Ware an; andererseits trug die Abschirmung nach außen zur Handelsverzerrung bei, weil preisgünstigere Anbieter außerhalb der EWG diskriminiert wurden.

Ausnahmecharakter des Nachkriegsaufschwungs

Die wirtschaftliche Rekonstruktion stellte sich als Ausnahmeperiode dar, in der vieles korrigiert wurde, was durch die wirtschaftliche Deformation der NS-Diktatur in falsche Bahnen gelenkt worden war. Die Summe der beschriebenen entwicklungsfördernden Faktoren mündete für die Bundesrepublik in eine bisher ungekannte Wachstumsentwicklung. Das vorhandene Potenzial führte so lange zu überdurchschnittlichen Wachstumsraten, bis der säkulare Trend wieder erreicht war. Für die Zeitgenossen ergab sich allerdings der Eindruck, dass man in ein neues Zeitalter des Wachstums eingetreten sei, das zu einem lang andauernden Ausbau des allgemeinen Wohlstandes führen könnte.

In der Realität gingen während der 30-jährigen Periode, die von der Gründung der Bundesrepublik bis zur Ölpreiskrise der siebziger Jahre dauerte, die Wachstumsraten kontinuierlich zurück. Zwischen 1950 bis 1960 betrug ihr Durchschnitt 8,2 Prozent und lag über demjenigen aller anderen westlichen Industrieländer. In der folgenden Periode von 1960 bis 1973 fand annähernd eine Halbierung auf 4,4 Prozent statt. Im Anschluss an die Ölkrise der siebziger Jahre fielen die Wachstumsraten bis 1990 schließlich auf einen Schnitt von wenig mehr als zwei Prozent. Diese Entwicklung wurde unterschiedlich erklärt. Den einen galt sie, anknüpfend an die zeitgenössische Interpretation, als Wirtschaftswunder, die anderen erkannten, dass es sich um ein zeitlich limitiertes Phänomen handelte. Letztere interpretierten die Wachstumsentwicklung zu Recht als Rekonstruktionsaufschwung, dessen Potenzial zur Generierung überdurchschnittlicher Wachstumsraten sich allmählich aufbrauchte. Obwohl sich in den 1960er Jahren die Anzeichen mehrten, dass sich die besonderen Wachstumsbedingungen der Nachkriegszeit geändert hatten, gaben sich nachfolgende Politikergenerationen immer noch der Hoffnung hin, dass die Wachstumsraten der **Rekonstruktionsperiode** wieder erreicht werden könnten. Die Vorstellung des „Wirtschaftswunders" hatte die Erwartungen an das „Normalwachstum" nachhaltig verändert.

Stichwort

Rekonstruktionsperiode

Die Rekonstruktionskräfte umfassten nach dem Zweiten Weltkrieg das Potenzial der brachliegenden Produktionsfaktoren und eröffneten die Aussicht auf ein beschleunigtes Wachstum. Der Humankapitalbestand pro Kopf der Bevölkerung hatte sich nicht verringert, sondern war während des Krieges sogar noch gewachsen. Nach der Theorie des Catching-up eröffnete sich der deutschen wie auch anderen europäischen Volkswirtschaften die Chance, den wirtschaftlichen Rückstand gegenüber den USA aufzuholen. Als weltweit führende Volkswirtschaft hatten diese über den Zweiten Weltkrieg hinweg ihren Vorsprung auf technologischem Feld, aber auch hinsichtlich der Organisationsformen und des Unternehmensmanagements, ausbauen können. Die Nachahmung des amerikanischen Prozesses bot die Möglichkeit der Aneignung des großen Produktivitätsvorsprungs.
Die Tradition und Struktur der deutschen Industrie kamen einem solchen Aufholprozess sehr entgegen. Die alten Führungssektoren wie die Chemie- und Elektroindustrie sowie der Maschinen- und Fahrzeugbau waren die Industriezweige

mit dem größten Wachstumspotenzial und den besten Absatzchancen auf dem Weltmarkt. Dazu verfügte Deutschland über ein Potenzial an gut ausgebildeten Arbeitskräften.
Diese Konstellation führte zu überdurchschnittlichen Wachstumsraten, bis das Rekonstruktionspotenzial aufgebraucht war. Als dieser Zeitpunkt Anfang der 1970er Jahre erreicht war, pendelten sich die Raten wieder auf dem langfristigen Trend ein, der aus dem 19. Jahrhundert herrührte.

Ordnungspolitisches Umdenken

Die Wachstumsentwicklung der Bundesrepublik hing eng mit der Umsetzung der Konzepte des Ordoliberalismus zusammen. Das ökonomische Denken dieser Schule erlebte in diesem Zusammenhang einen Wandel. Seit der Besatzungszeit bestimmte Erhard die Ausprägung der sozialen Marktwirtschaft mit den oben dargelegten Einschränkungen hinsichtlich des amerikanischen Einflusses bei der Durchsetzung wichtiger marktwirtschaftlicher Institutionen und Prinzipien. Der Wirtschaftsminister trat für eine aktive Ordnungspolitik ein, bei der der Staat für Wettbewerbsmärkte und für eine Verhinderung privater Machtkonzentration sorgte. Das zugrunde liegende Denken ordoliberaler Ökonomen wie Walter Eucken oder Franz Böhm (1895-1977) wurde in den 1950er Jahren einer Revision unterzogen, für die Wirtschaftswissenschaftler wie Ernst Heuss (1922-2010), Alfred E. Ott (1929-1994) und Erich Hoppmann (1923-2007) Pate standen. In der neoklassischen Theorie verbleibend, meldeten sie Zweifel an der Vorstellung des vollkommenen Marktes an. Ihre Reflexionen bewegten sich dahin, die Realität eines unvollkommenen Wettbewerbs anzuerkennen. Diese Erkenntnis sei im politischen Tagesgeschäft wesentlich wichtiger als die theoretische Vorstellung vollkommener Märkte. Die Ordnungspolitik solle sich daher auf die Aufsicht von Marktprozessen beschränken, statt die vollkommenen Märkte bedingungslos durchzusetzen. Praktisch bedeutete dies beispielsweise, dass der Staat eine Monopolaufsicht betreiben solle, anstatt Monopole zu verbieten und ihre Auflösung herbeizuführen, wie in jenen Jahren das Gerangel um die Kartellgesetzgebung zeigte. Insgesamt wuchs die Bereitschaft, die Regulierung von Marktprozessen zuzulassen. Damit entfernten sich die Erben des Ordoliberalismus ein gutes Stück von der Generation ihrer Gründerväter.

Währenddessen orientierten sich die großen Volksparteien immer stärker zur politischen Mitte. Dies betraf insbesondere die SPD, die sich 1959 in ihrem Godesberger Programm von Sozialisierungsvorstellungen löste und zu den Prinzipien der sozialen Marktwirtschaft bekannte. Die neue Riege der SPD, der Carlo Schmid (1896-1979), Willy Brandt (1913-1992) und Helmut Schmidt (1918-2015) angehörten, hielt einen kontrollierten Kapitalismus mit einem demokratischen Sozialismus für vereinbar.

Stichwort

Grundsatzprogramm der Sozialdemokratischen Partei Deutschlands, beschlossen vom außerordentlichen Parteitag der Sozialdemokratischen Partei Deutschlands in Bad Godesberg, 13.–15. November 1959.

Der moderne Staat beeinflusst die Wirtschaft stetig durch seine Entscheidungen über Steuern und Finanzen, über das Geld- und Kreditwesen, seine Zoll-, Handels-, Sozial- und Preispolitik, seine öffentlichen Anträge sowie die Landwirtschafts- und Wohnbaupolitik. Mehr als ein Drittel des Sozialprodukts geht auf diese Weise durch die öffentliche Hand. Es ist also nicht die Frage, ob in der Wirtschaft Disposition und Planung zweckmäßig sind, sondern *wer* diese Disposition trifft und zu wessen Gunsten sie wirkt. Dieser Verantwortung für den Wirtschaftsablauf kann sich der Staat nicht entziehen. Er ist verantwortlich für eine vorausschauende Konjunkturpolitik und soll sich im wesentlichen auf Methoden der mittelbaren Beeinflussung der Wirtschaft beschränken.
Freie Konsumwahl und freie Arbeitsplatzwahl sind entscheidende Grundlagen, freier Wettbewerb und freie Unternehmerinitiative sind wichtige Elemente sozialdemokratischer Wirtschaftspolitik. Die Autonomie der Arbeitnehmer- und Arbeitgeberverbände beim Abschluss von Tarifverträgen ist ein wesentlicher Bestandteil freiheitlicher Ordnung. Totalitäre Zwangswirtschaft zerstört die Freiheit. Deshalb bejaht die Sozialdemokratische Partei den freien Markt, wo immer wirklich Wettbewerb herrscht. Wo aber Märkte unter die Vorherrschaft von einzelnen oder von Gruppen geraten, bedarf es vielfältiger Maßnahmen, um die Freiheit in der Wirtschaft zu erhalten. Wettbewerb soweit wie möglich – Planung soweit wie nötig! [...]
Wettbewerb durch öffentliche Unternehmen ist ein entscheidendes Mittel zur Verhütung privater Marktbeherrschung. Durch solche Unternehmen soll den Interessen der Allgemeinheit Geltung verschafft werden. Sie werden dort zur Notwendigkeit, wo aus natürlichen oder technischen Gründen unerläßliche Leistungen für die Allgemeinheit nur unter Ausschluss eines Wettbewerbs wirtschaftlich vernünftig erbracht werden können. [...] Wirksame öffentliche Kontrolle muss Machtmißbrauch der Wirtschaft verhindern. Ihre wichtigsten Mittel sind Investitionskontrolle und Kontrolle marktbeherrschender Kräfte.

Unter dem Eindruck der durchgehend hohen Wachstumsraten der fünfziger Jahre wandte sich die Wirtschaftspolitik verstärkt der Nachfrageseite zu. Dieser Paradigmenwechsel war von dem Umstand bestimmt, dass sich der Rahmen des Wirtschaftens geändert hatte. Das erste Nachkriegsjahrzehnt war von Kapitalmangel sowie einer Knappheit an verfügbaren Arbeitskräften geprägt, sprich Faktoren, die auf der Angebotsseite angesiedelt waren. Nachdem sich die Angebotsbedingungen stark verbesserten, herrschte eine stärkere Orientierung auf die Nachfrage vor, d.h. vor allem den Konsum. Dieser boomte immer mehr und wurde durch eine starke ausländische Nachfrage nach deutschen Produkten unterstützt.

Wissenschaftliche Politikberatung

Durch Institutionalisierung der Expertenberatung in den Bonner Ministerien gewann der wirtschaftstheoretische Diskurs für die politische Praxis an Gewicht. 1956 richtete das Bundeswirtschaftsministerium einen wissenschaftlichen Beirat ein, der sich aus Fachökonomen zusammensetzte. Aus diesem Gremium erwuchs 1963 der Sachverständigenrat, der die professionelle Politikberatung für ökonomische Fragen noch stärker verankerte. Er nahm schnell eine wichtige Position für die wirtschaftspolitische Beurteilung der Regierung und der Zentralbank ein. Das Stabilitäts- und Wachstumsgesetz vom 8. Juni 1967 steckte für die Regierungspolitik vier Eckpfeiler ab, wie wirtschafts- und finanzpolitische Maßnahmen für die Erfordernisse eines gesamtwirtschaftlichen Gleichgewichts einzusetzen waren. Im sogenannten magischen Viereck suchte der Staat mittels einer aktiven Wirtschaftspolitik, die auch als Globalsteuerung bezeichnet wurde, einen Ausgleich zwischen vier essenziellen Zielen zu schaffen: Vollbeschäftigung bzw. ein hoher Beschäftigungsstand, ein stabiles Preisniveau, ein stetiges Wachstum sowie ein außenwirtschaftliches Gleichgewicht. Meist wird das Gesetz als Übergang zu einer **keynesianischen** Wirtschaftspolitik beurteilt.

Stichwort

Keynesianismus

Der britische Ökonom John Maynard Keynes (1883–1946) legte 1936 seine *General Theory* vor, die sich aus den Erfahrungen der Zwischenkriegszeit speiste. Insbesondere bestritt er darin die Annahme, dass Marktwirtschaften selbst bei freien Löhnen und Preisen automatisch Vollbeschäftigung herstellten. Für Perioden wirtschaftlicher Rezession schlug Keynes eine Erhöhung der Nachfrage durch staatliche Aufträge vor. Durch *deficit spending* nehme der Staat Schulden auf, um mit seinen Ausgaben die krisenbedingten Ausfälle an Investitionen zu kompensieren. Dadurch steige die Beschäftigung wieder. Die staatlichen Gelder seien in wachstumsrelevante Bereiche wie z.B. den Ausbau der Infrastruktur zu lenken. Wenn die Rezession abflaut, sollten die staatlichen Ausgaben gedrosselt, die steuerlichen Mehreinnahmen für den Abbau des Defizits verwendet und ein Ausgleich des Staatsbudgets angestrebt werden. Eine Weiterentwicklung dieser antizyklischen Finanzpolitik ist die Konzeptionierung einer wirtschaftlichen Steuerung, die das allgemeine Niveau von wirtschaftlicher Produktion und Aktivität auf einer optimalen Höhe zu halten versuchte.

Hinwendung zur Staatsverschuldung

Diese Paradigmenwechsel kamen der Disposition der Politiker entgegen, staatliche Ausgaben mit Schulden statt mit Steuern zu finanzieren. Schulden machen traf auf wenig Widerstand, denn zunächst waren nur die Zinsen zu bezahlen und die Tilgung wurde auf einen späteren Zeitpunkt verschoben. Die neue Wirtschaftspolitik setzte auf Ausweitung der Staatstätigkeit, das Wirtschaftswachstum schien planbar und die Konjunktur politisch beherrschbar. Alle öffentlichen Haushalte, ob Bund, Länder oder Gemeinden, nahmen ab den späten 1960er Jahren vermehrt Schulden auf. Dieser Prozess wurde von einer Expansionskoalition getragen, die sich über alle politischen Parteien erstreckte. In der Folgezeit wurden in der Bundesrepublik immer größere Teile der öffentlichen Ausgaben durch Schuldenaufnahme finanziert, bis der Elan umkippte und das Thema der Konsolidierung auf die Agenda rückte.

Strukturwandel und Stützungspolitik

Als Korrelat zur Wachstumsentwicklung ist der Strukturwandel anzusehen. Seit Beginn der Industrialisierung verteilte sich die Fähigkeit zur Rationalisierung nicht gleich auf die volkswirtschaftlichen Sektoren. Im Agrarsektor ließen sich mit technischen Mitteln die größten Produktivitätssteigerungen erzielen und insbesondere im 20. Jahrhundert waren große Fortschritte zu verzeichnen, die selbst die Steigerung in der Industrie in den Schatten stellten. Der seit der Industrialisierung zu verzeichnende Strukturwandel setzte sich über die vier Jahrzehnte der Bonner Republik fort. Zwischen 1950 und 1989 veränderte sich die anteilige Beschäftigung in den drei großen volkswirtschaftlichen Sektoren wie folgt: Im Primärsektor (Land- und Forstwirtschaft, Fischerei) fiel sie von 25 auf knapp vier Prozent, der Sekundärsektor (Gewerbe, Industrie) stagnierte bei 42 bzw. 41 Prozent, während der Anteil des Tertiärsektors (Dienstleistungen) von 33 auf 55 Prozent stieg. In Zahlen ausgedrückt stellte sich die Veränderung der Beschäftigtenzahlen gegen Ende der Rekonstruktionsphase von 1960 bis 1973 sowie in der nachfolgenden Phase des langsameren Wachstums von 1973 bis 1989 wie folgt dar.

Tabelle: Veränderung der Beschäftigung nach Wirtschaftssektoren (1960–1989)

	Veränderung in absoluten Zahlen [in 1000]		**relative Veränderung [in %]**	
	1960–1973	1973–1989	1960–1973	1973–1989
Land- und Forstwirtschaft	–1635	–933	–45,7	–47,9
Industrie	311	–1812	2,5	–14,1
– Energie, Bergbau	–233	–42	–31,2	–8,2
– produzierendes Gewerbe	302	–1230	3,1	–12,4
– Baugewerbe	242	–540	11,4	–22,8
Handel und Verkehr	191	215	4	4,3
Banken und Versicherung	869	1730	36,8	54,1
Staatssektor	1275	900	60,8	26,7
gemeinnütziger Sektor	–8	449	–1	59,4
alle Sektoren	1003	569	3,8	2,1

Aus: Herbert Giersch, Karl-Heinz Paqué, Holger Schmieding, The Fading Miracle. Four Decades of Market Economy in Germany, Cambridge 1992, S. 129.

Insgesamt stieg die Beschäftigung im ersten Zeitraum um rund eine Million Erwerbstätige und in der zweiten Periode um 569.000. Dabei waren jedoch starke sektorale Verschiebungen zu beobachten: Neben dem stark an Bedeutung verlierenden Agrarsektor ging die Beschäftigung auch im Industriesektor zurück, während die Zahlen in den Dienstleistungssektoren durchweg anstiegen. Insbesondere wurde die Wachstumsentwicklung von einer Ausdehnung der Staatstätigkeit begleitet, die durch den höheren Regelungsbedarf innerhalb einer Volkswirtschaft mit zunehmender Entwicklung erklärbar ist. Ein sichtbares Zeichen war in der Bundesrepublik die Steigerung der Staatsverbrauchsquote, d.h. des Anteils der öffentlichen Ausgaben am Sozialprodukt. Einen noch größeren Anstieg erlebte die Beschäftigung im Sektor Banken und Versicherung, was auf die Zunahme des Spar- und Kreditwesens sowie die Ausweitung der Finanzmärkte hinwies.

Der sektorale Strukturwandel verlief nicht ohne Krisenerscheinungen und forderte daher eine staatliche Struktur- und Stützungspolitik heraus. Die Strukturpolitik der Bundesregierung bezog sich auf Problemsektoren wie die Landwirtschaft und Industriebranchen wie den Bergbau. Daneben bildeten die Wohnungswirtschaft und der Verkehrssektor weitere Schwerpunkte staatlicher Intervention in die entsprechenden Märkte.

Subventionierung der Landwirtschaft

Im Agrarsektor blieb nach dem Zweiten Weltkrieg ein hoher Protektionsgrad erhalten und auch im Regelwerk der EWG war die Landwirtschaft ein stark reglementierter Bereich, der unter Weltmarktbedingungen kaum mehr wettbewerbsfähig produzierte. Der SPIEGEL bemerkte am 10. Oktober 1962, dass die Landwirtschaft der „mit Abstand größte Subventions-Kostgänger Westdeutschlands“ sei. Den Erzeugern wurden hohe Garantiepreise gewährt bei gleichzeitig niedrig gehaltenen Verkaufspreisen. Produktionsmengen, die auf dem Markt nicht absetzbar waren, erwarb der Staat zu Festpreisen. Daneben erhielten die Landwirte verschiedene Arten von Subventionen und Beihilfen. Erst in den 1990er Jahren ersetzten die produktunabhängigen Direktbeihilfen zunehmend die produktbezogenen Preisgarantien, die vielfach zu unerwünschten Produktionsanreizen geführt hatten. Die Stützung des Agrarsektors wurde von der EWG gemeinschaftlich finanziert und machte z.B. 1984 mehr als zwei Drittel ihres Jahresbudgets aus. Gleichzeitig baute die europäische Agrarpolitik hohe Handelsschranken gegenüber Drittländern auf durch das Prinzip der Gemeinschaftspräferenz, d.h. dem Vorrang für Produkte aus dem Vertragsgebiet bei zollpolitischer Diskriminierung von Erzeugnissen aus Übersee.

Steinkohlebergbau nach dem Krieg

Den Kernbereich der nationalen Wirtschaftsstützung bildete der Steinkohlebergbau, obgleich die Kohle unmittelbar nach dem Krieg noch der wichtigste Energieträger war. Sie besaß nicht nur ein großes gesamtwirtschaftliches Gewicht, sondern auch einen hohen politischen Stellenwert. Zunächst herrschte als Effekt des Krieges eine erhebliche Nachfrage an Kohlen vor, sodass von „Kohlennot" gesprochen wurde. Der Ruhrbergbau musste den steigenden Inlandsverbrauch befriedigen und zugleich wegen alliierter Auflagen zwangsweise Exporte tätigen. Als Konsequenz wurden Kürzungen des Verbrauchs der Großabnehmer angeordnet und die Bundesbahn schränkte ihren Reisezugverkehr ein. Unter freien Marktbedingungen hätte die Nachfrage den Kohlepreis nach oben getrieben, was der Staat aus sozialen Gründen nicht zulassen wollte, denn viele Familien heizten noch mit Kohlen. Für die Kohlepreisbindung sorgten aber auch die im Rahmen der EGKS erlassenen Höchstpreisfestsetzungen. Somit forderte der Bergbau Subventionen mit dem Ergebnis, dass die Kohlewirtschaft sowie die an sie gekoppelte Energieproduktion mehr Geld aus der Marshallplanförderung erhielten als jeder andere Industriebereich. Diese von der Kreditanstalt für Wiederaufbau verwalteten Gelder wurden zum Kapazitätsausbau eingesetzt, der angesichts der Gewinnbeschränkung durch die Preisbindung ansonsten kaum möglich gewesen wäre.

Abb. 7 Zeche Consolidation der Essener Steinkohle-Bergwerke AG (1959).

1956/57 befand sich die bundesdeutsche Kohleförderung, insbesondere im Ruhrgebiet, auf dem Höhepunkt ihrer Entwicklung. Dies bestärkte den Glauben an die Zukunft der Kohle als wichtigstem Energieträger und der Bergbau tätigte auf Basis des Investitionshilfegesetzes größere Investitionen. Die Bergbauunternehmen stellten die Weichen für Kapazitätsausweitungen und legten den Schwerpunkt auf die Entwicklung einer voll mechanisierten Kohleförderung. Nachdem sich die Preise auf europäischer Ebene liberalisierten, schien sich der Sektor in Richtung einer volkswirtschaftlichen Führungsrolle zu bewegen. Doch die Boomphase endete schneller, als dies die Zeitgenossen erwarteten. Im Frühjahr 1958 erlebte der Steinkohlebergbau eine Absatzstockung. Die für kurze Zeit vielversprechende Entwicklung der Branche drehte sich in drastischer Weise um: Die Halden füllten sich und rund zehn Prozent der Fördermenge blieben unverkauft liegen. Während der 1960er Jahre sank die Kohleförderung erheblich.

Dauerkrise und Zechensterben

Die anhaltende Bergbaukrise machte die Stützungspolitik erforderlich. 1962 gewährte die Bundesregierung für den Bergbau eine Garantie über 140 Millionen Jahresförderung. Das Gesetz zur Förderung der Rationalisierung im Steinkohlebergbau vom 26. Juli 1963 stellte einerseits Mittel für konkrete Maßnahmen bereit, andererseits sah es Prämien für die Stilllegung von Bergwerken vor. Allein 1963 schlossen 13 Ruhrzechen ihre Tore. Die gesamtwirtschaftlich gesehen nur leichte Rezession der Jahre 1966/67 traf die monostrukturellen Bergbaugebiete hart. Erneut ging die Nachfrage nach Kohlen stark zurück, sodass die staatlich garantierte Fördermenge nicht gehalten werden konnte. Spätestens ab 1966 handelte es sich um einen von der Bundesregierung geförderten Konzentrationsprozess, d.h. einen Schrumpfungsprozess. Ein deutliches Zeichen dafür war die Gründung der Ruhrkohle AG im Jahr 1968 als Einheitsgesellschaft des Ruhrbergbaus. Ihr Zweck war die Konsolidierung, was Rationalisierung und Schrumpfung meinte. Die Anzahl der Fürsprecher für den Bergbau ging zurück, sodass sie bald nur noch im Kreis der Eisen- und Stahlunternehmer zu finden waren, deren Werke von der Zufuhr günstigen Kokses abhängig waren. In Industriellenkreisen außerhalb des betroffenen Montansektors wurde die Kohle als „archaische Primärenergie" und ein Hindernis zur Modernisierung angesehen. Aufgrund des hohen politischen Gewichts flossen zwei Drittel der öffentlichen Subventionen in den Ruhrbergbau.

Öl als neuer Rohstoff

Erhards Wirtschaftspolitik sorgte für eine weitere Steigerung des Wettbewerbs, indem sie gezielt die Transportregulierungen für US-amerikanische Kohle und für Mineralöl abschaffte. Für den sich abzeichnenden steigenden Energiebedarf Europas rückte das Öl als zukunftsweisender Rohstoff immer mehr in den Blickpunkt. Ab 1957 stieg der Anteil des Rohöls am Brennstoffverbrauch und binnen zwei Jahren verdoppelten sich die Importe. Im nächsten Jahrzehnt folgte dann eine Verzehnfachung der Importe. Das sprudelnde Öl versprach für die kommenden Jahre einen Wachstumsimpuls im Industriesektor, doch für den Bergbau als Sektor und das Ruhrgebiet als Region bedeutete die Hinwendung zum Öl den Beginn einer Dauerkrise.

Neue Wachstumsregionen

Die Verbreitung des neuen Rohstoffs stand symbolisch für die Inversion des Nord-Süd-Gefälles der bundesdeutschen Industriestruktur. Gebiete wie Bayern, das ab den sechziger Jahren an eine transalpine Ölpipeline angeschlossen war, nutzten die Chancen, die der Wechsel des Hauptenergieträgers brachte. Das industriell bislang relativ zurückgebliebene südliche Bundesland verarbeitete den neuen, nun leicht verfügbaren Rohstoff, der die Basis für den Ausbau der Kapazitäten verschiedener Industrien, z.B. der Automobilbranche, bildete. Während die südlichen Bundesländer, neben Bayern auch Baden-Württemberg, einen industriellen Aufschwung erlebten, suchte die Regierung für die alten Industrieregionen nach einem Kompromiss. Dabei sollten die allgemeinen volkswirtschaftlichen Interessen gegen Partikularinteressen abgewogen werden, die meist nach einer bestandserhaltenden Struktur- und Stützungspolitik verlangten.

Staatliche Infrastrukturförderung

In der Hoffnung, die Geschwindigkeit des Strukturwandels steuern zu können, entwarfen die Bundesländer ab Beginn der 1950er Jahre Regionalförderungsprogramme, die sich auf periphere Gebiete, insbesondere entlang der deutsch-deutschen Grenze, bezogen. Tendenziell dehnte sich der Staatsinterventionismus aus, wie die 1968 verabschiedeten „Grundsätze der regionalen Wirtschaftspolitik" sowie das 1975 erlassene Bundesraumordnungsprogramm zeigen. Sie markierten den Übergang von punktuellen Maßnahmen zu einer planenden Steuerung der Lebensbedingungen der Bevölkerung.

Verkehrssektor

Das Verkehrswesen gehörte zu den Ausnahmebereichen, die dem Wettbewerb bis Anfang der sechziger Jahre entzogen waren. Insbesondere profitierte die Bahn von den bis 1961 geltenden Preisregulierungen, denn die Frachttarife des Straßenverkehrs und der Binnenschifffahrt waren an die des Schienenverkehrs geknüpft. Auch war die Zulassung von Lkw für den Güterfernverkehr beschränkt. Lediglich im Personenverkehr erwuchs der Bahn durch den rasch wachsenden Individualverkehr eine Konkurrenz, die sie unter einen starken Rationalisierungsdruck setzte. Unter dem Eindruck hoher Verluste waren Streckenstilllegungen und Personalabbau die Folgen. Es gibt aber noch eine andere Lesart des Wettbewerbs im Verkehrssektor: Die Bahn musste die Mittel für den Ausbau und den Unterhalt ihrer Betriebsanlagen selbst bereitstellen, sodass viele Ausbau- und Modernisierungsprojekte nicht zu finanzieren waren. Trotz Elektrifizierung erfolgte die Erneuerung des rollenden Materials nur verlangsamt. Dagegen wurde der Ausbau des Autobahnnetzes nach Wiederherstellung der Verkehrshoheit durch die Pariser Verträge 1955 mit öffentlichen Mitteln finanziert. Als die Preisreglementierung fiel, wuchs der Güterfernverkehr auf der Straße rasch und erbrachte ab Ende der 1970er Jahre anteilsmäßig eine höhere Transportleistung als Bahn und Binnenschifffahrt. Da sowohl die Bundesbahn als auch der Straßenbau unter staatlicher Regie standen, lag der Prioritätensetzung eine durchaus bewusste politische Entscheidung zugrunde, die sich teils durch Wettbewerbsargumente, teils durch den Druck der wachsenden Automobillobby erklärte.

Energiewirtschaft

Die Energiepolitik war ebenfalls ein Bereich staatlicher Sorge, der den infrastrukturellen Rahmen des Wirtschaftens betraf. Der Fokus rückte im Bereich der fossilen Energieträger von der Kohle zum importierten Erdöl. Nach der Entdeckung der Kernspaltung wandte man sich auch verstärkt der Atomenergie zu. Im August 1955 löste die Genfer Atomkonferenz eine weltweite Euphorie bezüglich der friedlichen Nutzung der Atomenergie aus. Man glaubte an Atomautos oder Atomuhren und die Möglichkeit, mit der neuen Technologie bahnbrechende Erfindungen machen zu können. Hinsichtlich der Stromerzeugung richteten sich die Hoffnungen auf Kernfusionsreaktoren, von denen man sich die Lösung zukünftiger Energieprobleme versprach. Allerdings darf der zeitgenössische Diskurs, der maßgeblich von der politischen Linken in Anspruch genommen wurde, nicht zur Annahme verleiten, dass man schlagartig in ein Atomzeitalter eingetreten sei. Vielmehr waren Öl und Braunkohle die wichtigeren Energieträger, hinzu kam Ende der 1960er Jahre das Erdgas. Strom aus Atomkraftwerken trug erst ab den 1970er Jahren in nennenswerter Weise zur bundesdeutschen Bedarfsdeckung bei. Mit der Besetzung des Bauplatzes im badischen Whyl begann 1975 eine lange Serie öffentlichkeitswirksamer Proteste gegen die Atomkraft. Dennoch hielt sich der staatliche Enthusiasmus noch lange, wie das zeitgleich begonnene und letztlich gescheiterte milliardenschwere Programm der Bundesregierung zur Entwicklung des natriumgekühlten Schnellen Brüters bezeugt.

Konsumanstieg

Der Nachkriegsboom brachte für alle Arbeitnehmer bisher ungekannte Wohlfahrtseffekte. Die realen Wochenlöhne vervierfachten sich zwischen 1950 und 1990 bei sinkender Arbeitszeit. Die Sparquote der privaten Haushalte stieg, doch blieben freie Einkommensteile zum Erwerb von Konsumgütern übrig. Die Landwirtschaft erlebte einen beispiellosen Produktivitätsaufschwung, der die Grundlage für den Massenkonsum legte. Die Verbrauchsstruktur veränderte sich: Der Anteil der Haushaltsausgaben für Basisgüter sank rasch, vor allem für Nahrungsmittel. Die Lebens- und Wertvorstellungen der Arbeiter näherten sich an bürgerliche Lebensentwürfe an, gepaart mit einer starken Konsumorientierung. Die privaten Haushalte wurden technisiert, indem man langlebige Gebrauchsgüter erwarb; beispielsweise halbierte sich der Anschaffungspreis für einen Kühlschrank zwischen 1952 und 1957. Der Kauf eines privaten Kraftfahrzeugs war ein wesentlicher Indikator für die Wohlstandsentwicklung. 1957 überstieg die Anzahl der zugelassenen Autos die der Zweiräder. Zum Symbol für die „Automobilisierung" wurde der im Nationalsozialismus konzipierte, aber erst nach dem Krieg verbreitete VW Käfer, der Ende 1961 zum fünfmillionsten Mal vom Band lief.

Sozialpolitik

Im Zeichen überdurchschnittlicher Wachstumsraten erhielten Verteilungsdebatten eine größere Bedeutung. Das wichtigste staatliche Mittel zur

Umverteilung von Einkommen war die Sozialpolitik. Grundsätzlich verließ sie nicht den unter Bismarck eingeschlagenen Pfad und bundesdeutsche Politiker erteilten Reformkonzepten der Nachkriegszeit wie dem britischen Beveridge-Plan eine Absage. Dennoch fand eine Erweiterung statt, insbesondere im Bereich der Kriegsfolgelasten durch Modifizierung der Kriegsopferversorgung, Lastenausgleich für Vertriebene und Entschädigung für Unrecht, das unter dem Nationalsozialismus erlitten wurde. Bereits früher eingeführte Leistungen wie Kindergeld wurden ausgeweitet, die Fürsorge zur Sozialhilfe umgebaut und neue Bereiche staatlicher Unterstützung wie das Wohngeld eingeführt. Das Kernstück der bundesdeutschen Nachkriegssozialpolitik war die **Rentenreform**. Sie führte einen Generationenvertrag ein, bei dem die arbeitende Bevölkerung Teile des erwirtschafteten Einkommens an die Rentner abgab, sodass diese im Ruhestand weiterhin am Wachstum des Wohlstandes partizipierten.

Stichwort

Rentenreform

Das Rentenreformgesetz war das Kernstück des Sozialstaatsausbaus der Adenauer-Ära. Im Januar 1957 wurde es von der Bundestagsmehrheit unter Einschluss der Stimmen der Sozialdemokraten, aber gegen diejenigen der FDP, angenommen. Die sogenannte Dynamisierung der Altersrenten koppelte ihre Höhe an die Lohnentwicklung. Nach einer Rentenformel folgte die Rentenerhöhung mit etwas Abstand der Entwicklung der Reallöhne. Durch die Einführung dieses Prinzips stiegen die Rentensätze auf einen Schlag um rund die Hälfte. Ab 1959 setzte sich die jährliche Anpassung der Renten an die Lohnentwicklung durch. Nach diesem Konzept wurden Renten nicht mehr als Zuschuss für ältere Bürger gewährt, sondern sie übernahmen eine Lohnersatzfunktion. Der Gedanke der Lebensstandardrente fußte darauf, dass die im Erwerbsleben erreichte soziale Position im Alter beibehalten werden konnte. Die Reform löste das seit Jahrhunderten bestehende Problem der Altersarmut. Für die innere Konsolidierung der jungen Bundesrepublik war sie von größter Bedeutung, denn sie leistete einen Beitrag zur Bewahrung des sozialen Friedens. Darüber hinaus entfaltete sie eine Signalwirkung nach Osten: Die Bundesrepublik blieb als Wanderungsoption für die DDR-Bürger attraktiv.

Arbeitsmarkt

Die Arbeitsmarktpolitik betraf nicht allein das Feld sozialer Transfers, sondern auch einen wirtschaftlich höchst relevanten Produktionsfaktor. Als einer der Kernbereiche staatlicher Intervention war sie nach 1945 mit dem Flüchtlingszuzug verknüpft. Trotz anfänglicher Probleme bei der Aufnahme wirkte sich diese Zuwanderung langfristig positiv auf die Arbeitsmarktlage in der Bundesrepublik aus, weil die Flüchtlinge und Vertriebenen eine äußerst mobile Bevölkerungsgruppe darstellten. Als der Bevölkerungszustrom aus Ost- und Westpreußen, Schlesien und dem Sudetenland allmählich abebbte, gewann die Zuwanderung aus der DDR zahlenmäßig an Stärke. Bis zum Bau der Mauer im August 1961 siedelten monatlich zwischen 10.000 und 20.000 DDR-Bürger in die Bundesrepublik über. Für Ostdeutschland bedeutete dies einen ständigen Aderlass an Facharbeitern und anderen qualifizierten Arbeitskräften. Unter den DDR-Zuwanderern zählte man 20.000 Ingenieure, 4.500 Ärzte und 1.000 Hochschullehrer, die zwischen 1952 und 1963 einen Antrag auf Bundesnotaufnahme stellten. Außerdem waren die 18- bis 25-Jährigen unter den registrierten Übersiedlern besonders häufig vertreten. Dieser Personenkreis war potenziell ortsungebunden und leicht integrierbar, d.h., er kam wie gerufen, um die strukturell bedingten Engpässe auf dem Arbeitsmarkt zu überwinden. Der Mauerbau stoppte den Zustrom an Menschen schlagartig. Dies traf auf eine Arbeitsmarktlage, in der die Bundesrepublik weiterhin unter einer spürbaren Arbeitskräfteknappheit litt. Die staatliche Arbeitsmarktpolitik wandte sich verstärkt der internationalen Arbeitskräfteanwerbung zu.

Arbeitskräfteanwerbung

Die Aufnahme ausländischer Arbeitskräfte begann 1955 mit einem deutsch-italienischen Abkommen. Die Bundesregierungen der 1960er Jahre intensivierten sie, indem sie Anwerbeverträge als Mittel einer flexiblen Arbeitsmarktpolitik einsetzten. Vertragliche Abkommen wurden mit Spanien und Griechenland, der Türkei, Portugal und Jugoslawien geschlossen. Die bilateralen Abkommen galten bis November 1973, als mit dem Eintreten der Ölkrise ein offizieller Anwerbestopp verhängt wurde. Zwischen 1961 und 1974 stieg die Anzahl der ausländischen Arbeitnehmer von rund 500.000 auf 2,3 Millionen. Damit nahm ihr Anteil an den Beschäftigten in der Bundesrepublik von 2,5 Prozent (1961) auf 11,2 Prozent (1974) zu. Unter den meist südeuropäischen Arbeitsmigranten waren Türken zunächst kaum vertreten. Ihr Zuzug setzte erst langsam ein, dann holten sie allerdings stark auf und bildeten ab 1972 zahlenmäßig die stärkste Gruppe unter den ausländischen Arbeitnehmern. Die Bundesregierung glaubte, mit den Anwerbeverträgen ein Mittel zu einer flexiblen Gestaltung der Arbeitsmarktpolitik in der Hand zu haben. Auch in offiziellen Stellungnahmen wurde die Ausländerbeschäftigung nicht – wie noch bei den DDR-Zuwanderern – als gleichberechtigte Ergänzung des Arbeitsmarktes durch ausgebildete Facharbeiter angesehen, sondern sie diente der „Unterschichtung" des Arbeitsmarktes durch angelernte oder ungelernte männliche Arbeiter. Diese wohnten häufig in Sammelunterkünften, waren gering qualifiziert, dafür umso flexibler und bedarfsorientiert einsetzbar, z.B. in Arbeitsverhältnissen, die von vornherein als befristet vorgesehen waren. Deshalb bezeichnete man sie als „Gastarbeiter", womit betont wurde, dass ihr Aufenthalt in der Bundesrepublik als vorübergehend gedacht war.

Die ausländischen Arbeitsmigranten sollten eine „mobile Reservetruppe" bilden und als „Konjunkturpuffer" eingesetzt werden. Vielfach war ihnen ungeliebte, mit harter körperlicher Anstrengung verbundene Arbeit zugedacht. Ihre Arbeitsbedingungen waren häufig von Akkordlohn und Schichtsystem geprägt, ihre Berufe in der Landwirtschaft, im Bergbau, in der Eisen- und

Stahlindustrie, in der Bauindustrie oder bei der Müllabfuhr angesiedelt. CDU-Bundesarbeitsminister Theodor Blank (1905-1972) äußerte sich anlässlich der Begrüßung des millionsten ausländischen Arbeitnehmers im September 1964 ganz in diesem Sinne.

Quelle

Beitrag von Theodor Blank, Bundesminister für Arbeit und Sozialordnung

Aus: Bulletin (Presse- und Informationsamt der Bundesregierung), Nr. 160, 30. Oktober 1964, S. 1480.

Diese Million Menschen auf deutschen Arbeitsplätzen trägt mit dazu bei, dass unsere Produktion weiter wächst, unsere Preise stabil und unsere Geltung auf dem Weltmarkt erhalten bleiben. Die Rolle der Gastarbeiter auf dem Arbeitsmarkt wird in den kommenden Jahren sicher noch gewichtiger werden. Der Wunsch nach ausländischen Arbeitskräften ist in vielen Bereichen unserer Wirtschaft weiterhin stark. Unser eigenes Arbeitskräftereservoir wird, wenn wir den Statistikern glauben dürfen, in den kommenden Jahren noch schmaler werden. Die bekannten Veränderungen in unserem Altersaufbau verringern auch den Nachwuchs. Nur 22 v.H. unserer Bevölkerung sind jünger als 15 Jahre. Mit dieser Zahl liegt die Bundesrepublik an vorletzter Stelle in Europa. Schon allein diese Situation macht deutlich, dass wir auch in den nächsten Jahren auf Arbeitskräfte aus dem Ausland angewiesen sind.

Im Vergleich mit der Zuwanderung aus der DDR stellte sich ein Wandel ein, weil die ausländischen Arbeitsmigranten nicht in gleicher Weise qualifiziert und relativ leicht integrierbar waren. Viele Probleme auf dem Arbeitsmarkt waren durch die Anwerbung ausländischer Arbeitnehmer nicht adäquat zu lösen. Somit verstärkte der Mauerbau das in der Bundesrepublik ohnehin bestehende Qualifikationsdefizit. Das Versiegen des Humankapitaltransfers aus der DDR lässt sich daher auch als Impuls zur Verstärkung der Bemühungen im Bildungsbereich interpretieren.

Stabilitätsgesetz

Mitte der sechziger Jahre trat mit der Berufung von Karl Schiller (1911-1994) zum Bundeswirtschaftsminister ein Wandel in der Wirtschaftspolitik ein, der einen Bruch mit den Prinzipien Erhards bedeutete. Schiller glaubte, dass der Markt zu Ungleichgewichten tendiere und der Staat dem mit wirtschaftspolitischem Handeln begegnen müsse. Das unter Erhard vorbereitete, aber erst unter Schiller am 8. Juni 1967 verabschiedete „Gesetz zur Förderung der Stabilität und des Wachstums der Wirtschaft" verpflichtete die Bundesregierung zu entsprechenden Maßnahmen. Die Fiskalpolitik sollte mittels öffentlicher Ausgaben dafür Sorge tragen, dass gleichzeitig die Stabilität des Preisniveaus, ein hoher Beschäftigungsstand, ein außenwirtschaftliches Gleichgewicht und ein hohes Wachstum erreicht werden. Die Instrumente zur Erreichung der Ziele dieses sogenannten magischen Vierecks waren entsprechend der jeweiligen Konjunkturlage flexibel zu gestalten. Außerdem rief

Schiller die **konzertierte Aktion** ins Leben, die einen Ausgleich der Interessen der Arbeitsmarktparteien herstellen sollte.

Stichwort

Konzertierte Aktion

Wenige Wochen nach Bildung der „Großen Koalition" von CDU/CSU und SPD setzten sich Mitte Februar 1967 Vertreter der unternehmerischen Spitzenverbände wie des Bundes Deutscher Industrieller, des Deutschen Industrie- und Handelstags und des Deutschen Gewerkschaftsbundes (DGB) auf Einladung des Bundesministeriums für Wirtschaft zusammen. Ferner waren an dem Gesprächskreis die Bundesbank sowie die Wissenschaft in Form des kurz zuvor entstandenen Sachverständigenrates beteiligt. Das als „konzertierte Aktion" bekannt gewordene Gremium, das für ein Jahrzehnt existierte, hatte zum Ziel, eine rationale Ökonomie und Politik vorzubereiten. Es war vom Geist der neu institutionalisierten wissenschaftlichen Politikberatung inspiriert und suchte das makroökonomisch relevante Verhalten der großen volkswirtschaftlichen Interessenten abzustimmen. Konkret führte man beispielsweise Gespräche über die Verteilung des erwarteten Sozialprodukts, indem man über Lohnleitlinien beriet.

Das Gremium entstand in einer leicht angespannten Atmosphäre, denn die bundesweite Arbeitslosenzahl war in der kurzen Krise von 1966/67 von 110.000 auf 327.000 angestiegen. Deshalb befürchtete man einen Rückgang der inländischen Nachfrage. Die meisten Diskussionen kreisten um Konjunkturprogramme, d.h. eine Steigerung der öffentlichen Ausgaben, um das erwartete Nachfragedefizit zu kompensieren. Die einbezogene Bundesbank flankierte den expansiven Kurs der Regierung mit einer Lockerung ihrer Kreditpolitik. Die „konzertierte Aktion" markierte den Übergang zu einer nachfrageorientierten staatlichen Wirtschaftspolitik durch Ausgaben- und Subventionsprogramme, die in den folgenden Jahrzehnten zu einer starken Verschuldung der öffentlichen Haushalte führte. In tarifpolitischer Hinsicht waren ihre Erfolge bescheiden, denn die Konflikte zwischen den Arbeitsmarktparteien, die weiter auf Tarifautonomie pochten, waren längst nicht beigelegt, wie die wilden Streiks 1969 zeigten. In dieser Hinsicht erging es der „konzertierten Aktion" kaum anders als der Zentralarbeitsgemeinschaft in der Weimarer Republik, an die sie in gewisser Weise erinnerte.

Das Jahr 1973 bildete für die Industrieländer in mehrfacher Hinsicht eine Wasserscheide. Einerseits war das Rekonstruktionspotenzial aufgebraucht, sodass die Periode des Nachkriegsaufbaus endgültig zu Ende ging. Andererseits durchlebte die Weltwirtschaft eine krisenhafte Phase, die in der ersten Ölpreiskrise im Herbst 1973 kulminierte. Auslöser war der Jom-Kippur-Krieg im Nahen Osten. Die arabischen Länder, die prominent in der Organisation der Erdöl exportierenden Länder (OPEC) vertreten waren, wollten den Westen für seine Unterstützung Israels sanktionieren und drosselten die Ölfördermenge. Dadurch, dass das Kartell das Angebot verknappte, stieg der Ölpreis von 2,90 US-Dollar pro Barrel (1972) 1973 um 70 Prozent auf mehr als fünf US-Dollar und 1974 gar auf zwölf US-Dollar.

Zur Einsparung von Öl verhängte die Bundesregierung vier Sonntagsfahrverbote, doch brauchte die langfristige Senkung des Ölverbrauchs durch verbesserte Heizsysteme oder sparsamere Benzinmotoren ihre Zeit. Somit trafen in der Ölkrise mehrere Faktoren zusammen, die sich auf die Wirtschaftsleistung ungünstig auswirkten: a) das nachlassende Wachstum, b) ein vermehrter Rationalisierungsdruck, c) eine Kostenerhöhung der Produktion durch Rohstoffverteuerung, d) ein Lohnanstieg, denn die Gewerkschaften vermochten aufgrund des allgemeinen Preisanstiegs höhere Lohnforderungen durchzusetzen. Dem folgten Entlassungswellen, das neuartige Phänomen wurde als **Stagflation** bezeichnet. Nur umweltpolitisch lässt sich auf eine positive Folge der Ölkrise hinweisen: Sie förderte die Bemühungen um einen effizienteren Einsatz des grundlegenden Energieträgers.

Stichwort

Stagflation

Die Zeichen der sich anbahnenden Wirtschaftskrise waren schon ab den frühen 1970er Jahren in Form von Preissteigerungen und einem allmählichen Anstieg der Arbeitslosenrate bei gleichzeitigem Rückgang der Wachstumsraten zu beobachten. Bis zu diesem Zeitpunkt waren die Wirtschaftswissenschaftler davon ausgegangen, dass sich die Konjunktur und die Preise in ähnlicher Weise bewegten, doch nun war das Bild ein anderes: Trotz eines konjunkturellen Tiefs stiegen die Preise. Dieses erstmals auftretende Phänomen wurde als Stagflation bezeichnet, dies meinte eine Stagnation des Wirtschaftswachstums bei gleichzeitigem Anstieg der Preise und der Arbeitslosigkeit.

Inflationsbekämpfung

Die Sorge der unabhängigen Bundesbank galt vor allem der Geldwertstabilität, nachdem die Inflationsrate 1973 ein Rekordhoch von sieben Prozent erreichte. Durch ihre starke Einbindung in den Außenhandel flossen in die Bundesrepublik große Mengen an Dollars, der Leitwährung des Welthandels. Die amerikanische Regierung machte sich den Stellenwert ihrer Währung zunutze, indem sie große Geldmengen zur Finanzierung ihrer Staatsausgaben druckte. Der Effekt war, dass der Weltmarkt mit Dollars überschwemmt wurde. Dieser Umstand erschwerte den übrigen Industrieländern eine stabilitätsorientierte Geldpolitik, weil ihre Maßnahmen zur Geldwertsicherung durch die Kapitalzuflüsse untergraben wurden. Um der Inflation entgegenzusteuern, hatte die Bundesrepublik seit den 1960er Jahre die Deutsche Mark (DM) bereits mehrfach gegenüber dem Dollar aufgewertet, sodass der Dollarkurs von 4 DM (1969) auf 2,90 DM (Anfang 1973) fiel. Im März 1973 beschlossen die wichtigsten Industrieländer, darunter die Bundesrepublik, ihre Währungen gegenüber dem Dollar „floaten" zu lassen, d.h. eine freie Wechselkursbildung auf dem Markt zuzulassen. Dieser Übergang zum Floating ließ das System von Bretton Woods zusammenbrechen. Im Bereich der Binnenwirtschaft bereitete dies für die Bundesbank den Weg, eine Hochzinspolitik zur Dämpfung der Inflation zu betreiben. In der Außenwirtschaft sorgte die Aufwertung zwar für einen Preisanstieg westdeutscher Verkäufe, setzte den Handelsbilanzüberschüssen aber kein Ende, weil die Exportstärke größtenteils auf innovationsintensiven Qualitätsprodukten beruhte.

Konjunkturpolitik der Bundesregierung

Das neuartige Phänomen der Stagflation, das des nachlassenden Wachstums und die Preishausse des Hauptenergieträgers stellten die Konjunkturpolitik der Bundesregierung vor das Problem einer angemessenen Reaktion. Die Einsicht in die Komplexität der Situation fehlte den zeitgenössischen Politikern, deren Erfahrungen auf dem Referenzpunkt der Rezession des Jahres 1967 beruhten. Auf diese leichte Krise hatte die Bundesregierung mit zwei expansiven Konjunkturprogrammen reagiert und tatsächlich wurde 1968 wieder ein konjunktureller Aufschwung verzeichnet, den die Öffentlichkeit auf das Stabilitätsgesetz zurückführte. Der eigentliche Auslöser war jedoch, wie in jenen Jahren üblich, ein Exportschub gewesen, der zur Verbesserung der konjunkturellen Lage geführt hatte. Als die Bundesrepublik 1975 den bis dahin größten Konjunktureinbruch erlebte, der die Arbeitslosenzahl auf über eine Million schnellen ließ, entschied sich die Regierung für eine Intensivierung der keynesianischen Politik. Zur Konjunkturankurbelung nahm man große Haushaltsdefizite in Kauf, was der antiinflationären Politik der Bundesbank zuwiderlief.

Die Bundesregierung sah sich hinsichtlich des Konsumniveaus einer hohen Erwartungshaltung der Bevölkerung gegenübergestellt. Angesichts des hohen öffentlichen Drucks verschuldeten sich insbesondere die kommunalen Haushalte, um ihre geplanten Investitionen in verkehrs-, bildungs- und gesundheitspolitische Projekte zu verwirklichen. Während in der kurzen Krise des Jahres 1967 die öffentlichen Ausgaben noch gekürzt worden waren, flossen sie in den frühen 1970er Jahren besonders reichlich. Die sozialdemokratisch geführte Regierung hätte große Schwierigkeiten gehabt, ihre begonnenen Reformprojekte, die unter anderem auf die gesellschaftlichen Forderungen der außerparlamentarischen Protestbewegung reagierten, sogleich wieder abzubrechen und einen abrupten Politikwechsel zu begründen.

Wachsende Sozialleistungsquote bis 1975

Als Beispiel für die expansive Ausgabenpolitik lässt sich die Sozialleistungsquote anführen, die den Anteil der öffentlichen Ausgaben für soziale Zwecke am Bruttoinlandsprodukt misst. Ihr Wert stieg in der Wachstumsphase der Nachkriegszeit stetig an, bis sie 1975 mit 28 Prozent einen vorläufigen Höchststand erreichte, der lediglich nach der Vereinigung der beiden deutschen Staaten nochmals leicht übertroffen wurde. Die sozialstaatliche Expansion wurde gebremst, sodass ein gewisses Umdenken bereits in der Regierungszeit des sozialdemokratischen Kanzlers Helmut Schmidt einsetzte. Die Regierung akzeptierte die Inflationsbekämpfung als Notwendigkeit, um eine vorausschauende Wirtschaftspolitik bei Reduzierung der öffentlichen Ausgaben zu ermöglichen. Sie setzte die in den 1960er Jahren begonnene Strukturpolitik fort, indem sie Übernahmen und Fusionen in Problemsektoren wie der Stahlindustrie begleitete, womit sich der großflächige Abbau von Arbeitsplätzen fortsetzte. Die Wirtschaftspolitik befand sich in einem Dilemma: Die Akzeptanz des industriellen Strukturwandels erzeugte immer wieder neue soziale Kosten. Die steigende Staatsverschuldung führte zu einer Lähmung, weil sie Möglichkeiten zur Gestaltung der Wirtschaftsentwicklung verringerte.

Im Krisenbewusstsein und der Logik einer expansiven Fiskalpolitik ergriff die Bundesregierung steuerpolitische Maßnahmen, indem sie im Sinne des Stabilitätsgesetzes Investitionsprämien ausgab und Vergünstigungen bei den Abschreibungen gewährte. Jedoch verhinderte der Einsatz solcher Instrumente nicht, dass die Investitionstätigkeit zurückging, wie sich besonders im Krisenjahr 1975 zeigte. Überhaupt war es durch Anwendung fiskalischer Stimuli in dieser Periode nicht möglich, etwas an der Stagflation zu ändern. Diese Erfahrung führte zu einer Desillusionierung hinsichtlich der Möglichkeiten eines keynesianischen Krisenmanagements. Man verlor das Vertrauen in die politische Planbarkeit der Wirtschaftsentwicklung, wie sie durch Globalsteuerung und konzertierte Aktion zum Ausdruck gekommen war.

Angebotspolitik

Der „Rat von Sachverständigen für die Begutachtung der gesamtwirtschaftlichen Entwicklung“ formulierte erstmals in seinem Jahresgutachten 1974/75 Elemente einer wirtschaftsliberalen Angebotspolitik. Er stellte fest, dass dem Staat lediglich die Aufgabe zukommen solle, ein günstiges Investitionsklima zu schaffen. Das staatliche Ausgabeverhalten müsse langfristig stabil und berechenbar sein. Subventions- und Ausgabenprogramme sowie die antizyklische Steuerpolitik wurden als Irritation der auf Verlässlichkeit auszugestaltenden Rahmenbedingungen bezeichnet. Wegen des Zusammenhangs zwischen der steigenden Verschuldung der öffentlichen Haushalte und den Wirkungen des Budgetdefizits als Wachstumshemmnis schlug der Sachverständigenrat eine Kürzung der öffentlichen Ausgaben, insbesondere des Sozialbudgets, vor. Des Weiteren sei die bürokratische Reglementierung der Wirtschaft abzubauen.

Diese Vorschläge, die den Übergang zum Monetarismus einleiteten, nahm die Politik zeitverzögert auf. Bundeswirtschaftsminister Otto Graf Lambsdorff (1926–2009) legte 1982 ein Papier vor, das im Bundeswirtschaftsministerium unter seiner Leitung ausgearbeitet worden war. Es enthielt eine Diagnose der Wachstumsschwäche und führte diese auf Fehlentwicklungen der 1970er Jahre zurück. Es markierte den Willen der wirtschaftsliberalen Teile der FDP, zu einer liberalen Angebotspolitik überzugehen.

Quelle

Grundlagenabteilung des Bundeswirtschaftsministeriums: Konzept für eine Politik zur Überwindung der Wachstumsschwäche und zur Bekämpfung der Arbeitslosigkeit, 9. September 1982

Aus: Die Neue Bonner Depesche 9/1982 (Beilage „Dokumentation")

Die gesamte Weltwirtschaft steht offensichtlich in einer hartnäckigen Stabilisierungs- und Anpassungskrise. [...] Diese weltweite Wachstumsschwäche darf aber nicht darüber hinwegtäuschen, dass die derzeitigen weltwirtschaftlichen Schwierigkeiten die Summe einzelstaatlicher Fehlentwicklungen sind und dass ein wesentlicher Teil der Ursachen unserer binnenwirtschaftlichen Probleme auch im eigenen Lande zu suchen ist. Eine Hauptursache für die seit Jahren anhaltende Labilität der deutschen Wirtschaft liegt zweifellos in der weitverbreiteten und eher noch wachsenden Skepsis im eigenen Lande. [...]
Eine die Wirtschaft nicht überzeugende Konsolidierungspolitik kann aber keine neuen Unternehmensinitiativen wecken; sie kann sogar durch das Zusammentreffen von staatlicher Nachfragekürzung ansteckendem Pessimismus in der Privatwirtschaft einen noch gefährlicheren circulus vitiosus in Richtung Depression auslösen. Es besteht nämlich dann die Gefahr, dass immer mehr Unternehmen ihre Investitionen einschränken und unrentable Betriebsteile abstoßen, um ihre Liquidität zu sichern. [...]
Auch die derzeit wieder verstärkt zu hörende Forderung nach einer Politik der forcierten staatlichen Nachfragestützung durch zusätzliche mehrjährige kreditfinanzierte öffentliche Ausgabenprogramme verkennt, dass dadurch allein (schon wegen der damit verbundenen Folgekosten) die strukturellen Probleme in den öffentlichen Haushalten eher noch vergrößert würden. Der damit ausgelöste Nachfrageeffekt dürfte zudem angesichts der pessimistischen Grundstimmung weitgehend verpuffen, zumal auch der Anteil der öffentlichen Investitionen an den gesamten Anlageinvestitionen nur 16% ausmacht. Die Erwartungen der privaten Investoren hinsichtlich der künftigen Zins- und Abgabenbelastung würden dagegen weiter verunsichert und die private Investitionstätigkeit dadurch eher gedämpft als stimuliert werden. Deswegen dürfte zumindest eine isolierte Politik zusätzlicher staatlicher Nachfragestützung nach wie vor eher kontraproduktiv sein.

Das Lambsdorff-Papier grenzte sich nicht nur von der Wirtschaftspolitik der bisherigen sozialliberalen Regierung ab, sondern verabschiedete sich auch von dem Nachkriegskonsens, der auf der Idee der Umverteilung und der umfassenden sozialen Absicherung beruhte. Gleichzeitig ging es mit dem vermeintlichen Keynesianismus dieser Jahre hart ins Gericht, der sich mit seinem Versuch der Gegensteuerung gegen Wachstumsverlangsamung und Lohndrosselung als eine zum Scheitern verurteilte Strukturerhaltungspolitik darstelle. Das Papier wird auch als Scheidungsbrief bezeichnet, weil seine Veröffentlichung den Bruch der Regierungskoalition zwischen SPD und FDP auslöste. Durch konstruktives Misstrauensvotum löste am 1. Oktober 1982 eine CDU/CSU-FDP-Koalition unter dem neuen Bundeskanzler Helmut Kohl (1930–2017) die bisherige Regierung ab. In Abkehr von der expansiven Ausgabenpolitik besann sich die Kohl-Regierung auf konservative Ziele des Wirtschaftens wie Stabilisierung, Bewahrung des Preisniveaus und Senkung der öffentlichen Verschuldung. Grundsätzlich richtete sich die Politik stärker angebotsorientiert aus, denn sie stellte Steuerentlastung für Unternehmen, den Abbau von Investitionshemmnissen sowie eine Verminderung der Staatseingriffe in die Wirtschaft in Aussicht.

Allerdings fiel der Bonner Machtwechsel in eine erneute globale Krisensituation, die maßgeblich auf die zweite Ölkrise zurückzuführen war. Die weltweite Rezession der Jahre 1981/82 ähnelte in vielem derjenigen von 1973-1975. Ein weltweiter Ölpreisanstieg führte zu einer Verschlechterung der *terms of trade*. Deshalb erfolgte die Umorientierung zu einer liberalen Angebotspolitik unter Bundeskanzler Kohl nicht durchgreifend. Vielmehr zeigte sich eine Beharrungskraft des westdeutschen Modells. Entgegen der Ankündigungen beim Regierungswechsel von 1982 änderte sich die Sozialstaatlichkeit nur geringfügig; gewisse Leistungen wurden zwar zurückgeschraubt, aber es fanden keine grundlegenden Strukturreformen statt. Damit unterschied sich der westdeutsche Weg von dem anderer westlicher Industrieländer, namentlich Großbritanniens unter Margaret Thatcher (1925-2013) und den USA unter Ronald Reagan (1911-2004). Beide angelsächsischen Länder vollzogen in den 1980er Jahren eine markante Wende zugunsten neoliberaler und monetaristischer Ordnungsprinzipien - bei gleichzeitiger erheblicher Einschränkung des Sozialstaates.

Staatlicher Rückzug aus industriellen Beteiligungen

Konsequenter ging die Kohl-Regierung bei ihrer Privatisierungsstrategie vor. Der Staat zog sich fast vollständig aus den großen Industriebeteiligungen zurück; es fand ein vollständiger oder teilweise erfolgender Verkauf der Aktienanteile von Volkswagen, Mischkonzernen wie den Vereinigten Industrie-Unternehmungen AG, dem Energieversorger Vereinigte Elektrizitäts- und Bergwerks AG, der ehemals im Montansektor angesiedelten Industrieverwaltungsgesellschaft AG sowie dem Stahlproduzenten Salzgitter AG statt. Mit diesen Verkäufen gab man insbesondere die Beteiligungen in den alten industriellen Kernbereichen auf, die sich zu großen Subventionsfeldern entwickelt hatten. Der Rückzug entsprach einem Verständnis von Marktwirtschaft, das den Staat auf seine Aufgabe der Gestaltung der wirtschaftlichen Rahmenbedingungen reduziert sehen wollte.

Konsequenzen der Rationalisierung

Eine neue Wachstumsdynamik ließ sich allerdings auch mit dem angestrebten liberalen Modell nicht generieren. Vielmehr zeitigte die gestiegene Einbindung der führenden bundesdeutschen Industriezweige in den Weltmarkt erhebliche Folgewirkungen. Sowohl die Eisen- und Stahlindustrie als auch die chemische Industrie, der Fahrzeug- und Maschinenbau sowie die Elektrotechnik setzten in den 1980er und 1990er Jahren zwischen 50 und 80 Prozent ihrer Produktion auf internationalen Märkten ab. In all diesen Branchen zog die Exportorientierung eine Rationalisierung und ein hohes Maß an

Spezialisierung nach sich. Gleichzeitig sah sich die deutsche Industrie einem hohen Wettbewerbsdruck ausgesetzt. Aufgrund der starken Exportfixierung hatte ein Rückgang der internationalen Nachfrage unmittelbar beschäftigungspolitische Konsequenzen. Daraus leiteten die Industriemanager ein Gebot der Kostensenkung ab, sodass sie immer weniger Räume für die Aushandlung von eigenständigen Konditionen mit den Gewerkschaften zugestanden. Gute Möglichkeiten, die Arbeiter und Angestellten an der Prosperitätsentwicklung partizipieren zu lassen, eröffneten sich nur in Sektoren, die hohe Gewinne erzielten. Andere Industriezweige wie die Eisen- und Stahlindustrie, der Schiffbau sowie die Textil- und Bekleidungsindustrie konnten sich im internationalen Konkurrenzkampf nicht behaupten.

Rückgang der industriellen Beschäftigung

Durch die außenwirtschaftliche Einbindung fielen Stellen für geringqualifizierte Arbeitnehmer weg, weil sie unter den Konkurrenzdruck der Niedriglohnländer gerieten. Dadurch wurde der in den fünfziger Jahren entworfenen Gastarbeiterpolitik endgültig die Grundlage entzogen. Hinsichtlich des erneuten Anstiegs der Arbeitslosenzahlen auf über zwei Millionen Registrierte war eine weitere Beobachtung bemerkenswert: Er resultierte nicht allein aus den Freisetzungen in den schrumpfenden Sektoren, sondern beruhte auch darauf, dass von den Wachstumsindustrien wie dem hochtechnisierten Maschinenbau, der Mikroelektronik oder dem Luft- und Raumfahrzeugbau keine adäquaten Beschäftigungseffekte ausgingen. Gleiches galt für die weiterhin prosperierenden Industrien wie die Chemie oder Kunststoffverarbeitung, in denen ebenfalls Arbeitsplätze in großer Anzahl der Rationalisierung zum Opfer fielen. Der technologische Wandel gewann einen neuen Charakter und wurde zur Hauptursache für die anhaltende Massenarbeitslosigkeit, die mit den hergebrachten konjunkturpolitischen Mitteln kaum zu verringern war. Dadurch lässt sich ebenfalls erklären, dass der Sozialabbau nicht in der am Anfang der Kohl-Ära erwarteten Dramatik vollzogen wurde. Im Gegenteil fanden unter Bundeskanzler Kohl entscheidende sozialpolitische Erweiterungen statt, die auf die Reduzierung der Anzahl der Arbeitsuchenden zielten. Die Gesetzgebung zur Frühverrentung zielte auf die Verringerung des Gesamtarbeitsvolumens und trat der vonseiten der Gewerkschaften geforderten 35-Stunden-Woche als Alternative entgegen.

3. Zentrale Verwaltungswirtschaft der DDR

Die Frage des Zusammenhangs zwischen Ordnungspolitik und Wirtschaft stellte sich in der DDR in ganz anderer Weise, denn mit der Errichtung einer zentralen Verwaltungswirtschaft waren die staatlichen Eingriffe weitaus umfangreicher als in einer Marktwirtschaft, und dies selbst im Vergleich mit der NS-Wirtschaftsordnung. Die Umgestaltung der Eigentumsordnung und die Fortführung des Regulierungssystems legten bereits in der SBZ-Phase die wesentlichen Fundamente der neuen Wirtschaftsordnung. Formal beendete der sowjetische Befehl vom 17.April 1948 die Sequesterverwaltung und wandelte die bisher landeseigenen in volkseigene Betriebe (VEB) um. Damit war die Entscheidung für Staatseigentum, vor allem für den Kernbereich der Industrie, endgültig getroffen. Es folgte ein Übergangsprozess zu einer längerfristigen und komplexeren Planung.

In einem engen Zeitabschnitt des Jahres 1948 wurden die entscheidenden Weichen für die Errichtung einer zentralen Verwaltungswirtschaft gestellt. Die Deutsche Wirtschaftskommission verabschiedete auf ihrer Sitzung vom 12. Mai 1948 sowohl den Halbjahresplan für den Zeitraum von Juli bis Dezember 1948 als auch den Zweijahrplan für die Jahre 1949/50. Die einige Wochen zuvor verfügte Sicherung der staatlichen Eigentumsrechte über die wichtigsten Industrien schuf die Voraussetzung für den Übergang zu einer langfristigen Perspektive bei der Planung. Schließlich besiegelte die doppelte deutsche **Währungsreform** im Juni bzw. Juli 1948 die wirtschaftspolitische Spaltung Deutschlands.

Stichwort

Währungsreform in der SBZ

Die SBZ-Währungsreform Ende Juli 1948 errichtete zwar eine neue monetäre Ordnung, folgte aber einer anderen Logik als ihr westliches Pendant. Ihr Hauptanlass war die Verhinderung des Einströmens großer Mengen wertlosen Geldes, was nach der Durchführung der Westreform drohte. Da die Geldscheine im Osten nicht rechtzeitig gedruckt werden konnten, wurden die umlaufenden Reichsmarknoten zunächst mit Coupons beklebt. Die im Juli 1948 gegründete „Deutsche Notenbank" gab ab Ende des Monats neue Geldscheine aus. Mit der Währungsreform wurden Spareinlagen ab einer Höhe von 5.000 RM überprüft, sodass Gewinne aus Schwarzmarktgeschäften ebenso wie die Einlagen sogenannter Kriegsgewinnler eingezogen wurden. Wie im Westen gab es eine politische Einflussnahme auf die Modalitäten der Geldumstellung: Die Vermögensbestände der staatlichen Betriebe sowie der Massenorganisationen und Parteien wurden wie diejenigen der VEB im Verhältnis 1:1 umgestellt, während die verbliebenen Privatbetriebe einen Kurs von 10:1 erhielten. Die Währungsreform wurde zum Anlass genommen, die bestehende Besitz- und Vermögensaufteilung zu verfestigen. Jedoch ging von ihr wegen des festgezurrten Preissystems kein mit dem Westen vergleichbarer Wirtschaftsimpuls aus.

Institutionalisierung des Plansystems

Die Planungsbürokratie unterstand bei Gründung der DDR dem Amt für Wirtschaft der Deutschen Wirtschaftskommission, dann für kurze Zeit dem Ministerium für Planung und schließlich ab November 1950 der Staatlichen Plankommission. Die Vorbereitung der zentralen Planung begann im Januar 1948, als das Amt für Wirtschaft Betriebskarteien für Großbetriebe und eine Warenkartei für die wichtigsten Erzeugnisse in der SBZ erstellte. In Ermangelung einer umfassenden statistischen Grundlage griffen die Statistiker auf den Industriezensus von 1936 zurück, der zu Beginn der Hochrüstungsperiode einen Gesamtüberblick geboten hatte. Ferner begann man, sich mit der Erstellung von Arbeitsnormen zu befassen. Über die gesetzliche Fundierung der zentralen Planung im Mai 1948 hinweg traten Ablaufschwierigkeiten in der praktischen Umsetzung auf, denn die aufzubauende Planungsbürokratie war personell zu dünn besetzt. Die Personalstärke in diesem Bereich wuchs rasch, um das System der **zentralen staatlichen Planung** durchführbar zu machen.

Abb. 8 Die Anzeigetafel für die tägliche Produktion, Walzwerks Gröditz Juli 1949.

Stichwort

Zentrale staatliche Planung in der DDR

In der zentralen Verwaltungswirtschaft erfolgte die Mehrzahl der ökonomischen Transaktionen nicht über den Markt, sondern über die Zuteilungen der Planbehörden. Im ersten Schritt erstellte die Staatliche Plankommission (SPK) einen Rahmenplan, der auf den wirtschaftlichen Richtlinien der SED-Spitze, d.h. erst des Zentralsekretariates, dann des Politbüros, basierte. Aus diesen wirtschaftspolitischen Vorgaben entwickelten die Industrieministerien branchenspezifische Programme, die sie als Aufgaben für die nächste Hierarchieebene, die Vereinigungen volkseigener Betriebe (VVB), formulierten. Von dieser mittleren Ebene wurden die Aufgaben an die Betriebe weitergeleitet. Die Vorschläge wurden betriebsintern erörtert, unter Einbeziehung der nur ihnen verfügbaren Informationen, z.B. zu Rohstoff- und Arbeitskräftekapazitäten. Die Betriebsleitungen modifizierten die Planvorgaben und leiteten ihre Vorstellungen auf dem Instanzenweg wieder nach oben. Die VVB fassten die betrieblichen Einzelpläne zusammen und modifizierten sie gegebenenfalls. Die nochmaligen Synthesen der Industrieministerien verarbeitete die SPK zu längerfristigen Plänen. Man unterschied perspektivische Fünfjahrespläne sowie konkrete Jahrespläne. Ferner stimmte die SPK die Pläne mit den ausgegebenen politischen Zielvorgaben ab. Abschließend erließ die Volkskammer den Plan als Gesetz. Danach wurde er in verbindliche Kennziffern aufgegliedert, die bis auf Betriebsebene ein Normen- bzw. Produktionssoll festlegten.

Kadersystem

Nach der Einführung des Plansystems war die politische Wirtschaftskontrolle ein wichtiges flankierendes Ordnungselement. Bis auf die Ebene der Betriebe fanden personelle Säuberungen statt, die den SED-Machtanspruch sicherten. Organe wie die Zentrale Kommission für Staatliche Kontrolle überwachten nicht nur den Planungsprozess, sondern überprüften zugleich die damit befasste Staatsbürokratie. Zu den wichtigsten Aufgaben dieser ersten zentralen Kommission, die im Mai 1948 nach sowjetischem Vorbild eingerichtet wurde, zählte die Aufdeckung „wirtschaftsschädigender Handlungen". Mit diesem Verdikt wurden die personellen Säuberungen in den Betrieben begründet, die die vorherige Entnazifizierung unter neuen Vorzeichen fortsetzten. Kontrollkommissionen, die auch parteiintern entstanden, waren die entscheidenden Organe der SED, um in die Personalpolitik einzugreifen. Die Staatspartei besetzte die wichtigsten betrieblichen Führungspositionen mit ihren Parteiangehörigen. Die Personalleitungen der Betriebe, die wiederum einer entsprechenden Zentralbehörde unterstanden, übernahmen die Funktion, über sukzessive zusammengestellte Kaderkarteien den Zugriff auf die gesamte betriebliche Personalpolitik vorzubereiten. Ab Februar 1950 zentralisierte das neu gegründete Ministerium für Staatssicherheit viele Kontrollfunktionen und die Überwachung der Betriebe in seiner Wirtschaftsabteilung.

Immanente Mängel des Plansystems

Obgleich die Planbürokratie in den 1950er Jahren immer stärker ausgebaut wurde, erwiesen sich ihre Kapazitäten als begrenzt. Die große Menge der zu sammelnden und zu verarbeitenden Informationen machte es unmöglich, das gesamte produktionsrelevante Wissen zu erfassen. In der Praxis waren die Verteilungsmechanismen zwischen den volkseigenen Betrieben (VEB) nicht ausgefeilt genug. Die Planer klagten über Informationsdefizite, weil sie für eine realistische Ressourcenaufteilung auf die Information aus den Betrieben angewiesen waren. Diese hatten die Möglichkeit, die Pläne durch lückenhafte oder manipulierte Angaben in ihrem Sinn zu beeinflussen. Niedrige Plankennziffern lagen im Interesse des Betriebskollektivs, das sich dadurch höhere Prämien sichern konnte. Im Resultat entstanden sogenannte weiche Pläne, deren Erfüllung keine Höchstleistungen von den Betrieben erforderte.

Hortungstendenz

Im Februar 1953 hob das Zentralkomitee der SED die Hortungstendenz der Betriebe explizit als Hauptmangel des Wirtschaftssystems hervor. Sie war ein Effekt der Planorientierung, denn das betriebliche Anreizsystem richtete sich allein auf die Erfüllung der Planvorgaben aus. Um dieses Ziel möglichst reibungslos zu erreichen, hatten die Betriebe ein Interesse an einer ausreichenden Bereitstellung aller hierfür notwendigen Inputfaktoren. Weil ständig Ressourcenknappheit zu befürchten war, hielten sie genügend Rohstoffe und Vorprodukte auf Lager, um das Erreichen der Plankennziffer nicht zu gefährden. Derselbe Mechanismus führte zur Hortung von Arbeitskräften: Die Beschäftigung einer möglichst hohen Anzahl von Arbeitern sicherte die Bewältigung der Planaufgaben und das Erreichen der geforderten Überproduktion, die zur Erzielung von Prämien notwendig war. Das Resultat war, dass die Inputfaktoren ständig knapp blieben, d.h. Engpässe entstanden. Schon ab Ende der vierziger Jahre mehrten sich in der SBZ/DDR die Quellenhinweise auf solche Engpässe, die den ungarischen Ökonomen János Kornai (geb. 1928) bewogen, von den Planwirtschaften als *economies of shortage* zu sprechen.

Innovationsschwäche

Ferner zeichnete sich die Planwirtschaft durch eine Innovationsschwäche aus, die mögliche Rationalisierungen und Produktneuerungen erschwerte. Innovationen waren nicht planbar, denn die Bürokratie war nicht in der Lage, die künftige Kreativität zu erfassen und in Produktionspläne umzusetzen. Für die Betriebe war es zudem einfacher, die Planvorgaben mittels der hergebrachten Technologie zu erfüllen, als sich auf das Risiko des Einsatzes neuer Verfahren einzulassen. Aus diesem Mangel an Eigeninitiative ergab sich ein systemimmanenter Zwang zur Imitation und Nachahmung, sodass sich die Anstrengungen meist darauf richteten, westliche Spitzentechnologien zu kopieren. Die großen Wirtschaftsprogramme wie der Chemieschwerpunkt der 1960er Jahre oder die Mikroelektronik der 1970er Jahre hinkten den Weltstandards hinterher.

Defizite bei der Handelsintegration

Der DDR-Außenhandel lag ab September 1951 in den Händen der volkseigenen Firma Deutscher Innen- und Außenhandel, die ein Monopol etablierte. Ihre Einbindung in den staatlichen Planungsprozess hatte zur Folge, dass der Außenhandel häufig eine Lückenbüßerfunktion übernahm, weil über Westimporte versucht wurde, vorhandene Engpässe zu schließen. Dies verstärkte den chronischen Devisenmangel, sodass die Exporte immer mehr für eine Finanzierung der Importe sorgen mussten. Nicht selten wurden die Exportbetriebe zu diesem Zweck staatlich subventioniert. Auch die Einbindung in den Rat für gegenseitige Wirtschaftshilfe (RGW) vermochte diesen Mangel nicht zu beheben, denn die volkswirtschaftlichen Planungen der Mitgliedstaaten waren kaum aufeinander abgestimmt. Im Gegensatz zur westeuropäischen Wirtschaftsintegration vermochte das Pendant im Ostblock keine Stimuli für allseitige wirtschaftliche Entwicklung zu setzen.

Dem Zentralkomitee der SED waren diese planungsimmanenten Mängel zum größten Teil bewusst. Schon Anfang der 1950er Jahre prangerte es die zu hohen Produktionskosten aufgrund von Rohstoff- und Arbeitskraftverschwendung, den hohen Anteil an Ausschussproduktion, die Neigung zur Hortung von Rohstoffen und Halbfertigwaren, die mangelhafte Organisation des Produktionsablaufs, die zu Stillstand und Überstunden führte, die unzureichende Normenerfüllung sowie Rückstände in der Warenproduktion an. Jedoch begriffen die Wirtschaftspolitiker diese Mängel nicht als generelle Schwäche des Plansystems, sondern als Anpassungsschwierigkeiten, die der nicht ausgereiften Methodik und der mangelnden Planungserfahrung geschuldet waren. Betriebliche Ineffizienzen wurden meist als persönliches Versagen der Betriebsleitungen gedeutet. In Einzelfällen hatten betriebliche Führungskräfte sogar eine Verfolgung durch die staatlichen Kontroll- und Überwachungsorgane zu befürchten.

Wachstumsdefizite

Schon in der ersten Hälfte der 1950er Jahre wurde das innerdeutsche Wachstumsgefälle augenfällig, denn die Bundesrepublik erreichte den Stand des Vorkriegssozialprodukts bereits 1951, die DDR aber erst 1955/56. Dies entsprach nicht den Erwartungen, die man in die Einführung der zentralen Planwirtschaft gesetzt hatte, und die erste Euphorie wurde gebremst. Die SED reagierte darauf, indem sie auf ihrer zweiten Parteikonferenz im Juli 1952 propagierte, den „Aufbau des Sozialismus" zu vervollkommnen. Die Außenbelastungen der DDR-Wirtschaft waren besonders groß. Die Reparationszahlungen, die sich auf jährlich vier Milliarden Mark summierten, brauchten rund zehn Prozent des produzierten Nationaleinkommens auf. Deshalb wurde der gesamten Volkswirtschaft ein „allgemeines Prinzip der Sparsamkeit" auferlegt, das sich vor allem auf die Ausgabenseite der öffentlichen Haushalte bezog. Der im November 1952 vom Zentralkomitee der SED verfügte Sparkurs betraf vor allem die Sozialleistungen zur Versorgung der Bevölkerungsgruppen außerhalb des Produktionsprozesses. Die vorgenommenen Kürzungen entsprachen der Logik einer Arbeitsmarktpolitik, die sich an der möglichst optimalen Ausnutzung des Produktionsfaktors Arbeit orientierte.

Neuer Kurs 1953

Im Mai 1953 richteten sich erneute Sparmaßnahmen gegen den selbstständigen Mittelstand, d.h. Industrielle, Handwerker, Groß- und Einzelhändler, Hausbesitzer mit Mieteinkünften, Rechtsanwälte oder Makler. Ab dem 1. Mai 1953 wurden ihnen die Lebensmittelkarten entzogen, was zu Protesten führte. Am 11. Juni 1953 gewährte der Ministerrat im Zuge eines „Neuen Kurses" Konzessionen an den gewerblichen Mittelstand und auch die Bauernschaft, darunter die Förderung durch Kredite und die Rückgabe enteigneter Höfe und sonstigen Vermögens. Gleichzeitig wurden aber die Arbeitsnormen für die Arbeiterschaft erhöht, was zum Ausbruch des Aufstandes am 17. Juni 1953 führte. Die SED-Führungsspitze korrigierte abermals ihren Kurs und bezog die Arbeiter in die Konzessionspolitik ein. Die Arbeiterlöhne wurden angehoben, speziell in den unteren Lohngruppen, und Preissenkungen in den Läden der staatseigenen Handelsorganisation (HO) verfügt. Diese Entscheidungen stellten die Weichen für den Übergang zur expansiven Subventions- und Finanzpolitik der DDR.

Wirtschaftsreform der 1960er

Der Mauerbau im August 1961 setzte dem permanenten Vergleich mit Westdeutschland ein vorläufiges Ende, weil den DDR-Bürgern die Möglichkeit zur Flucht genommen und die Alternative eines Lebens in der Bundesrepublik kaum mehr erreichbar war. Insofern trug die Grenzschließung zur inneren Konsolidierung der DDR bei, denn die Bürger hatten sich immer mehr auf die gegebenen Verhältnisse einzulassen und sich ihnen anzupassen. Dadurch konnte sich die staatliche Wirtschaftspolitik wieder auf die Steigerung der Produktion bei Zurückstellung der Konsumbedürfnisse orientieren. Gleichzeitig bot sich die Gelegenheit, Spielräume und Experimentiermöglichkeiten in der Wirtschaftsplanung zu erproben.

Abb. 9 Sportmoped für die IV. Messe der Meister von Morgen im Bugra-Messehaus in Leipzig, 2. November 1961.

Nachdem der Siebenjahresplan von 1958 unter dem Slogan „Einholen und Überholen" gescheitert war, entschloss sich die DDR-Staatsführung für die Entwicklung eines „Neuen Ökonomischen Systems der Planung und Leitung" (NÖS oder NÖSPL). Die zentrale Festsetzung bestimmter ökonomischer Hebel, vor allem der Preise, wurde gelockert. Die Betriebe erhielten größere Freiheiten, indem sie über diese Instrumente nun selbst entscheiden konnten. Die sogenannte Eigenerwirtschaftung der Mittel steigerte ihre Autonomie, indem sie ihnen die Verfügungsrechte über bestimmte Teile der betrieblichen Fonds einräumte. Durch Stärkung der Anreizsetzung sollte eine größere Nachfrageorientierung erreicht werden, obgleich die staatlichen Stellen ihren Anspruch auf Gesamtplanung nicht aufgaben. Die Veränderung einzelner Stellschrauben führte allerdings dazu, dass sich die Betriebe mehr an den Konsumentenwünschen orientierten und ihre Produktionspalette entsprechend gestalteten.

Durch die Lockerungen geriet die Erfüllung der Perspektiv- und Rahmenpläne in Gefahr. Die „volkswirtschaftlich strukturentscheidenden Aufgaben" drohten vernachlässigt zu werden, insbesondere die Produktionssteigerung in den als prioritär angesehenen Sektoren Elektrotechnik, Chemie und Werkzeugmaschinenbau. Schon 1968 ging man in diesen Schlüsselbranchen wieder zur Detailplanung über.

Quelle

Grundsatzregelung für komplexe Maßnahmen zur weiteren Gestaltung des ökonomischen Systems des Sozialismus in der Planung und Wirtschaftsführung 1969 und 1970

Gerhard Schürer (Vorsitzender SPK), Vorlage einer geheimen Ministerratssache, 7. März 1968
Bundesarchiv DY 3023, Nr. 436, fol. 80–91 (Auszüge)

Die Durchführung der auf dem VII. Parteitag beschlossenen Grundlinie, das entwickelte gesellschaftliche System des Sozialismus mit seinem Kernstück, dem ökonomischen System, in der DDR zu schaffen, macht es erforderlich, in den nächsten Jahren die Voraussetzungen dafür zu entwickeln, dass in der Periode des nächsten Perspektivplans (1971–1975) das ökonomische System des Sozialismus als ganzes wirksam wird. Als Bestandteil der sich hieraus für das Jahr 1968 ergebenden Schwerpunktaufgaben

1. den Maßnahmen zur Ausarbeitung und Anwendung der wissenschaftlich begründeten Führungstätigkeit, als marxistisch-leninistische Organisationswissenschaft zusammengefasst, sowie zur Weiterführung der Qualifikation der leitenden Kader;
2. der ständigen Arbeit mit der Prognose, um zu gewährleisten, dass die wissenschaftlich-technische Revolution systematisch und konsequent weitergeführt wird […]

werden durch diese Grundsatzregelungen die […] durchzuführenden Maßnahmen zur Gestaltung des Gesamtsystems festgelegt. […] Die zentrale staatliche Planung und Leitung der volkswirtschaftlich strukturentscheidenden Aufgaben ist das Instrument des Ministerrates zur vorrangigen Durchsetzung einer hocheffektiven, perspektivisch gezielten volkswirtschaftlichen Strukturpolitik zur Meisterung der wissenschaftlich-technischen Revolution. Volkswirtschaftlich begründete Aufgaben sind solche prognostisch begründeten Aufgaben, deren technisch-ökonomischer Charakter und deren festgelegte realisierbare Planzielstellung insgesamt im Perspektivzeitraum einen umwälzenden Einfluss auf das wissenschaftlich-technische und ökonomische Niveau der Volkswirtschaft ausüben und gewährleisten, die Weltspitze zu erringen und zu behaupten […]

Rezentralisierung

Durch die Ausweisung prioritärer Sektoren entstand eine Sogwirkung, denn viele Bereiche versuchten nun, als „strukturbestimmend“ anerkannt zu werden, um von den Begünstigungen im Zuteilungssystem zu profitieren. Die strukturbestimmenden Bereiche dehnten sich unter Vernachlässigung anderer Produktionszweige stark aus, sodass Engpässe bei der Belieferung mit Vorleistungen entstanden. Die Konkurrenz um Ressourcen zwischen strukturbestimmenden und nicht explizit begünstigten Bereichen erforderte eine Parteinahme zugunsten Letzterer. Der Sinneswandel innerhalb der SED hin zur ordnungspolitischen Rezentralisierung folgte auch politischen Erwägungen. Gegen die Reform eingestellte DDR-Funktionäre machten auf den Widerspruch aufmerksam, dass man nicht einerseits auf den alternativen Charakter des eigenen Wirtschaftssystems pochen, aber andererseits dem überlebten kapitalistischen System hinterherrennen könne. 1970/71 erfolgte der Abbruch des Reformexperiments des NÖS, nachdem zunehmend gesamtwirtschaftliche Ungleichgewichte auftraten. Die Rezentralisierung des Wirtschaftsmechanismus zeugte davon, dass die politische Klasse fürchtete, ihren Einfluss auf die Wirtschaft zu verlieren.

Verzögerte Krise der 1970er

Die Krise des Ölpreisschocks erreichte die DDR zeitversetzt. Aufgrund der fehlenden Konvertibilität der eigenen Währungen fand im Ostblock die immer wieder notwendige Neuberechnung der Außenhandelspreise nachholend mit Bezugnahme auf die Entwicklung des internationalen Preisgefüges statt. Die Rekalkulation dauerte bis 1976 und erst zu diesem Zeitpunkt schlugen sich die Preiserhöhungen für Rohstoffe auf den Berechnungsmodus im DDR-Außenhandel nieder. Die daraus resultierende Beeinträchtigung der Außenhandelsbedingungen verschlechterte die Möglichkeiten zur Erwirtschaftung von Devisen, die zur Importfinanzierung benötigt wurden. Um die anhaltenden Qualitätsprobleme zu lösen, wäre ein Investitionsschub sinnvoll gewesen, doch entschloss sich die Regierung unter Erich Honecker (1912–1994) für einen anderen Kurs.

Einheit von Wirtschafts- und Sozialpolitik

Als Honecker am 3. Mai 1971 Ulbricht als Staats- und Parteichef ablöste, versprach er eine konsumorientierte Wende, die später als „Einheit von Wirtschafts- und Sozialpolitik" ins SED-Programm aufgenommen wurde. Obgleich die verfügbaren Mittel beschränkt waren, sollten für die Werktätigen Fortschritte im Hinblick auf eine spürbare Hebung des Wohlstands erzielt werden. Damit war die Hoffnung verbunden, dass die sozialen Verbesserungen zu weiteren Leistungssteigerungen führen könnten. Nach den vielzähligen Reformversuchen sollte die programmatische Wende das Vertrauen der Bevölkerung in die Gabe der SED zur wirtschaftlichen Führung wiederherstellen.

Subventionspolitik

Die politische Weichenstellung hin zu einem Konsumzuwachs wirkte sich negativ auf die dringend erforderlichen Investitionen aus. Insbesondere im Bereich der neuen Technologien blieben sie hinter den Anforderungen zurück. Auf Dauer ging die Umlenkung der Mittel in den Konsumsektor zulasten der volkswirtschaftlichen Substanz. Die Wirtschaftskrise, die das Ende der DDR maßgeblich besiegelte, kann von innen heraus durch die Subventionspolitik erklärt werden. Der Deutung der SED zufolge müsse der Sozialismus dafür Sorge tragen, dass die Befriedigung der Grundbedürfnisse für die gesamte Bevölkerung zu niedrigen Preisen erfolge. Die meisten Preise für Güter des alltäglichen Bedarfs wie Grundnahrungsmittel, Kinderkleidung, Personenverkehr, Dienstleistungen oder für Mieten wurden trotz sich erhöhender Kosten niedrig gehalten. Das bedeutete, dass der Staat hohe Subventionen in den betreffenden

Wirtschaftssektoren leisten musste. Bereits beim Regierungsantritt Honeckers lag die Subventionsquote, d.h. ihr Anteil am Staatshaushalt, bei rund zehn Prozent. Sie kletterte bis Mitte der 1980er Jahre auf ein Viertel des Jahresbudgets. Der Staat gab immer höhere Summen für die preiswerte Sicherung der Grundbedürfnisse aus. Die Subventionen waren ein deutliches Zeichen der Krise, denn sie spiegelten die abnehmende Kaufkraft der Bevölkerung wider.

Rückgang der Arbeitsproduktivität

Für den Rückgang der Arbeitsproduktivität war entscheidend, dass die Subventionen gleichmäßig auf alle DDR-Bürger verteilt wurden und nicht etwa bei einem Anstieg des Preisniveaus gezielt Unterstützungen an Einzelne und Bedürftige geleistet wurden. Deshalb kamen die Subventionen auch den vergleichsweise wohlhabenden Bevölkerungsschichten zugute. In vergleichbarer Weise wurde die Lohnpolitik der Betriebe gestaltet: Die arbeitende Bevölkerung bezog einen immer größeren Teil ihres Einkommens aus den sogenannten gesellschaftlichen Fonds, d.h. als Transferleistungen der Betriebe. Viele Zahlungen wurden flächendeckend an alle Beschäftigten - unabhängig von ihrer Leistung - geleistet. Damit ging ein relativer Rückgang von Lohnkomponenten einher, die direkt an die Arbeitsleistung gekoppelt waren.

Reformstillstand trotz Problembewusstsein

Die Staatsführung unter Honecker sah die Sozialtransfers zum Erhalt ihrer Macht als überlebenswichtig an. Sie wagte keine Korrekturen mehr, z.B. durch eine Anpassung der sozialen Transferleistungen an die Produktivitätsentwicklung. Der Fehlschlag der Strategie der „Einheit von Wirtschafts- und Sozialpolitik“ bildete ein Kernproblem des wirtschaftlichen Niedergangs. Zwar war die Konsumsteigerung für die DDR durchaus wichtig, doch hätte sie nicht zulasten der Anreizsetzungen im Lohnsystem gehen dürfen. Die systemimmanenten Mängel der planwirtschaftlichen Ordnung, auf die die Regierung 1982 sogar von der Staatssicherheit hingewiesen wurde, traten bis zum Ende der DDR-Staatlichkeit auf. Trotz vieler Versuche gelang es bis zuletzt nicht, die oben beschriebenen Ablaufprobleme in den Griff zu bekommen. Der gravierendste Mangel bestand darin, den Betrieben und den Beschäftigten adäquate Anreize zu schaffen, um die Effizienz der Produktion zu steigern. Erhebliche Informationsprobleme traten zudem bei dem Versuch auf, die ganze Volkswirtschaft zentral zu steuern.

Quelle

Schreiben der Stasi-Hauptabteilung XVIII (Überwachung der Volkswirtschaft) an den Minister für Staatssicherheit Mielke, August 1982

Aus: BStU, MfS, HA XVIII 20846, Bd. 5 Teil 1, Bl. 60;
http://www.bstu.bund.de/DE/Presse/Themen/Hintergrund/20130628-milliardenkredit.html

Patrioten und Wirtschaftskader [...] wenden sich zunehmend mit Besorgnis über die Entwicklung und mit Hinblick auf die Realisierbarkeit gestellter zentraler volkswirtschaftlicher Aufgaben an das Ministerium für Staatssicherheit. Dabei ist erkennbar, dass sie anderweitig keine Möglichkeit sehen, Bedenken an zentral vorgegebenen Leistungszielen, die sie selbst für unreal halten, zu äußern [...] Aus einer ausgeprägt vorhandenen Disziplin und durch die wirkende Reglementierung wird zentral erteilten Auflagen und Anforderungen zugestimmt bzw. werden dementsprechende Entscheidungsvorlagen eingereicht und Lösungen unterbreitet, die in ihren gesamtvolkswirtschaftlichen Auswirkungen nicht oder kaum beherrscht werden.

Wie in vorangehenden Zeitabschnitten traf die Staatsführung bei der Festlegung wirtschaftlicher Schwerpunktbereiche falsche Entscheidungen. Angesichts des westlichen Technologieboykotts erschien das Mikroelektronikprogramm zwar erforderlich. Jedoch verschlang es einen erheblichen Teil der Investitionsmittel, die an anderer Stelle fehlten. Die produzierten Speicherschaltkreise hinkten dem internationalen Stand nicht nur zeitlich hinterher, sondern waren, gemessen an den Weltmarktpreisen, auch sehr teuer. Daher blieben die erreichten Produktivitätsfortschritte begrenzt. Die achtziger Jahre standen im Zeichen eines schleichenden wirtschaftlichen Niedergangs und die Wachstumsraten gingen zurück.

Devisenfalle

Weitere Schwierigkeiten hingen mit der Devisenbeschaffung und der Auslandsverschuldung zusammen. Dass die DDR die planwirtschaftlich verursachten Engpässe auf den internationalen Märkten schloss, brachte die gewünschte Autarkiestellung ins Wanken. Die Importsubstitution hatte ein permanentes Bemühen zur Folge, auf dem Weltmarkt benutzbare konvertible Währungen zu beschaffen. Bereits 1966 wurde im Ministerium für Außen- und Innerdeutschen Handel der Bereich Kommerzielle Koordinierung (KoKo) geschaffen, um Devisenerlöse im Export zu erzielen. 1983 handelte ihr Leiter Alexander Schalck-Golodkowski (1932–2015) auf Vermittlung des bayerischen Ministerpräsidenten Franz-Josef Strauß (1915–1988) einen Milliardenkredit bei einem westdeutschen Bankenkonsortium aus, der den Staatsbankrott zwar kurzfristig abwandte, den ostdeutschen Staat langfristig aber politisch erpressbar machte. Nachdem der Weg der Auslandsverschuldung eingeschlagen war, musste stets auf einen termingerechten Schuldendienst geachtet werden, um die internationale Kreditfähigkeit nicht zu verlieren. Die dadurch verursachten Finanztransfers verringerten die für Investitionen zur Verfügung stehenden Mittel. Deren Vernachlässigung geschah um den Preis, dass das Wachstumspotenzial der Zukunft weiter untergraben wurde.

Trotz gewisser Einsichten erfolgte in der DDR keine Abkehr von dem eingeschlagenen wirtschaftspolitischen Kurs, denn die Staatsspitze fürchtete Unruhen wie in Polen, wo die wirtschaftlichen Probleme des Landes in den frühen 1980er Jahren zu Streikwellen und der Gründung einer staatsunabhängigen Gewerkschaft geführt hatten. Demzufolge lockerte sich das zentrale Korsett nicht mehr. Man hing der alten Philosophie an, dass die Wirtschaftsleistung durch Appelle an die Werktätigen und Verstärkung der Kontrolle zu verbessern sei. Dass die DDR im Vergleich mit anderen Ostblockländern relativ gut dastand, wurde der ergrauenden Staatsspitze zum Verhängnis. Der Staatsrats- und Parteivorsitzende Honecker äußerte sich im Politbüro der SED im November 1987 ablehnend zum Einschlagen eines Reformkurses. Er war offensichtlich der Meinung, dass die Bevölkerung mehrheitlich hinter seiner Regierung stehe. ■

Auf einen Blick

Die optimale Nutzung der Rekonstruktionsbedingungen der Nachkriegsperiode hing vom Wirtschaftssystem ab. Warum war die westliche Marktwirtschaft in dieser Hinsicht erfolgreicher?

Welche Auswirkungen hatte das wirtschaftliche Gefälle zwischen beiden Staaten auf die Wirtschaftsentwicklung der DDR?

Welche systemimmanenten Probleme bekam die zentrale Planwirtschaft nie in den Griff?

Die DDR-Regierung entschloss sich zu einer Verschuldung im Ausland. In welche Abhängigkeiten begab sie sich dadurch?

In der Bundesrepublik ging in den frühen 1970er Jahren die Erschöpfung des Rekonstruktionspotenzials mit grundlegenden Strukturbrüchen einher. Welche waren die Determinanten dieses Einschnitts?

Trotz des Versuchs, auf eine Angebotspolitik umzuschwenken, vermochte sich die Regierung Kohl nicht aus Pfadabhängigkeiten zu lösen. Welchen Restriktionen unterlagen ihre Möglichkeiten zur Gestaltung der Wirtschaft?

Literaturhinweise

Werner Abelshauser, Deutsche Wirtschaftsgeschichte seit 1945, München 2004. Verbesserte und erweiterte Neuauflage des Standardwerks von 1983.

Ralf Ahrens, André Steiner, Wirtschaftskrisen, Strukturwandel und internationale Verflechtung, in: Frank Bösch (Hg.), Geteilte Geschichte. Ost- und Westdeutschland 1970–2000, Göttingen 2015, S. 79–115. Themenaufriss eröffnet neue Perspektiven durch Überschreitung der Zäsur von 1989/90.

Herbert Giersch, Karl-Heinz Paqué, Holger Schmieding, The fading miracle. Four decades of market economy in Germany, Cambridge 1992. *Ökonomisch fundierte Analyse des nachlassenden Wachstums in der Bundesrepublik.*

Dierk Hoffmann (Hg.), Die zentrale Wirtschaftsverwaltung in der SBZ/DDR. Akteure, Strukturen, Verwaltungspraxis (Wirtschaftspolitik in Deutschland, Bd. 3), Berlin/Boston 2016. Kenntnisreiche Längsschnitte zu Bereichen der Wirtschaftspolitik.

André Steiner, Von Plan zu Plan. Eine Wirtschaftsgeschichte der DDR, München 2004. Chronologische Gesamtdarstellung mit Schwerpunkt auf Funktionsproblemen der zentralen Planwirtschaft.

Hans-Peter Ullmann, Das Abgleiten in den Schuldenstaat. Öffentliche Finanzen in der Bundesrepublik von den sechziger bis zu den achtziger Jahren, Göttingen 2017. Nachzeichnung der Wirtschaftspolitik, die zum dramatischen Anwachsen der Staatsverschuldung führte.

V. Wirtschaftsfragen im vereinigten Deutschland

Überblick

Der Fall der Mauer 1989 traf die Volkswirtschaften beider deutscher Staaten wie ein exogener Schock. In der DDR folgte dem Ereignis eine unmittelbare Verschärfung der seit längerem schwelenden Wirtschaftskrise. Während der Westen von der Transformation kurzzeitig profitierte, mündete die stark von der Politik vorangetriebene Vereinigung beider Staaten in eine anhaltende Wachstumsschwäche. Da diese auch internationale Ursachen hatte, war sie mit einer Ausweitung der Staatsverschuldung nicht zu beheben. Währenddessen schritt der europäische Integrationsprozess, der nun auch die ehemalige DDR erfasste, ohne Atempause voran. Die Unterzeichnung des Maastrichter Vertrages beschleunigte und aktivierte die Prozesse der Privatisierung und Deregulierung traditionell staatseigener Dienstleistungsbereiche wie Post und Telekommunikation, Energieversorgung oder Verkehr.

Zeittafel	
28. November 1989	Zehn-Punkte-Plan Helmut Kohls im Bundestag vorgestellt
1. Januar 1990	Auflösung der Staatlichen Plankommission
1. März 1990	Errichtung der Treuhandanstalt
17. Juni 1990	Neufassung des Treuhandgesetzes
1. Juli 1990	Staatsvertrag zur deutsch-deutschen Währungs-, Wirtschafts- und Sozialunion
7. Februar 1992	Maastrichter Vertrag zur europäischen Währungs- und Wirtschaftsunion
Januar 1998	Einrichtung der Bundesnetzagentur im Wirtschaftsministerium
8. Juni 1999	Schröder-Blair-Papier zur Reform der Sozialdemokratie
2003–2005	Gesetze für moderne Dienstleistungen am Arbeitsmarkt („Hartz I bis IV“)

1. Ökonomische Transformation im Vereinigungsprozess

Ausgelöst durch die Fluchtbewegung aus der DDR über die westdeutschen Botschaften in Budapest und Prag, wurde der ostdeutschen Staatsführung im Sommer 1989 die existenzielle Bedrohung für die Staatlichkeit der DDR bewusst. Seit längerem mehrten sich die Berichte der Staatssicherheit zur wachsenden Kritik innerhalb der Bevölkerung und zu Mängeln der Plandurchführung in vielen Betrieben und Kombinaten. Angesichts der desolaten Wirtschaftslage besprach ein Kreis von Wirtschaftsverantwortlichen um den dafür verantwortlichen Sekretär des SED-Zentralkomitees Günter Mittag (1926–1994), wie Subventionen abgebaut und das Konsumniveau gesenkt werden könnten. Jedoch widersprachen die diskutierten Ansätze vollkommen dem konsumorientierten Kurs des Honecker-Regimes. Da der Staats- und Parteivorsitzende ebenso wie seine Umgebung nicht von der „Einheit von Wirtschafts- und Sozialpolitik" abweichen wollten, vollzog sich der Erosionsprozess der DDR schlagartig und mit hoher Geschwindigkeit. Als Honecker Anfang Juli 1989 schwer erkrankte, folgten nur noch selten Auftritte in der Öffentlichkeit. Bei einem dieser Anlässe deklamierte er im Erfurter Kombinat Mikroelektronik: „Den Sozialismus in seinem Lauf hält weder Ochs noch Esel auf."

Finale Krise der DDR

Unterdessen mehrten sich die Proteste auf den Straßen und die Fluchtwelle drohte einen Umfang anzunehmen wie vor dem Mauerbau. Das SED-Politbüro fühlte sich zum Handeln veranlasst und ersetzte Honecker im Oktober 1989 durch den bereits seit einigen Monaten als Nachfolger designierten Egon Krenz (geb. 1937). Gleichzeitig trat Günter Mittag als bisheriger Hauptverantwortlicher für die Wirtschaft von der politischen Bühne ab. Aus einem vorliegenden Geheimpapier über die wirtschaftliche Lage schloss die neue Staatsführung, dass die Zahlungsfähigkeit der DDR nur mittels einer drastischen Senkung des Konsumniveaus erreichbar sei. Man erwog, in der Bundesrepublik erneut um einen Milliardenkredit nachzusuchen und im Gegenzug eine Lockerung des Grenzregimes anzubieten. Für die Durchsetzung eines solchen Angebots oder für Wirtschaftsreformen war es endgültig zu spät, als sich im November 1989 die Grenze öffnete. Der Mauerfall und die damit verbundene Reisefreiheit beendete die Zeit der hermetischen Abschottung der ostdeutschen Volkswirtschaft.

Nach dem Abtritt der Krenz-Regierung wählte die Volkskammer binnen weniger Tage eine neue Regierung unter Hans Modrow (geb. 1928), einem ehemaligen Mitglied des Zentralkomitees der SED. Nachdem die Protestdemonstrationen auf den ostdeutschen Straßen eine vaterländische Gesinnung angenommen hatten, musste die in Modrows Regierungserklärung am 17. November vorgeschlagene „Vertragsgemeinschaft" beider deutscher Staaten als eine Abwehr von Vereinigungsgedanken verstanden werden. Bundeskanzler Kohl nahm die Vorlage auf und präsentierte im Deutschen Bundestag am 28. November einen Zehn-Punkte-Plan zur Überwindung der deutschen Teilung. Dieser Plan griff Modrows Idee der Vertragsgemeinschaft auf und ergänzte sie um die Vorstellung einer deutschen Konföderation. Nach freien Wahlen in der DDR schien es Kohl möglich, gemeinsame Institutionen einzurichten: einen Regierungsausschuss zur ständigen Konsultation und politischen Abstimmung, Fachausschüsse zur ökonomischen, technischen und kulturellen Zusammenarbeit sowie ein parlamentarisches Gremium. Mit diesem Angebot befand sich der Wettbewerb um die deutsche Vereinigung und um die politischen Ordnungssysteme in vollem Gang. Er wirkte sich in wirtschaftspolitischer Hinsicht erheblich aus.

Reformpläne und „Dritter Weg"

Mit der Wahl Modrows zum Vorsitzenden des Ministerrates gelangten innerparteiliche Kritiker in die Regierungsverantwortung, darunter die zur Wirtschaftsministerin ernannte Christa Luft (geb. 1938) oder der spätere Staatssekretär Wolfram Krause (geb. 1933), der von 1968 bis zu seiner Degradierung 1974 stellvertretender Vorsitzender der Staatlichen Plankommission gewesen war. Anfangs verschrieb sich die Modrow-Regierung dem Konzept einer systemimmanenten Reform, die an die Periode des NÖS erinnerte. Das ordnungspolitische Ziel war eine Erneuerung des Sozialismus durch Reformen, d.h., das bestehende Wirtschaftssystem sollte nicht abgeschafft, sondern der Markt zum Bestandteil der sozialistischen Planwirtschaft werden. Konkretere Pläne sahen die Installation eines funktionierenden Marktmechanismus, die Veränderung der zentralen Preisgestaltung sowie die Differenzierung der Eigentumsformen in staatliches, genossenschaftliches und privates Eigentum vor. Eine Reihe von Ökonomen legte Reformvorschläge vor, die an dem ab Dezember 1989 existierenden „Runden Tisch" beraten wurden. Viele der vorgeschlagenen Erprobungsformen waren aber bereits seit den 1960er Jahren erfolglos angewandt worden, sodass sich kein konsistentes Reformkonzept entwickeln ließ. Zudem stand für die Realisierung der Reformvorstellungen wegen der gravierenden wirtschaftlichen Folgen des Mauerfalls kaum Zeit zur Verfügung.

Wirtschaftskrise durch den Mauerfall

Die DDR-Produktion, insbesondere die industrielle Erzeugung, fiel immer stärker ab. Als Hauptgrund lässt sich der Rückgang der Arbeitskräfte durch die zunehmende Westabwanderung anführen. Die Stärke der Migrationsbewegung war mit der Periode vor dem Mauerbau 1961 vergleichbar. Außerdem kam es zu Streiks und einem Rückgang der Arbeitsmoral, beispielsweise blieben Arbeiter häufig von ihrer Arbeitsstelle fern, weil sie es vorzogen, ihre Konsumbedürfnisse auf einer kurzen Westreise zu befriedigen. In den Lieferbeziehungen zwischen den Betrieben traten Engpässe auf, weil die Planbehörden an Autorität verloren. Die Kombinate und Betriebe gaben alternativen Absatzmöglichkeiten den Vorzug, z.B. Produkte gegen Devisen im Ausland abzusetzen, statt den vorgegebenen Plan zu erfüllen. Solche Unwägbarkeiten führten dazu, dass wichtige Handelspartner aus der östlichen Hemisphäre von Lieferverträgen mit der DDR Abstand nahmen, weil ihnen die wirtschaftliche Entwicklung zu unsicher erschien. Daraus ergaben sich für die ostdeutsche Industrie erhebliche Probleme hinsichtlich der Rohstoffzulieferung.

Unter dem Eindruck des anhaltenden wirtschaftlichen Niedergangs schwenkte die Regierung Modrow auf einen marktwirtschaftlichen Kurs ein. Sie berief einen Rat von 200 Sachverständigen zur Planung der Transformation ein, um Vorstellungen für einen allmählichen Anpassungsprozess zu entwerfen: Es herrschte dort Konsens über die Gleichbehandlung aller Eigentumsformen, den sukzessiven Abbau des Plansystems, die Entlassung der Betriebe in die Selbstständigkeit, eine Preisreform und die Herstellung der Gewerbefreiheit. Die DDR-Regierung entschloss sich zur Abschaffung der Planungsbürokratie, sodass die Staatliche Plankommission im Januar 1990 in das kurzzeitig existierende Wirtschaftskomitee des Ministerrates überging. In jenen Tagen lag die Hoffnung auf einer marktwirtschaftlichen Öffnung durch *Joint Ventures*. Die Modrow-Regierung lud Vertreter großer westdeutscher Konzerne wie Lufthansa, VW und Mercedes nach Berlin-Rahnsdorf ein und hoffte auf deren Interesse an Kapitalbeteiligungen, die allerdings unter der 50-Prozent-Marke bleiben sollten.

Währenddessen trat die Bundesregierung immer stärker als Akteur auf den Plan. Ihre größte Sorge bestand darin, dass der Kollaps der DDR-Ökonomie unmittelbar bevorstünde. Diese Befürchtung bestätigte sich bei den Wirtschaftsverhandlungen zwischen Rudolf Seiters (geb. 1937), Chef des Bundeskanzleramtes, und der DDR-Regierung im Januar 1990, als die ostdeutsche Seite um einen Milliardenkredit zur finanziellen Stützung nachsuchte. Außerdem hielt die alarmierend starke Migrationsbewegung nach Westen an. Dadurch wähnte sich die Bonner Regierung unter Handlungsdruck und änderte ihre Strategie, auch weil ihr die innere Schwäche der DDR bewusst wurde. Das Bundeskanzleramt setzte sich die Eingliederung der DDR in die Bundesrepublik nach westdeutschen Leitlinien zum Ziel, was intern als „Politik der großen Schritte“ bezeichnet wurde. Es sollte keine Rücksicht mehr auf die Gestaltungsvorstellungen der DDR-Regierung oder der Bürgerbewegung des Runden Tischs genommen werden. Infolgedessen lehnte es Kohl ab, vor einer Neuwahl der Volkskammer in weitere Verhandlungen einzutreten. Anfang Februar 1990 trat er mit seinem Projekt der Bildung einer deutschen-deutschen Währungs- und Wirtschaftsunion an die Öffentlichkeit.

Obgleich Modrow in jener Februarwoche sein Kabinett um Vertreter der Opposition erweiterte, setzte sich die Idee der vorgezogenen Volkskammerwahl durch. Sie wurde überraschend früh auf den 18. März 1990 terminiert, weil die unterschiedlichen ostdeutschen Parteien sich jeweils andere Vorteile davon versprachen. Zuvor versuchte die Modrow-Regierung noch, wichtige ordnungspolitische Weichenstellungen vorzunehmen. Hierzu zählte die von der Opposition geforderte Bildung einer Treuhandgesellschaft, um den drohenden „Ausverkauf“ der DDR-Industrie durch westliche Übernahmen zu verhindern. Ferner befürchtete man, dass die bisherigen SED-Funktionäre sich dank ihrer internen Kenntnisse persönlich bereichern könnten, wie dies beim Zusammenbruch der Sowjetunion geschehen war. Die Treuhandanstalt wurde am 1. März 1990 auf Beschluss des DDR-Ministerrates errichtet und ihr Statut im geplanten Sinne drei Tage vor der Volkskammerwahl hastig verabschiedet. Sie sollte die „Anteilsrechte der Bürger mit DDR-Staatsbürgerschaft am ‚Volkseigentum‘ der DDR“ wahren. Ein Viertel des Volkseigentums sollte über Anteilscheine für die Bevölkerung privatisiert werden. Das restliche in Staatsbesitz befindliche Anlagevermögen sollte in die Rechtsform von Aktiengesellschaften und GmbHs überführt werden und unter Verwaltung der Treuhandanstalt verbleiben. Die Modrow-Regierung verband damit die Hoffnung, dass das Volkseigentum prinzipiell erhalten werde und dennoch nach marktwirtschaftlichen Prinzipien bewirtschaftet werden könne. Weitere von Modrow eingeleitete Liberalisierungen betrafen die Herstellung der Gewerbefreiheit, die Reprivatisierung der 1972 enteigneten Betriebe sowie die Wiederzulassung selbstständiger Geschäftsbanken.

Die Wahl vom 18. März 1990 veränderte die DDR-internen Machtverhältnisse grundlegend, nachdem sich die CDU als stärkste Kraft durchsetzte. Das Wahlergebnis führte zu einer wachsenden Verunsicherung hinsichtlich der einzuschlagenden Wirtschaftspolitik. Die Planwirtschaft befand sich in einem Zustand offener Auflösung, ohne dass eine funktionsfähige Marktwirtschaft installiert war. Ministerpräsident Lothar de Maizière (geb. 1940) näherte sich der Bonner Regierung hilfesuchend an und stellte sich hinter die überhastete Transformationspolitik von Bundeskanzler Kohl. Die westdeutsche Seite verfolgte den Plan zur Bildung einer Wirtschafts- und Währungsunion hartnäckig weiter, sodass seine baldige Umsetzung auf die Tagesordnung rückte. Der am 18. Mai von den beiden Finanzministern Theo Waigel (geb. 1939) und Walter Romberg (1928–2014) unterzeichnete und zum 1. Juli 1990 in Kraft getretene Staatsvertrag besiegelte die deutsch-deutsche **Währungs-, Wirtschafts- und Sozialunion**. Das Übereinkommen bildete zugleich die ordnungspolitische Grundlage für die nachfolgende Vereinigung beider Staaten im Oktober 1990.

Abb. 10 Unterzeichnung des Vertrages über die Schaffung einer Wirtschafts-, Währungs- und Sozialunion zwischen der Bundesrepublik Deutschland und der Deutschen Demokratischen Republik, 18. Mai 1990.

Stichwort

Währungsunion

Die Währungsreform stellte aus Sicht der DDR-Bevölkerung den markantesten Einschnitt bei der Ablösung des gescheiterten Wirtschaftssystems dar. Die Einführung der DM als gesetzliches Zahlungsmittel erfolgte am 1. Juli 1990 zu einem für Privatpersonen günstigen Umtauschkurs von 1:1. Die Umstellung der Geldvermögen basierte dagegen auf einem Umstellungsverhältnis von 2:1, sodass die Treuhandanstalt rund die Hälfte der inneren Verschuldung der DDR-Betriebe beim Staat (rund 230 Millionen Mark Ende Mai 1990) übernahm. In der überhasteten Währungsunion lag auch der Hauptgrund für den Zusammenbruch der ostdeutschen Wirtschaft. Die 1:1-Umstellung für laufende Zahlungen lag weit unter dem früheren Umrechnungsverhältnis für Westexporte, das durchschnittlich bei 1:4,4 lag. Dadurch führte die Währungsumstellung zum sofortigen Wegfall der osteuropäischen Länder als Absatzgebiet. Die Vorteile der Einführung der DM konnten den Nachteil dieser enormen Aufwertung nicht aufwiegen.

Parallel leitete die Regierung de Maizière die Umgestaltung der Eigentumsordnung und die Herstellung marktwirtschaftlicher Verhältnisse ein. Noch vor der Herstellung der Währungs-, Wirtschafts- und Sozialunion legte sie eine Neufassung des Treuhandgesetzes vor. Die am 17. Juni 1990 in der Volkskammer verabschiedete Novelle schrieb als Hauptprinzip die Privatisierung des Volkseigentums fest, sodass für konkurrierende Eigentumsformen kein Raum blieb. Hiernach veränderte die Treuhandanstalt ihre Funktion, denn nunmehr bestand ihre Aufgabe darin, die eigentumsrechtlichen Voraussetzungen für die Installation der Marktwirtschaft in Ostdeutschland herzustellen. Der DDR-Ministerrat ernannte Detlev Rohwedder (1932-1991) am 3. Juli 1990 zum Vorsitzenden der Treuhandanstalt. An die Spitze der Organisation rückten westdeutsche Manager. Als einziger DDR-Bürger gehörte Staatssekretär Krause ihrem Direktorium an und nahm dort bis 1992 die Funktion des Finanzbeauftragten wahr. Weitere Elemente des ordnungspolitischen Transformationsprozesses umfassten die rechtliche Adaption an die bundesdeutsche Gesetzgebung hinsichtlich des Wettbewerbs- und Konkursrechts, der Kapitalgesellschaften, des Bankwesens und des Kapitalmarktes.

2. Ausblick auf die Berliner Republik

Im Zuge der Vereinigung beider deutscher Staaten war in der Öffentlichkeit der Glaube verbreitet, dass das neue Deutschland die erfolgreiche Wirtschaftsentwicklung der alten Bundesrepublik einschlagen werde. Sinnbildlich dafür stand eine Äußerung von Bundeskanzler Kohl, der Ostdeutschland im Wahlkampf 1990 und erneut in der Haushaltsdebatte im März 1991 „blühende

Landschaften“ in Aussicht stellte. Solche Verlautbarungen weckten die Hoffnung, dass sich die Lebensverhältnisse im West- und Ostteil des Landes binnen kurzer Zeit angleichen könnten. Die herrschende Aufbruchstimmung wiegte die Menschen in einer Sicherheit, für die es angesichts der anhaltenden Wirtschaftskrise, die insbesondere den Osten Deutschlands betraf, keine Grundlage gab. Die früheren sozialen und wirtschaftlichen Probleme bestanden für die Mehrheit der Bevölkerung weiter bzw. traten in verschärfter Form auf, wie die Arbeitsmarktdaten zeigten. Deshalb folgte der Vereinigungseuphorie binnen kurzer Zeit eine große Ernüchterung. Im Gegenzug setzte eine große Abrechnung mit dem gescheiterten Wirtschaftssystem der DDR ein.

Quelle

Vortrag des SED-Funktionärs Günter Schabowski (1929–2015) in Kiel

Aus: Die Abstoßung der Utopie. In der DDR erlitt der Marxismus sein deutsches Fiasko, in: Geschichte in Wissenschaft und Unterricht 43, 1992, S. 462.

Nach einem Dreivierteljahrhundert des Experimentierens sind die sozialistischen Volkswirtschaften nahezu lautlos in sich zusammengefallen. Es war die unabwendbare Folge ihrer Lebensuntauglichkeit. Sie hatten nie und nirgends die in ihrer Anfangsphase noch einzusehende Leistungsinferiorität gegenüber dem Wirtschaftssystem überwunden, das sie herausgefordert hatten. [...] Die Ineffizienz der sozialistischen Volkswirtschaften ist keine temporäre oder nationale Erscheinung, die durch spezifische Ursachen (technologisch rückständige oder unterentwickelte Ausgangsposition, Bildungs- und Erfahrungsdefizite, administrative Inkompetenz und andere, zufällige oder subjektive Faktoren) zu erklären wäre. Sie ist mit Unterschieden das gemeinsame Merkmal dieser Wirtschaften. Ja, das niedrige wirtschaftliche Startniveau, das – entgegen der Marx'schen Annahmen – die sozialistische Umwälzung in einer Reihe von Ländern begleitet hatte, schien eine Zeitlang die Verheißungen der Kommunisten zu rechtfertigen. Die Bewirtschaftung und Verteilung des Mangels ist mit Kommandostrukturen besser zu bewerkstelligen als durch Selbstregulation. Eine Exekutive, deren Macht nicht durch Gewaltenteilung reguliert ist, kann sogar diese oder jene Leistung hervorbringen, indem sie rücksichtslos die begrenzten gesellschaftlichen Mittel auf ein Ziel konzentriert (Sputnik, Militärtechnologien).

Kennziffern der Wirtschaftskrise

Als wichtigste Ursache für den raschen Einbruch der ostdeutschen Wirtschaft 1990/91 ist die übereilte Währungsumstellung zu nennen. Die Einführung der Deutschen Mark, d.h. einer konvertiblen Währung, führte schlagartig zum Wegfall der osteuropäischen Länder als Absatzgebiet. Sichtbar wird dies in der ostdeutschen Außenhandelsstatistik: Der Wert der Exporte in mittel- und osteuropäische Länder sank von knapp 30 Milliarden DM (1990) auf fünf Milliarden DM (1994). Besonders betroffen war die verarbeitende Industrie, denn im Laufe der Wirtschaftskrise lösten sich die großen Kombinate auf und eine Vielzahl dieser Großbetriebe brach zusammen. Das ostdeutsche Sozialprodukt sank von 1989 auf 1990 um 17,3 Prozent und von 1990 auf 1991 sogar um 34,8 Prozent. Die Industrieleistung betrug 1991 nur noch ein Drittel des Wertes von 1989.

Strategie der Treuhand

Besonders umstritten war die Privatisierungsstrategie der Treuhandgesellschaft, die zwischen 1990 und 2003 insgesamt 17.000 ehemalige Staatsbetriebe in privaten Besitz überführte. Kritiker betonten, dass sie die DDR-Industrie zwecks einer möglichst schnellen Privatisierung um jeden Preis an Investoren verkaufte, die sich kaum für die Sanierung interessierten und vermeintlich lästige Konkurrenten aus marktstrategischen Gründen aufkaufen wollten. Somit habe die Treuhandgesellschaft die ostdeutsche Industrie „plattgemacht". Gegen diese vereinfachende Interpretation spricht, dass viele westdeutsche Käufer nicht von vornherein die Degradierung der ostdeutschen Industriebetriebe zur verlängerten Werkbank planten oder ein Experimentierfeld suchten. Die Vermittlungsarbeit der Treuhand scheiterte in der Realität daran, dass in vielen Fällen die Kaufinteressenten für die ehemaligen Staatsbetriebe schlichtweg fehlten. Auch westliche Studien hatten die Produktivität der DDR-Wirtschaft häufig überschätzt. Im Oktober 1990 ging man noch von der irrealen Vorstellung aus, dass sich mit der Privatisierung ein Gewinn von 600 Milliarden DM realisieren ließe. Die mangelnde Produktivität wird daran sichtbar, dass bis 1994 im produzierenden Gewerbe rund 30 Prozent der 12.354 Betriebe wegen mangelnder Rentabilität schließen mussten.

Lohnentwicklung

Hinzu kam die relativ schnelle Angleichung der ostdeutschen Löhne und Gehälter. Als sie in der Währungsunion des Sommers 1990 im Verhältnis 1:1 umgestellt wurden, erreichten sie lediglich ein Drittel des Westniveaus. Trotz anhaltender Wirtschaftskrise stiegen sie weiter an, denn die Verhandlungsführer der westdeutschen Gewerkschaften saßen den meist noch verantwortlichen alten DDR-Leitern gegenüber und überzeugten sie mit dem Argument, dass das westliche Einkommensniveau bald erreicht werde. Unberücksichtigt blieb dabei, dass sich die Arbeitsproduktivität in der Industrie lediglich auf 30 Prozent des Westniveaus belief. Im ersten Jahr nach der Wirtschafts- und Währungsunion erhöhten sich die Löhne trotz fehlendem Produktivitätszuwachs um rund 65 Prozent und bewegten sich auch danach immer weiter in Richtung des westdeutschen Niveaus.

Emporschnellende Arbeitslosigkeit

Die soziale Dimension der Wirtschaftskrise, die den deutschen Vereinigungsprozess bestimmte, wird vor allem durch die Arbeitsmarktstatistik abgebildet. Im Westteil des vereinigten Deutschland stieg die Beschäftigung, sodass bis 1992 der höchste Beschäftigungsstand seit 1981 erreicht wurde. Der Trend kehrte sich allerdings im Zuge der Rezession von 1993 um. In Ostdeutschland lag der gravierendste Einschnitt auf dem Arbeitsmarkt im Wendejahr 1989/90, in dem die Anzahl der Erwerbstätigen von 9,75 Millionen auf 7,76 Millionen zurückging. Bis 1994 ging – gemessen am Beschäftigungsstand am Ende der DDR – fast jeder dritte Arbeitsplatz verloren, d.h. insgesamt 3,6 Millionen Stellen. Von den ostdeutschen Erwerbstätigen des Jahres 1989 waren fünf Jahre später nicht einmal mehr die Hälfte voll erwerbstätig: 550.000 Personen befanden sich im Vorruhestand, 800.000 waren nach Westen gezogen. Hinzu kamen 1,3 Millionen Kurzarbeiter, 800.000 Personen in arbeitsmarktpolitischen Maßnahmen und 1,1 Millionen Arbeitslose. Perspektivisch verschlechterte sich die Situation in beiden Teilen Deutschlands, denn schon 1994 erfasste auch die Statistik für das Gebiet der alten Bundesrepublik einen Höchststand der Arbeitslosigkeit.

Finanztransfer

Die Politik wollte der allgemeinen Erwartungshaltung genügen und die Lebensverhältnisse in den neuen Bundesländern mit aller Macht jenen in den alten Ländern angleichen. Bis Ende 1995 belief sich die von Bund, Ländern, Sozialversicherungen und Europäischer Union transferierte Summe auf mehr als 620 Milliarden DM. Dabei betrug die jährliche Transferleistung von West nach Ost rund fünf Prozent des westdeutschen Bruttoinlandsprodukts. Mit dem Kapitaltransfer war die Hoffnung verbunden, einen ostdeutschen Aufschwung in Gang zu bringen, der in der gewünschten Form allerdings ausblieb.

Zurückfallen Ostdeutschlands

Trotz des starken Schrumpfens in der Krise 1990/91 schien es anfangs, als könne die ostdeutsche Wirtschaft zum Westteil des Landes aufschließen. Dieser Konvergenzprozess brach jedoch 1995/96 unvermittelt ab. Danach zeichnete sich die Wirtschaft der östlichen Bundesländer durch eine anhaltende Wachstumsschwäche aus, die sie für ein Jahrzehnt auf eine Leistungskraft von ungefähr 60 Prozent des westdeutschen Bruttoinlandsprodukts festlegte. Die Problematik des langfristigen Zurückfallens gegenüber dem Westteil Deutschlands wird einerseits unter dem Aspekt der Lohnkosten, andererseits unter dem der mangelnden Produktivität der Subventionen diskutiert. Das erste Argument hebt auf die zu hohen Lohnabschlüsse im Zuge der deutschen Vereinigung ab. Nach diesem Verständnis wäre die Wirtschaftsflaute im Osten eine weitgehend hausgemachte Fehlentwicklung, die in den Tarifabschlüssen der Arbeitsmarktparteien wurzelte. Das zweite Argument geht von einem wirtschaftspolitischen Fehlverhalten bei der Verwendung der umfangreichen West-Ost-Transferleistungen aus. In vielen Fällen sei eine Fehllenkung dieser Subventionen zu konstatieren, denn die Kommunen und Länder schrieben entweder Gewerbebauten aus oder unterstützten prestigeträchtige Großprojekte. Überhaupt sei kapital- und technologieintensiven Vorzeigeprojekten der Vorzug gegeben worden, die eine geringe Wertschöpfung aufwiesen und nur wenig zur Schaffung von Arbeitsplätzen beitrugen.

Technikförderungspolitik

Bundeskanzler Kohl verhielt sich stoisch zu der wirtschaftlichen Krise. Nach abermals gewonnener Bundestagswahl zog er in seiner Regierungserklärung am 23. November 1994 eine gemischte Bilanz der deutschen Vereinigung. Unter Beschwörung einer nationalen Solidarität wies er auf Institutionen wie den Konsolidierungsfonds hin, die den immensen Finanztransfer von West nach Osten durchführten. Unterdessen legte er den Akzent auf den wirtschaftlichen Aufbruch, um die wirtschaftlichen Herausforderungen der Globalisierung zu meistern. Im Wettbewerb um Produktionsstandorte nannte er Forschung, Technologie und Innovation als wichtigste Wachstumsquellen. Die Errichtung eines „Rats für Forschung, Technologie und Innovation“ sollte eine Verzahnung von Wissenschaft und Politik sowie eine Verbesserung des Know-how-Transfers von Wissenschaft zur Wirtschaft erreichen. Die Zusammenführung der an der Wissensproduktion und -diffusion Beteiligten trug zur Entwicklung eines nationalen Innovationssystems bei. Die ausgegebenen Leitlinien blieben für die Wirtschaftsförderungspolitik bis ins 21. Jahrhundert bestimmend.

Stichwort

Maastrichter Vertrag

Der Maastrichter Vertrag war das Gründungsdokument der Europäischen Union (EU). Von den zwölf EG-Mitgliedstaaten am 7. Februar 1992 unterzeichnet, trat er im November 1993 in Kraft. Er steckte den Rahmen für die Vollendung des europäischen Binnenmarktes mittels einer Wirtschafts- und Währungsunion ab. Die aufgenommenen ordnungspolitischen Vorstellungen orientierten sich am deutschen Modell der sozialen Marktwirtschaft. Die Wirtschaftsordnung der Nationalstaaten wurde vom EU-Recht stark tangiert, z.B. erhielt die EU-Kommission bei Verfolgung von Wettbewerbsverstößen den Vorrang gegenüber den nationalen Wettbewerbsbehörden. Der Vertrag sah einen Abbau wettbewerbsverzerrender Regelungen vor, was in den Mitgliedstaaten einen als Liberalisierung bzw. Deregulierung bezeichneten Prozess in Gang setzte. Außerdem griff die etappenweise festgeschriebene Währungsunion entscheidend in die nationale Ordnungspolitik ein, denn langfristig ging den Regierungen das geldpolitische Instrumentarium zur Einflussnahme auf die Konjunkturentwicklung verloren. Die Durchsetzung der Vertragsbestimmungen stieß immer wieder auf Schwierigkeiten, weil die Gemeinschaft in den beiden folgenden Jahrzehnten stark expandierte, bis sie 2013 auf 28 Mitgliedstaaten angewachsen war.

Deregulierung Elektrizitätswirtschaft

Mit dem Inkrafttreten des **Maastrichter Vertrags** waren zahlreiche Aspekte der Wirtschaftspolitik supranational bestimmt. Beispielhaft für die durch Setzung europäischen Rechts vorangetriebene Deregulierung stand der Energiesektor, der gleichzeitig die Kompliziertheit der Durchsetzung der Liberalisierung vorführt. Das geltende Energierecht sah Marktzutrittsbeschränkungen durch das Prinzip der Gebietsmonopole vor. Mittels lokaler und regionaler Konzessions- und Demarkationsverträge verfügten die Gebietskörperschaften über das Wegerecht in ihren jeweiligen Territorien. Die Gebietsmonopole erlaubten den Elektrizitätsunternehmen die Durchsetzung hoher Preise für ihre Leistungen. Die Novelle des Energiewirtschaftsgesetzes, die der Bundestag am 28. November 1997 verabschiedete, untersagte die existierenden Vertragstypen und gewährte den Unternehmen das grundsätzliche Recht zur Durchleitung des Stroms durch das Netz ihrer Konkurrenten. Zur Überwachung richtete die

Regierung 1998 im Wirtschaftsministerium eine Bundesnetzagentur für Elektrizität, Gas, Telekommunikation, Post und Eisenbahnen ein. Auf dem Elektrizitätsmarkt entstanden jedoch neue Barrieren, weil die regionalen Elektrizitätsunternehmen hohe Netznutzungsentgelte verlangten. Ab 2005 verfügte die Bundesnetzagentur über die Kompetenz zur Kontrolle und Genehmigung der Netznutzungsentgelte und zur Schaffung eines diskriminierungsfreien Zugangs zu Stromversorgungs- und Gasnetzen, erst 2009 vermochte sie die Regionalmonopole der Netzbetreiber einer Anreizregulierung zu unterziehen. Die Durchsetzung der antimonopolistischen Wettbewerbspolitik erwies sich nur durch die Existenz einer übergeordneten Aufsichtsbehörde als realisierbar.

Rot-grüne Arbeitsmarktreform

Nach der Abwahl der CDU-Regierung 1998 markierten zwei Kanzlerschaften des SPD-Politikers Gerhard Schröder (geb. 1944) den Übergang ins 21. Jahrhundert. In die Verfasstheit der nationalen Arbeitsmärkte griff der Maastrichter Vertrag kaum ein. Genau hier lag die ordnungspolitische Schwerpunktsetzung der rot-grünen Bundesregierung. Eingedenk der Umorientierung sozialdemokratischer Vorstellungen gemäß dem Schröder-Blair-Papier konzipierte sie eine Arbeitsmarktreform, die den konstatierten Reformstau auf diesem Feld zu korrigieren beabsichtigte.

Quelle

Der Weg nach vorne für Europas Sozialdemokraten

Positionspapier von Gerhard Schröder und Tony Blair (London, 8. Juni 1999)

In fast allen Ländern der Europäischen Union regieren Sozialdemokraten. Die Sozialdemokratie hat neue Zustimmung gefunden – aber nur, weil sie glaubwürdig begonnen hat, auf der Basis ihrer alten Werte ihre Zukunftsentwürfe zu erneuern und ihre Konzepte zu modernisieren. Sie hat neue Zustimmung auch gewonnen, weil sie nicht nur für soziale Gerechtigkeit, sondern auch für wirtschaftliche Dynamisierung und für die Freisetzung von Kreativität und Innovation steht. […]

Wir müssen unsere Politik in einem neuen, auf den heutigen Stand gebrachten wirtschaftlichen Rahmen betreiben, innerhalb dessen der Staat die Wirtschaft nach Kräften fördert, sich aber nie als Ersatz für die Wirtschaft betrachtet. Die Steuerungsfunktion von Märkten muss durch die Politik ergänzt und verbessert, nicht aber behindert werden. Wir unterstützen eine Marktwirtschaft, nicht aber eine Marktgesellschaft! […]

In der Vergangenheit wurde die Förderung der sozialen Gerechtigkeit manchmal mit der Forderung nach Gleichheit im Ergebnis verwechselt. Letztlich wurde damit die Bedeutung von eigener Anstrengung und Verantwortung ignoriert und nicht belohnt und die soziale Demokratie mit Konformität und Mittelmäßigkeit verbunden statt mit Kreativität, Diversität und herausragender Leistung. Einseitig wurde die Arbeit immer höher mit Kosten belastet.

Der Weg zur sozialen Gerechtigkeit war mit immer höheren öffentlichen Ausgaben gepflastert, ohne Rücksicht auf Ergebnisse oder die Wirkung der hohen Steuerlast auf Wettbewerbsfähigkeit, Beschäftigung oder private Ausgaben. […] Die Ansicht, dass der Staat schädliches Marktversagen korrigieren müsse, führte allzu oft zur überproportionalen Ausweitung von Verwaltung und Bürokratie, im Rahmen sozialdemokratischer Politik. Wir haben Werte, die den Bürgern wichtig sind – wie persönliche Leistung und Erfolg, Unternehmergeist, Eigenverantwortung und Gemeinsinn – zu häufig zurückgestellt hinter universelles Sicherungsstreben.

Schröders Reformvorstellungen entfachten innerhalb der SPD erhebliche Kritik, die insbesondere der Parteivorsitzende und Bundesfinanzminister Oskar Lafontaine (geb. 1943) verkörperte. Der interne Machtkampf um grundsätzliche wirtschafts- und finanzpolitische Fragen endete im März 1999, als Lafontaine seine Ämter niederlegte. Diese Entscheidung setzte der Wirkungsmacht einer nachfrageorientierten, an den Lehren von Keynes orientierten Finanz- und Steuerpolitik innerhalb der Bundesregierung ein Ende. Mit Unterstützung der Grünen, die sich als neuer Typus einer Bewegungspartei erstmals an einer Bundesregierung beteiligten, brachte Schröder sein Konzept einer „aktiven Arbeitsmarktpolitik“ in Gang. Es mündete in den sogenannten Hartz-Reformen, die eine 15-köpfige Expertenkommission unter Vorsitz des VW-Managers Peter Hartz (geb. 1941) erarbeitete. Der Kerngedanke war die Belebung der Anreize zur Arbeitsnahme durch Einführung flexibler Mittel zur Aktivierung der Motivation. Zwischen 2003 und 2005 verabschiedete der Bundestag die „Gesetze für moderne Dienstleistungen am Arbeitsmarkt“, deren Hauptinstrumente die Förderung von Zeitarbeit und geringfügiger Beschäftigung waren. Insbesondere der vierte Teil der Reform, der den Bezug und die Höhe von Sozialleistungen beschränkte, stieß auf öffentliche Kritik. Seither wird die im Januar 2005 vorgenommene Zusammenführung der Sozialhilfe und der Arbeitslosenhilfe zum neuen Arbeitslosengeld II auch als „Hartz IV“ bezeichnet.

Ordnungspolitik des 20. Jahrhunderts

Wie in diesem Buch gesehen, waren die gegenseitigen Beeinflussungen von Wirtschaft und Politik im 20. Jahrhundert vielfältig. Manchmal trieb die Wirtschaft die Politik wie beim Ausbau der Sozialstaatlichkeit, häufiger war es aber umgekehrt: Die politische Gestaltung führte zu einer Regulierung der Wirtschaft, bis hin zur Unterordnung der wirtschaftlichen Logik unter politische Ziele. Ideologische Absichten konnten zur Deformation des gesamten ordnungspolitischen Rahmens führen, wie im Rahmen der beiden Weltkriege und der Installation einer zentralen Planwirtschaft in der DDR gesehen.

Ordnungspolitik des 21. Jahrhunderts

Beim Übergang ins 21. Jahrhundert drehten sich die wirtschaftspolitischen Debatten um die Ausgestaltung der sozialen Marktwirtschaft, ohne ihre Existenz noch grundlegend in Zweifel zu ziehen. Das aktuelle Interesse auf der Angebotsseite liegt auf der Ausgestaltung der Wettbewerbspolitik, d.h., welches der adäquate Verwaltungsaufwand des Staates ist, um die Liberalisierung möglichst großer Teile der Wirtschaft durchzusetzen. In der Fiskalpolitik gilt die Sorge der Gestaltung des Anreizsystems durch Steuern und Abgaben bzw. Vergünstigungen. In diesem Sinne kann auch Strukturpolitik betrieben werden: Auch beim Eintritt ins 21. Jahrhundert war eine Ungleichverteilung von Innovationspotenzial über Regionen und Unternehmen zu konstatieren.

Der Glaube an die ordnungspolitische Steuerung wirtschaftlicher und sozialer Prozesse durch den Staat hat nachgelassen. Gleichwohl gibt es weiterhin Diskussionen um die Frage, wie viel Markt erwünscht, wie viel Umverteilung möglich ist. Hieran knüpft vor allem die Debatte um die Aufgaben des Wohlfahrtsstaats an, um seine Möglichkeiten und seine Grenzen angesichts der Prognosen zur demografischen Transition. Weit verbreitet ist die Einsicht, dass Humankapitalbildung für Entwicklung von größter Bedeutung ist. Eine umfassende Förderung von Bildung und Wissenschaft als entscheidendem Kriterium im internationalen Wettbewerb erscheint daher geboten. Von einer persönlichen Warte betrachtet, ist Bildung die entscheidende Stellschraube zur Beeinflussung des Zutritts in den Arbeitsmarkt und in das Wirtschaftsleben. Die Chancenungleichheit in dieser Hinsicht wurde im 20. Jahrhundert zwar gemindert, aber nicht beseitigt. ■

Auf einen Blick

Mit dem Einschlagen einer „Politik der großen Schritte" strebte die Bundesregierung nach einer raschen deutsch-deutschen Wirtschafts- und Währungsunion. Welche wirtschaftlichen Folgen zeitigte die Forcierung des Vereinigungsprozesses?

Unter welchen wirtschaftlichen Hypotheken stand die Privatisierungsstrategie der Treuhandanstalt?

Der Konvergenzprozess West- und Ostdeutschlands kam Mitte der 1990er Jahre ins Stocken. Welche Gründe lassen sich dafür ausmachen?

Welche gegenseitigen Beeinflussungen von Wirtschaft und Politik, die das 20. Jahrhundert prägten, spielten an dessen Ende keine Rolle mehr?

Welche Themenfelder bestimmten die deutsche Ordnungspolitik zu Beginn des 21. Jahrhunderts?

Literaturhinweise

Katja M. Gerling, Subsidization and Structural Change in East Germany, Heidelberg 2002. Diskussion der Ökonomie des deutschen Vereinigungsprozesses.

Klaus-Dietmar Henke (Hrsg.), Revolution und Vereinigung 1989/90. Als in Deutschland die Realität die Phantasie überholte, München 2009. Enthält u.a. einen grundlegenden Beitrag von André Steiner über den Weg zur Wirtschafts- und Währungsunion.

Karl-Heinz Paqué, Die Bilanz. Eine wirtschaftliche Analyse der deutschen Einheit, München 2009. Wirtschaftliche Analyse, die eine gut zugängliche Lektüre für ein breites Publikum bietet.

Gerhard A. Ritter, Wir sind das Volk! Wir sind ein Volk! Geschichte der deutschen Einigung, München 2009. Schilderung des Prozesses der deutschen Vereinigung in seinen sozial-, wirtschafts- und finanzpolitischen Aspekten.

Werner Smolny, Produktivitätsentwicklung in Ostdeutschland. Bestandsaufnahme und Ansatzpunkte einer Erklärung, in: Jahrbücher für Nationalökonomie und Statistik 223, 2003, S. 239–254. Der Aufsatz betrachtet die Verwendung der West-Ost-Transferleistungen und konstatiert die Fehllenkung der Subventionen.

Literaturverzeichnis

Allgemeine und übergreifende Werke

Ambrosius, Gerold, Staat und Wirtschaft im 20. Jahrhundert (Enzyklopädie deutscher Geschichte, Bd. 7), München 1990. *Einführung in die Teilgebiete der staatlichen Wirtschaftsordnungspolitik unter den wechselnden politischen Systemen des Jahrhunderts.*

Ambrosius, Gerold, Dietmar Petzina, Werner Plumpe (Hgg.), Moderne Wirtschaftsgeschichte. Eine Einführung für Historiker und Ökonomen, 2. Aufl., München 2006. *Theorieorientierte Einführung, die historische und ökonomische Perspektiven verbindet – unter Einschluss von Kategorien wie Geschlecht, Technik oder Einkommensverteilung.*

Buchheim, Christoph, Einführung in die Wirtschaftsgeschichte, München 1997. *Herausarbeitung der Bedingungen und Effekte industriellen Wachstums in Abgrenzung von der vorindustriellen Wirtschaft und Gesellschaft.*

Buchheim, Christoph, Währungsreformen in Deutschland im 20. Jahrhundert: Ein Vergleich, in: Vierteljahrschrift für Sozial- und Wirtschaftsgeschichte 88, 2001, S. 145–165. *Zur dreimaligen Neuordnung der Währungsverhältnisse in den spezifischen Kontexten der Jahre 1923, 1948 und 1990.*

Hardach, Karl W., Wirtschaftsgeschichte Deutschlands im 20. Jahrhundert (1914–1970), 3. Aufl., Göttingen 1993. *Das erstmals 1976 veröffentlichte Buch betrachtet ein stark verkürztes 20. Jahrhundert mit Schwerpunkt auf der zeitgenössischen Beurteilung des politischen Handelns.*

Herbert, Ulrich, Geschichte Deutschlands im 20. Jahrhundert, München 2014. *Gesamtdarstellung, die die Wirtschaft als Basis für gesellschaftliche und politische Entwicklungen durchgehend einbezieht.*

Kaelble, Hartmut, Mehr Reichtum, mehr Armut. Soziale Ungleichheit in Europa vom 20. Jahrhundert bis zur Gegenwart, Frankfurt am Main 2017. *Studie zur staatlichen Intervention und zur Einkommens- und Vermögensverteilung im Europa des 20. Jahrhunderts.*

Kleinschmidt, Christian, Technik und Wirtschaft im 19. und 20. Jahrhundert (Enzyklopädie deutscher Geschichte, Bd. 79), München 2007. *Einstieg in Themengebiete wie Rationalisierung, großtechnische Systeme sowie Grundprobleme wie Technikfolgen, Technologietransfer oder Technokratie.*

König, Wolfgang, Geschichte der Konsumgesellschaft, Stuttgart 2000. *Die Kernthese ist, dass Technik die Voraussetzungen für die moderne Konsumgesellschaft geschaffen habe.*

Lattard, Alain, Marie-Bénédicte Vincent, Sandrine Kott, Histoire de la société allemande au XXe siècle, 3 Bde., Paris 2011. *Französische Gesamtdarstellung zur Geschichte der deutschen Gesellschaft im 20. Jahrhundert.*

Plumpe, Werner, Joachim Scholtyseck (Hgg.), Der Staat und die Ordnung der Wirtschaft. Vom Kaiserreich bis zur Berliner Republik, Stuttgart 2012. *Zum Spannungsfeld von Wirtschaftsordnung, Wirtschaftspolitik und ökonomischer Entwicklung.*

Rahlf, Thomas, Zeitreihendatensatz für Deutschland, 1834–2012. GESIS Datenarchiv, Köln 2015. *Rekonstruktion langer statistischer Reihen zur Entwicklung der deutschen Gesellschaft.*

Scholl, Stefan, Begrenzte Abhängigkeit. „Wirtschaft" und „Politik" im 20. Jahrhundert. Frankfurt am Main 2015. *Diskursgeschichte mit Schwerpunkt in der ersten Hälfte des 20. Jahrhunderts, die infrage stellt, dass es sich bei „Wirtschaft" und „Politik/Staat" um genuin getrennte Erkenntnisbereiche handele.*

Spoerer, Mark, Jochen Streb, Neue deutsche Wirtschaftsgeschichte des 20. Jahrhunderts, München 2013. *Gesamtdarstellung unter Berücksichtigung ökonomischer Konzepte und Exemplifizierung an Fallbeispielen.*

Spree, Reinhard (Hg.), Geschichte der deutschen Wirtschaft im 20. Jahrhundert, München 2001. *Längsschnitte zu ausgewählten Aspekten der Wirtschaftsgeschichte wie Strukturwandel, Wachstum oder Außenwirtschaft.*

Kaiserreich und Erster Weltkrieg

Berghahn, Volker, Der Erste Weltkrieg, 4. Auflage, München 2009. *Gesamtdarstellung in europäischer Perspektive unter Einschluss der Sozial- und Alltagsgeschichte.*

Boldorf, Marcel, Wirtschaftliche Organisation und Ordnungspolitik im Ersten Weltkrieg, in: ders., Rainer Haus (Hgg.), Die Deutsche Kriegswirtschaft im Bereich der Heeresverwaltung 1914–1918, Bd. 4: Die Ökonomie des Ersten Weltkriegs im Lichte der zeitgenössischen Kritik, Berlin 2016, S. 139–173. *Studie zur Wirtschaftslenkung im Krieg im Widerstreit der Interessen von Politik, Unternehmen und Militär.*

Burhop, Carsten, Wirtschaftsgeschichte des Kaiserreichs, Göttingen 2011. *Ökonomisch argumentierende Überblicksdarstellung.*

Feldman, Gerald D., Armee, Industrie und Arbeiterschaft in Deutschland 1914 bis 1918, Berlin/Bonn 1985. *Grundlegendes Werk des Autors zur Funktionsweise und Performance der deutschen Kriegswirtschaft.*

Hardach, Gerd, Der Erste Weltkrieg 1914–1918, München 1973 (engl. Ausgabe: The First World War 1914–1918, London 1977). *Klassische Darstellung, auch in erweiterter Fassung auf Englisch erschienen, zur Wirtschaftsführung der Großmächte.*

Kocka, Jürgen, Klassengesellschaft im Krieg. Deutsche Sozialgeschichte 1914–1918, Göttingen 1973. *Klassische Arbeit der historischen So-*

zialwissenschaft zu gesellschaftlichen und ökonomischen Spannungen während des Weltkrieges.

Mommsen, Wolfgang, Gebhardt Handbuch der deutschen Geschichte, Bd. 17: Die Urkatastrophe Deutschlands. Der Erste Weltkrieg 1914–1918, Stuttgart 2002. *Standardwerk zur allgemeinen Geschichte, das wirtschaftliche Aspekte einbezieht.*

Petersson, Niels P., Anarchie und Weltrecht. Das Deutsche Reich und die Institutionen der Weltwirtschaft 1890–1930, Göttingen 2009. *Studie zu den Konsequenzen der Einbindung des Deutschen Reichs als Geldgeber und Schuldner auf den expandierenden internationalen Kapitalmärkten.*

Pohl, Hans, Aufbruch der Weltwirtschaft: Geschichte der Weltwirtschaft von der Mitte des 19. Jahrhunderts bis zum Ersten Weltkrieg, Stuttgart 1989. *Darstellung der erhöhten Mobilität von Waren, Arbeit und Kapital und der Herausbildung internationaler Institutionen in der ersten Globalisierungsphase.*

Pyta, Wolfram, Landwirtschaftliche Interessenpolitik im Deutschen Kaiserreich. Der Einfluss agrarischer Interessen auf die Neuordnung der Finanz- und Wirtschaftspolitik am Ende der 1870er Jahre am Beispiel von Rheinland und Westfalen, Stuttgart 1991. *Untersuchung zur Einflussnahme der Großagrarier auf die Neugestaltung der Wirtschaftspolitik im Sinne des Agrarprotektionismus.*

Ritschl, Albrecht, The Pity of Peace. Germany's Economy at War, 1914–1918 and beyond, in: Broadberry, Stephen/Harrison, Mark (Hg.), The Economics of World War I, Cambridge 2005, S. 41–76. *Darstellung zur Umgestaltung der deutschen Wirtschaft unter den Notwendigkeiten des Krieges.*

Schinzinger, Francesca, Die Kolonien und das Deutsche Reich. Die wirtschaftliche Bedeutung der deutschen Besitzungen in Übersee, Stuttgart 1984. *Basisstudie zur wirtschaftlichen Rolle des deutschen Kolonialbesitzes.*

Torp, Cornelius, Die Herausforderung der Globalisierung. Wirtschaft und Politik in Deutschland 1860–1914, Göttingen 2005. *Untersuchung zum Einfluss der weltwirtschaftlichen Verflechtungen auf die Handlungsspielräume der deutschen Politik.*

Ullmann, Hans-Peter, Politik im Deutschen Kaiserreich 1871–1918 (Enzyklopädie Deutscher Geschichte, Bd. 52), 2. Auflage, München 2005. *Umfassendes Werk zum Wandel der Regierungspolitik, das den Übergang zum Interventionismus hervorhebt.*

Wehler, Hans-Ulrich, Deutsche Gesellschaftsgeschichte, Bd. 3: Von der „Deutschen Doppelrevolution" bis zum Beginn des Ersten Weltkrieges, 1849–1914, 2. Aufl., München 2006. *Gesamtdarstellung mit Blick auf Entwicklungsprozesse der Wirtschaft sowie Strukturbedingungen sozialer Ungleichheit und politischer Herrschaft.*

Wischermann, Clemens, Anne Nieberding, Die institutionelle Revolution. Eine Einführung in die deutsche Wirtschaftsgeschichte des 19. und frühen 20. Jahrhunderts, Stuttgart 2004. *Betrachtung der Industrialisierung unter dem Paradigma der Veränderung des institutionellen Rahmens.*

Weimarer Republik, Zwischenkriegszeit

Ambrosius, Gerold, Von Kriegswirtschaft zur Kriegswirtschaft (1914–1945), in: Michael North (Hg.), Deutsche Wirtschaftsgeschichte. Ein Jahrtausend im Überblick, München 2000, S. 282–350. *Überblicksbeitrag, der die Wirtschaftsordnungen der beiden Kriege und die Krisenproblematik der Zwischenkriegszeit beleuchtet.*

Balderston, Theo, Economics and Politics in the Weimar Republic, Cambridge 2002. *Zum Zusammenspiel von Wirtschaft und Politik.*

Feldman, Gerald D., Vom Weltkrieg zur Weltwirtschaftskrise. Studien zur deutschen Wirtschafts- und Sozialgeschichte 1914–1932, Göttingen 1984. *Zusammenschau wesentlicher Pionierarbeiten des Autors.*

Hainbuch, Dirk, Das Reichsministerium für Wiederaufbau 1919 bis 1924. Die Abwicklung des Ersten Weltkriegs: Reparationen, Kriegsschäden-Beseitigung, Opferentschädigung und der Wiederaufbau der deutschen Handelsflotte, Frankfurt am Main 2016. *Archivgestützte Betrachtungen zur Tätigkeit des kurzzeitig existierenden Ministeriums.*

Hertz-Eichenrode, Dieter, Wirtschaftskrise und Arbeitsbeschaffung. Konjunkturpolitik 1925/26 und die Grundlagen der Krisenpolitik Brünings, Frankfurt 1982. *Schilderung der schuldenfinanzierten Konjunkturpolitik.*

Hesse, Jan-Otmar, Roman Köster, Werner Plumpe, Die Große Depression. Die Weltwirtschaftskrise 1929–1939, Frankfurt am Main 2014. *Überblickswerk zur internationalen Dimension der Krise.*

Holtfrerich, Carl-Ludwig, Die deutsche Inflation 1914–1923. Ursachen und Folgen in internationaler Perspektive, Berlin/New York 1980. *Ausarbeitung zur Inflation als Kriegslast und Hypothek der ersten deutschen Republik.*

Holtfrerich, Carl-Ludwig, Das Reichswirtschaftsministerium der Weimarer Republik und seine Vorläufer. Strukturen, Akteure, Handlungsfelder (Wirtschaftspolitik in Deutschland 1917–1990, Bd. 1), Berlin 2016. *Kompendium zur Wirtschaftspolitik aus dem Blickwinkel des Wirtschaftsministeriums.*

James, Harold, Deutschland in der Weltwirtschaftskrise 1924–1936, Stuttgart 1988. *Standardwerk zur Krisenentwicklung in Deutschland.*

Kleinschmidt, Christian, Rationalisierung als Unternehmensstrategie. Die Eisen- und Stahlindustrie des Ruhrgebietes zwischen Jahrhundertwende und Weltwirtschaftskrise, Essen 1993. *Darstellung zur Auseinandersetzung des Industriezweigs mit der amerikanischen Konkurrenz unter Berücksichtigung der unternehmerischen Innovationsstrategien.*

Plumpe, Gottfried, Wirtschaftspolitik in der Weltwirtschaftskrise. Realität und Alternativen, in: Geschichte und Gesellschaft 11,1985, S. 326–357. *Zur Kontroverse über die Wirtschaftspolitik der Endphase der Weimarer Republik.*

Reckendrees, Alfred, Das „Stahltrust"-Projekt. Die Gründung der Vereinigte Stahlwerk A.G. und ihre Unternehmensentwicklung 1926–1933/34, München 2000. *Studie zu der folgenreichen Fusion im gesamtwirtschaftlichen Zusammenhang.*

Ritschl, Albrecht, Deutschlands Krise und Konjunktur 1924–1934. Binnenkonjunktur, Auslandsverschuldung und Reparationsproblem zwischen Dawes-Plan und Transfersperre, Berlin 2002. *Einbettung der deutschen Krise in den internationalen Kontext.*

Tilly, Stephanie, Arbeit – Macht – Markt. Industrieller Arbeitsmarkt 1900–1929. Deutschland und Italien im Vergleich, Berlin 2006. *Komparative Analyse der Strukturen und Institutionen auf den industriellen Arbeitsmärkten.*

Wehler, Hans-Ulrich, Deutsche Gesellschaftsgeschichte, Bd. 4: Vom Beginn des Ersten Weltkrieges bis zur Gründung beider deutscher Staaten 1914–1949, 3. Aufl., München 2008. *Gesamtdarstellung zur Entwicklung der deutschen Gesellschaft über die beiden Weltkriege hinweg.*

Wirsching, Andreas, Die Weimarer Republik. Politik und Gesellschaft (Enzyklopädie Deutscher Geschichte, Bd. 58), 2. Aufl., München 2008. *Gesamtdarstellung unter Einbeziehung wirtschaftlicher Aspekte, gesellschaftlicher Konflikte und staatlicher Interventionspolitik.*

„Drittes Reich" und Zweiter Weltkrieg

Abelshauser, Werner, Jan-Otmar Hesse, Werner Plumpe (Hgg.), Wirtschaftsordnung, Staat und Unternehmen. Neue Forschungen zur Wirtschaftsgeschichte des Nationalsozialismus. Festschrift für Dietmar Petzina zum 65. Geburtstag, Essen 2003. *Beiträge über Instrumente und Mechanismen zur Lenkung der Wirtschaft im Nationalsozialismus.*

Aly, Götz, Hitlers Volksstaat. Raub, Rassenkrieg und nationaler Sozialismus, Frankfurt am Main 2005. *Viel zitiertes Buch mit der zweifelhaften Kernthese, dass die Ausbeutung Europas im Krieg zur Wohlfahrtssteigerung der deutschen Bevölkerung geführt habe.*

Bähr, Johannes, Ralf Banken (Hgg.), Wirtschaftssteuerung durch Recht im Nationalsozialismus. Studien zur Entwicklung des Wirtschaftsrechts im Interventionsstaat des „Dritten Reichs", Frankfurt am Main 2006. *Interdisziplinäre Sammlung von Beiträgen zur nationalsozialistischen Wirtschaftslenkung.*

Bajohr, Frank, Parvenüs und Profiteure. Korruption in der NS-Zeit, Frankfurt am Main 2001. *Wirtschaftsbezogenes politisches Handeln unter dem Paradigma der Korruption untersucht, insbesondere in den Kernbereichen der Arisierung und der Judenverfolgung.*

Barkai, Avraham, Das Wirtschaftssystem des Nationalsozialismus. Ideologie, Theorie, Politik. 1933–1945, Frankfurt am Main 1988. *Klassische Überblicksdarstellung zur nationalsozialistischen Wirtschaftspolitik.*

Boldorf, Marcel, Christoph Buchheim (Hgg.), Europäische Volkswirtschaften unter deutscher Hegemonie, 1938–1945, München 2012. *Betrachtung verschiedener wirtschaftlicher Aspekte der Implementierung der deutschen Besatzungspolitik in Europa.*

Buchheim, Christoph, Das NS-Regime und die Überwindung der Weltwirtschaftskrise in Deutschland, in: Vierteljahrshefte für Zeitgeschichte 56, 2008, S. 381–414. *Grundlegender Aufsatz zur Interpretation der wirtschaftlichen Effekte der nationalsozialistischen Machtübernahme.*

Buchheim, Christoph, Der Mythos vom „Wohlleben". Der Lebensstandard der deutschen Zivilbevölkerung im Zweiten Weltkrieg, in: Vierteljahrshefte für Zeitgeschichte, 58, 2010, S. 299–328. *Widerlegung der von Götz Aly vertretenen These des „Wohllebens" der Deutschen unter dem NS-Regime.*

Buchheim, Christoph (Hg.), German Industry in the Nazi Period, Stuttgart 2008. *Zusammenstellung quellengestützter Studien zu verschiedenen industriellen Branchen.*

Harrison, Mark (Hg.), The Economics of World War II. Six Great Powers in International Comparison, Cambridge 1998. *Quantitative Sicht auf die wirtschaftliche Entwicklung der sechs maßgeblichen Kriegsmächte (Großbritannien, USA, Deutschland, Italien, Japan, UdSSR).*

Klemann, Hein, Sergei Kudryashov, Occupied Economies. An Economic History of Nazi-occupied Europe, 1939–1945, London 2012. *Darstellung der Konsequenzen der oktroyierten deutschen Wirtschaftspolitik in den besetzten Ländern.*

Lund, Joachim (Hg.), Working for the New Order. European Business under German Domination 1939–1945, Kopenhagen 2006. *Sammelband zum Ausgreifen der deutschen Wirtschaftspolitik in die besetzten europäischen Territorien.*

Milward, Alan S., Der Zweite Weltkrieg. Krieg, Wirtschaft und Gesellschaft 1939–1945 (Geschichte der Weltwirtschaft im 20. Jahrhundert, Bd. 5), München 1977. *Zusammenschau der seit den frühen sechziger Jahren erschienenen Arbeiten des Autors zur Kriegswirtschaft.*

Overy, Richard J., The Nazi Economic Recovery 1932–1938, 2. Aufl., Cambridge 1996. *Von der Analyse der Krisensituation der frühen 1930er Jahre ausgehend, legt der Autor die Grundzüge des NS-Rüstungsaufschwungs dar.*

Overy, Richard J., War and Economy in the Third Reich, Oxford 1994. *Zusammenstellung von elf Texten des Autors zur Kriegswirtschaft bzw. zu den Kriegsvorbereitungen in der Friedenszeit.*

Schanetzky, Tim, „Kanonen statt Butter". Wirtschaft und Konsum im Dritten Reich, München 2015. *Einführung in die Wirtschaft des Dritten Reiches, die die Erfahrungsgeschichte der deutschen Bevölkerung in den Vordergrund rückt.*

Scherner, Jonas, Die Logik der Industriepolitik im Dritten Reich. Die Investitionen in die Autarkie- und Rüstungsindustrie und ihre staatliche Förderung, Stuttgart 2008. *Studie, die hervorhebt, dass der Staat die Unternehmen mithilfe einer Reihe von standardisierten Vertragstypen lenkte.*

Tooze, Adam J., The Wages of Destruction. The Making and Breaking of the Nazi Economy, London 2006 (dt.: Ökonomie der Zerstörung. Die Geschichte der Wirtschaft im Nationalsozialismus, München 2007). *Narrative Darstellung zum gescheiterten Versuch der Hitler-Regierung, aus dem Deutschen Reich eine militärische und wirtschaftliche Supermacht zu machen.*

Volkmann, Hans-Erich, Ökonomie und Expansion. Grundzüge der NS-Wirtschaftspolitik, München 2003. *Auswahl von Aufsätzen zum Zusammenwirken von Staat, Privatwirtschaft und Wehrmacht bei der Errichtung einer europäischen „Großraumwirtschaft".*

Das geteilte Deutschland: Bundesrepublik und DDR

Abelshauser, Werner, Deutsche Wirtschaftsgeschichte seit 1945, München 2004. *Standard- und Überblickswerk zur bundesdeutschen Wirtschaftsgeschichte mit kurzen Passagen zur DDR.*

Abelshauser, Werner (Hg.), Das Bundeswirtschaftsministerium in der Ära der Sozialen Marktwirtschaft. Der deutsche Weg in der Wirtschaftspolitik (Wirtschaftspolitik in Deutschland, Bd. 4), Berlin/Boston 2016. *Detailreiche Abrisse zu Bereichen der Wirtschaftspolitik unter Berücksichtigung der Implikation des Wirtschaftsministeriums.*

Ahrens, Ralf, Boris Gehlen, Alfred Reckendrees (Hgg.), Die „Deutschland AG". Historische Annäherungen an den bundesdeutschen Kapitalismus, Essen 2013. *Band zu der pfadabhängigen Entstehung des bundesdeutschen Wirtschaftsmodells, seiner Fortentwicklung zu einem volkswirtschaftlichen Netzwerk sowie der Auflösung seiner Strukturen.*

Altmann, Georg, Aktive Arbeitsmarktpolitik. Entstehung und Wirkung eines Reformkonzepts in der Bundesrepublik Deutschland, Stuttgart 2004. *Darstellung der politischen Versuche zur Reduzierung der Arbeitslosigkeit seit den 1960er Jahren.*

Andersen, Arne, Der Traum vom guten Leben. Alltags- und Konsumgeschichte vom Wirtschaftswunder bis heute, Frankfurt/Main 1997. *Kulturgeschichtliche Darstellung zur Veränderung der Konsumgewohnheiten.*

Benz, Wolfgang (Hg.), Geschichte der Bundesrepublik Deutschland, Bd. 2: Wirtschaft, Frankfurt am Main 1989. *Überblicksbeiträge zu Themen der Wirtschaftsgeschichte zur Bonner Republik.*

Boldorf, Marcel, Governance in der Planwirtschaft. Industrielle Führungskräfte in der Stahl- und Textilbranche der SBZ/DDR (1945–1958), München 2015. *Studie zu den politischen Leitlinien der Kaderauswahl beim Aufbau der zentralen Planwirtschaft.*

Borchardt, Knut, Die Bundesrepublik Deutschland in den säkularen Trends der wirtschaftlichen Entwicklung, in: ders., Wachstum, Krisen, Handlungsspielräume der Wirtschaftspolitik. Studien zur Wirtschaftsgeschichte des 19. und 20. Jahrhunderts, Göttingen 1982, S. 125–150. *Grundlegender Aufsatz zur Einbettung der Wachstumsentwicklung der Bundesrepublik in den säkularen Trend.*

Buchheim, Christoph, Die Wiedereingliederung Westdeutschlands in die Weltwirtschaft 1945–1958, München 1990. *Habilitationsschrift des Verfassers, die den Export als Motor des westdeutschen Nachkriegswachstums präsentiert.*

Buchheim, Christoph, Die Wirtschaftsordnung als Barriere des gesamtwirtschaftlichen Wachstums in der DDR, in: Vierteljahrschrift für Sozial- und Wirtschaftsgeschichte 82, 1995, S. 194–210. *Kompakt formulierte Thesen zu den immanenten Mängeln der zentralen Planwirtschaft.*

Buchheim, Christoph, Die Unabhängigkeit der Bundesbank. Folge eines amerikanischen Oktrois? In: Vierteljahrshefte für Zeitgeschichte 49, 2001, S. 1–30. *Aufsatz, der sich mit dem amerikanischen Einfluss auf die Etablierung der sozialen Marktwirtschaft auseinandersetzt.*

Giersch, Herbert, Karl-Heinz Paqué, Holger Schmieding, The Fading Miracle. Four Decades of Market Economy in Germany, Cambridge 1992. *Übersichtswerk zur Wirtschaftsentwicklung und -politik in der Bonner Republik.*

Hamel, Hannelore (Hg.), Soziale Marktwirtschaft – sozialistische Planwirtschaft. Ein Vergleich BRD–DDR, 5. Aufl., München 1989. *Wirtschaftswissenschaftlicher Vergleich der beiden konträren Wirtschaftssysteme.*

Hockerts, Hans Günter, Günther Schulz, Der Rheinische Kapitalismus in der Ära Adenauer. Paderborn 2016. *Vertiefende Beiträge zu den Eigenarten des westdeutschen Wegs zum Aufbau einer koordinierten Marktwirtschaft.*

Hohensee, Jens, Michael Salewski (Hgg.), Energie, Politik, Geschichte. Nationale und internationale Energiepolitik seit 1945, Stuttgart 1993. *Band zu politischen und wirtschaftlichen Dimensionen der Nutzung von Energieträgern wie Kohle oder Atomkraft.*

Kaelble, Hartmut (Hg.), Der Boom 1948–1973. Gesellschaftliche und wirtschaftliche Folgen in der Bundesrepublik und Europa, Opladen 1992. *Niederschlag der europäischen Prosperität auf Politik und Gesellschaftsstruktur verschiedener Länder.*

Kuhrt, Eberhard u. a. (Hg.), Die Endzeit der DDR-Wirtschaft. Analysen zur Wirtschafts-, Sozial- und Umweltpolitik, Opladen 1999. *Untersuchungen zu Defiziten der wirtschaftlichen Planung und Lenkung mit Schwerpunktsetzung in den 1980er Jahren.*

Lindlar, Ludger, Das mißverstandene Wirtschaftswunder. Westdeutschland und die westdeutsche Nachkriegsprosperität, Tübingen 1997. *Differenzierte Analyse der nachlassenden Wachstumsentwicklung in der Rekonstruktionsphase.*

Löffler, Bernhard, Soziale Marktwirtschaft und administrative Praxis. Das Bundeswirtschaftsministerium unter Ludwig Erhard, Stuttgart 2002. *Darstellung zu Institutionengeschichte, Organisationskultur und Personal des Ministeriums, eingebettet in die wirtschaftspolitischen Problemlagen zwischen 1949 und 1963.*

Merkel, Wilma, Stefanie Wahl, Das geplünderte Deutschland. Die wirtschaftliche Entwicklung im östlichen Teil Deutschlands von 1949 bis 1989, Bonn 1991. *Erster Versuch zur Neuberechnung des ostdeutschen Sozialprodukts.*

Nonn, Christoph, Die Ruhrbergbaukrise. Entindustrialisierung und Politik 1958–1969, Göttingen 2001. *Darstellung zu den Positionen und Handlungen der politischen Parteien und ihrer Akteure in der Bergbaukrise.*

Nützenadel, Alexander, Stunde der Ökonomen. Wissenschaft, Politik und Expertenkultur in der Bundesrepublik 1949–1974, Göttingen 2005. *Zur „Verwissenschaftlichung" der wirtschaftspolitischen Entscheidungsprozesse während des Nachkriegsbooms.*

Plumpe, Werner, André Steiner (Hgg.), Der Mythos von der postindustriellen Welt. Wirtschaftlicher Strukturwandel in Deutschland 1960 bis 1990, Göttingen 2016. *Von einer allgemeinen Betrachtung leitet der Band über zu Ost-West-Vergleichen im Maschinenbau, der Tonträgerindustrie und der Tourismusbranche.*

Schanetzky, Tim, Die große Ernüchterung. Wirtschaftspolitik, Expertise und Gesellschaft in der Bundesrepublik 1966–1982, Berlin 2007. *Untersuchung der Wechselwirkung von ökonomischem Wandel und wissenschaftlicher Politikberatung.*

Schildt, Axel, Detlef Siegfried, Karl Christian Lammers (Hgg.), Dynamische Zeiten. Die 60er Jahre in den beiden deutschen Gesellschaften, Hamburg 2000. *Beiträge zur Gesellschaftsgeschichte beider deutscher Staaten ohne expliziten Vergleich.*

Steiner, André (Hg.), Überholen ohne einzuholen. Die DDR-Wirtschaft als Fußnote der deutschen Geschichte?, Berlin 2006. *Rückblicke auf wirtschaftsbezogene Politikfelder der DDR-Geschichte – von Wirtschaftstheorie bis Sozialpolitik.*

Steiner, André, Die DDR-Wirtschaftsreform der sechziger Jahre. Konflikt zwischen Effizienz- und Machtkalkül, Berlin 1999. *Detaillierte Analyse des gescheiterten „Neuen Ökonomischen Systems" (NÖS) auf umfangreicher Quellenbasis.*

Steiner, André, Von Plan zu Plan. Eine Wirtschaftsgeschichte der DDR, München 2004. *Standardwerk zum Verständnis der ostdeutschen Planwirtschaft.*

Stitziel, Judd, Fashioning Socialism. Clothing, Politics, and Consumer Culture in East Germany, 1948–1971, Baltimore 2001. *Studie zur DDR-Mode sowie zum Ideal und zur Wirklichkeit der ostdeutschen Konsumgesellschaft.*

Ullmann, Hans-Peter, Das Abgleiten in den Schuldenstaat. Öffentliche Finanzen in der Bundesrepublik von den sechziger bis zu den achtziger Jahren, Göttingen 2017. *Minutiöse Analyse der Schuldenpolitik.*

Wilczek, Annette, Einkommen, Karriere, Versorgung. Das DDR-Kombinat und die Lebenslage seiner Beschäftigten, Berlin 2004. *Zu den Veränderungen der Einkommenssituation und Lebenslage der DDR-Bevölkerung von den 1960er bis in die 1980er Jahre.*

Zank, Wolfgang, Wirtschaft und Arbeit in Ostdeutschland. Probleme des Wiederaufbaus in der Sowjetischen Besatzungszone Deutschlands, München 1987. *Pionierstudie zu den wirtschaftlichen Ausgangsbedingungen der Sowjetischen Besatzungszone und der frühen DDR.*

Das vereinigte Deutschland

Gerling, Katja M., Subsidization and Structural Change in East Germany, Heidelberg 2002. *Diskussion des ostdeutschen Strukturwandels infolge der Wirtschaftsunion.*

Henke, Klaus-Dietmar (Hg.), Revolution und Vereinigung 1989/90. Als in Deutschland die Realität die Phantasie überholte, München 2009. *Umfassende Jubiläumsschau auf die „Wendezeit" unter Einschluss wirtschaftshistorischer Themengebiete.*

Hungenberg, Harald, Torsten Wolf, Transition Strategies. Cases from the East German Industry, 2. Aufl., Basingstoke 2014. *Studien zu Unternehmensstrategien im Transformationsprozess nach der deutschen Vereinigung.*

Lampert, Heinz, Albrecht Bossert, Die Wirtschafts- und Sozialordnung der Bundesrepublik Deutschland im Rahmen der Europäischen Union, 17. Aufl., München 2011. *Einführung in die Wirtschafts- und Sozialordnung sowie die Wirtschaftspolitik um die Wende zum neuen Jahrtausend.*

Ludwig, Udo, Licht und Schatten nach 15 Jahren wirtschaftlicher Transformation in Ostdeutschland, in: Deutschland-Archiv 2005, S. 410–416. *Analyse, wie nach dem Zusammenbruch neue, exportorientierte Unternehmenstypen entstanden.*

Paqué, Karl-Heinz, Die Bilanz. Eine wirtschaftliche Analyse der deutschen Einheit, München 2009. *Populärwissenschaftliche Darstellung, die das Misslingen der wirtschaftlichen Vereinigung als Erwartungsproblem deutet.*

Ritter, Gerhard A., Wir sind das Volk! Wir sind ein Volk! Geschichte der deutschen Einigung, München 2009. *Konziser Überblick mit starkem Gewicht auf der Sozial- und Wirtschaftspolitik.*

Seibel, Wolfgang, Die gescheiterte Wirtschaftsreform in der DDR 1989/1990, in: Aus Politik und Zeitgeschichte 11/2010, S. 34–40. *Untersuchung zu den zeitgenössischen ökonomischen Reformvorstellungen von SED/PDS und Bürgerbewegungen.*

Sinn, Hans-Werner, Zehn Jahre deutsche Wiedervereinigung – Ein Kommentar zur Lage der neuen Länder, in: ifo-Schnelldienst, Heft 26/27, 53, 2000, S. 10–22. *Interpretation der Vereinigung als ökonomisch misslungen – wegen des „Mezzogiorno-Problems" zu hoher Lohnabschlüsse.*

Smolny, Werner, Produktivitätsentwicklung in Ostdeutschland. Bestandsaufnahme und Ansatzpunkte einer Erklärung, in: Jahrbücher für Nationalökonomie und Statistik 223, 2003, S. 239–254. *Aufsatz zur These der Fehllenkung der West-Ost-Transferleistungen in wenig produktive Sektoren.*

Register

Personen

Orte

Sachen